TRÁFICO DE PESSOAS

PRISCILA SIQUEIRA
MARIA QUINTEIRO
(Organizadoras)

TRÁFICO DE PESSOAS

Quanto vale o ser humano na balança comercial do lucro?
A Escravidão no Século XXI

DIREÇÃO EDITORIAL:
Marcelo C. Araújo

COMISSÃO EDITORIAL:
Avelino Grassi
Edvaldo Araújo
Márcio Fabri

COORDENAÇÃO EDITORIAL:
Ana Lúcia de Castro Leite

COPIDESQUE:
Luana Galvão

REVISÃO:
Cristina Nunes
Ana Lúcia de Castro Leite

DIAGRAMAÇÃO:
Bruno Olivoto

CAPA:
Raphael Patapovas

© Editora Ideias & Letras, 2014.
1ª Reimpressão.

Rua Diana, 592, Conj. 121
Vila Pompeia – São Paulo-SP
CEP 05019-000
Fone: (11) 3675-1319
vendas@ideiaseletras.com.br
www.ideiaseletras.com.br

Dados Internacionais de Catalogação na Publicação (CIP)
(Câmara Brasileira do Livro, SP, Brasil)

Tráfico de pessoas: quanto vale o ser humano na balança comercial do lucro?: a escravidão no Século XXI / Priscila Siqueira, Maria Quinteiro (organizadoras). – São Paulo: Ideias & Letras, 2013.

Vários autores
ISBN 978-85-65893-43-5

1. Crime organizado 2. Direitos humanos 3. Migrantes 4. Prostituição 5. Trabalho forçado 6. Trabalho escravo 7. Tráfico humano – Brasil I. Siqueira, Priscila. II. Quinteiro, Maria.

13-09728   CDD-364.15

Índices para catálogo sistemático:

1. Tráfico de pessoas: Problemas sociais
364.15

SUMÁRIO

Sobre os autores 11
Prefácio 15

1. TRÁFICO DE PESSOAS: UM FENÔMENO DE RAÍZES HISTÓRICAS E PRÁTICAS MODERNAS 21

PRISCILA SIQUEIRA

1.1. Gente vendendo gente?! 23
1.2. Vender gente dá muito lucro 25
1.3. Quantas pessoas são traficadas? 27
1.4. Causas 27
1.5. Implicações Políticas do TP 29
    1.5.1. Direitos Humanos 29
    1.5.2. Pobreza 30
    1.5.3. Migração 31
    1.5.4. Raça e Etnia 33
    1.5.5. Gênero 37
1.6. Realidade do TP no Brasil 43
1.7. Modalidades 45
    1.7.1. Trabalho escravo 45
    1.7.2. Órgãos e tecidos 46
1.8. Exploração sexual comercial, casamentos 52
1.9. Adoção ilegal – UNICEF 55
1.10. Como se dá o TP e o que se está fazendo 55
Bibliografia 57

2. O MINISTÉRIO DO TRABALHO E EMPREGO E A POLÍTICA NACIONAL DE ENFRENTAMENTO AO TRÁFICO DE PESSOAS 61

RENATO BIGNAMI

2.1. Introdução 63
2.2. Tráfico de pessoas e trabalho análogo ao de escravo 64
2.3. Os direitos fundamentais do trabalhador e o acervo jurídico internacional de proteção 65

2.4. O Ministério do Trabalho e Emprego e o enfrentamento ao tráfico de pessoas para fins de trabalho análogo ao de escravo 67
2.5. Conclusões 71
Bibliografia... 72

3. A EXPERIÊNCIA DO CENTRO DE APOIO AO MIGRANTE NO ATENDIMENTO E O CONTEXTO DA FEMINIZAÇÃO DAS MIGRAÇÕES 75

MARINA NOVAES

3.1. Introdução 77
3.2. A mulher como sujeito de direitos 83
3.3. As mulheres e as migrações 85
3.4. Algumas causas e consequências das migrações 87
3.5. Considerações finais 97
Bibliografia... 99

4. TRÁFICO HUMANO DE OLHOS ABERTOS. TRÁFICO DE TRAVESTIS E TRANSEXUAIS – O CASO DO BRASIL 105

BARRY MICHAEL WOLFE

4.1. Introdução 107
4.2. Comentários preliminares sobre a caracterização
    de tráfico humano...108
    4.2.1. Definição legal de tráfico de pessoas...................108
    4.2.2. Tráfico de pessoas na prática 109
    4.2.3. Aspectos pertinentes com relação
          a travestis e transexuais......................................109
4.3. Terminologia – O contexto de questões de gênero
    no Brasil..110
4.4. A Situação de pessoas trans no Brasil............................111
    4.4.1. Discriminação..111
    4.4.2. Marginalização desde a infância 112
    4.4.3. Prostituição – A única opção 112
    4.4.4. Desespero..113
    4.4.5. Transformação do corpo......................................114

4.4.6. Underground pré-político 114
4.4.7. Unidas pela rejeição da sociedade,
       sua cultura tem aspectos ritualistas............................. 115
4.4.8. Personificação do lado escuro da sociedade 115
4.5. Prostituição de rua e exploração sexual 116
4.6. Riscos à saúde e abuso de drogas e AIDS 117
4.7. Violência 118
4.8. Exploração por cafetões e cafetinas 119
4.9. Cafetões, cafetinas e madrinhas 119
4.10. Cobrando pela rua 121
4.11. A posição central de São Paulo no tráfico de
       pessoas trans 121
4.12. Tráfico interno de adultos e menores 122
4.13. A situação especial de tráfico interno de menores 123
4.14. Tráfico internacional de travestis e transexuais 124
4.15. Com dinheiro próprio ou com empréstimo de amiga 125
4.16. Financiada por indivíduo: indivíduo
       "conhecido" já estabelecido na Europa 125
4.17. Financiada por quadrilha 126
4.18. Modelo único de tráfico humano 127
4.19. Aspectos do tráfico internacional de travestis
e transexuais por quadrilhas... 128
4.20. Tráfico de travestis e transexuais:
       repressão ou prevenção? 129
4.21. Conclusão: Prevenção – A única solução 132
Bibliografia... 132

5. Tráfico de pessoas: gente vendendo gente. Um desafio para os direitos humanos 137

Maria Helena Morra

5.1. Modo de conclusão 146
Referências 148

6. FRONTEIRAS ABERTAS PARA O TRÁFICO DE PESSOAS 151

MAURI KÖNIG

6.1. O preço da inocência 161
6.2. Os maus caminhos da fronteira 171
6.3. O turismo sexual por "vocação" 182
Bibliografia 190

7. O PAPEL DOS COMITÊS DE ENFRENTAMENTO AO TRÁFICO DE PESSOAS E A POLÍTICA NACIONAL DE ENFRENTAMENTO AO TRÁFICO DE PESSOAS 191

JULIANA FELICIDADE ARMEDE

7.1. Diretrizes da Política Nacional de Enfrentamento
   ao tráfico de pessoas 194
7.2. Sobre a criação de planos de enfrentamento
   ao tráfico de pessoas 202
   7.2.1. Plano Mercosul 202
   7.2.2. Plano Nacional 203
7.3. Plano Nacional de Enfrentamento ao Tráfico de Pessoas 203
7.4. As características e finalidades dos comitês
   interinstitucionais de enfrentamento ao tráfico de pessoas
   e as diretrizes dos planos nacionais de enfrentamento ao
   tráfico de pessoas 205
Bibliografia 208

8. O ENFRENTAMENTO AO TRÁFICO DE PESSOAS NA AGENDA BRASILEIRA DE DIREITOS HUMANOS: O QUE ESPERAR DURANTE O CUMPRIMENTO DO II PNETP? 211

INÊS VIRGÍNIA PRADO SOARES

8.1. Introdução 213
8.2. O que é tráfico de pessoas no cenário brasileiro? 214
8.3. A política brasileira de enfrentamento ao
   tráfico de pessoas 220
   8.3.1. Linhas gerais do enfrentamento ao
      tráfico de pessoas no cenário brasileiro 220

8.4. O II PNETP e suas potencialidades 222
8.5. O eixo da parceria no ETP:
    conhecida e/ou antiga novidade? 229
8.6. Conclusão 231
Bibliografia 232

9. O TRÁFICO DE PESSOAS PARA FINS DE EXPLORAÇÃO SEXUAL E TRABALHO ESCRAVO – UMA PROPOSTA DE PESQUISA 235

MARIA QUINTEIRO

9.1. Apresentação 237
9.2. Trabalho escravizado 240
9.3. Objeto de estudo: os protagonistas do trabalho
    escravizado – as vítimas 241
9.4. Objetivos 247
9.5. Metodologia 249
9.6. Trabalho de campo 251
9.7. Adolescentes e crianças 252
9.8. Documentário 253
9.9. A localização dos sujeitos do trabalho escravizado 254
9.10. Banco de dados 254
Bibliografia 255

SOBRE OS AUTORES

Priscila Siqueira

Jornalista de profissão, tendo trabalhado na grande Imprensa durante muitos anos. Foi articuladora da ONG Serviço de Prevenção ao Tráfico de Mulheres e Meninas, pioneira no país na luta contra o tráfico humano para a exploração sexual comercial. Representando sua ONG, participou como membro da sociedade civil em diversos congressos nacionais e internacionais, inclusive os encabeçados pela ONU, para discutir a questão do tráfico humano internacionalmente. Também participou da elaboração da Política Nacional de Enfrentamento ao Tráfico de Pessoas e do Primeiro Plano Nacional de Enfrentamento ao Tráfico de Pessoas. Autora de vários artigos sobre a questão, publicou o livro *Tráfico de Mulheres*: oferta, demanda e impunidade, participando de várias outras publicações como *Tráfico de Pessoas:* uma abordagem política. Lecionou na Fundação Escola de Sociologia e Política de São Paulo, sobre questões ligadas a Gênero e Tráfico Humano. Atualmente faz parte do Movimento contra o Tráfico de Pessoas (MCTP), ONG "guarda-chuva", que enfrenta todas as modalidades de tráfico humano existentes em nosso país.

Maria Quinteiro

Mestra e Doutora em Sociologia pela USP, coordenadora do grupo de estudos Gênero, Mulheres e Temas Transnacionais (GEMTTRA), do Núcleo de pesquisa em relações internacionais (NUPRI), da Universidade de São Paulo. Autora de *Viver a dois em Tempos de Incerteza:* razão e emoção na união conjugal. Funchal. Nova Delphi, 2012, e Rio Paraíso: o paraíso conquistado. In: Martins, S.J (org) *Travessias:* a vivência da reforma agrária nos assentamentos. UFGRS, Porto Alegre, RS, 2003, p. 159-202.

Renato Bignami

Auditor-Fiscal do Trabalho. Superintendência Regional do Trabalho e Emprego em São Paulo. Bacharel e mestre em direito do trabalho pela Universidade de São Paulo. Doutorando em direito do trabalho pela Universidad Complutense de Madrid.

Marina Novaes

Advogada formada pela Pontifícia Universidade Católica de São Paulo. Mestranda em História Social pela Universidade de São Paulo. Atua no enfrentamento ao Tráfico de Pessoas desde 2005. Coordena o núcleo jurídico do Centro de Apoio ao Migrante, CAMI, desde 2009.

Barry Michael Wolfe

Escocês, radicado no Brasil desde 1986. Formado pela Universidade de Edimburgo (Escócia) com "First Class Honours" (Suma Cum Laude) em Direito Penal e Criminologia, com pós-graduação na Yale Law School (EUA) e mestrado em Direito Internacional Público pela Universidade de Cambridge (Inglaterra). É Advogado da Suprema Corte da Inglaterra e País de Gales e inscrito na Ordem dos Advogados do Brasil, Seção de São Paulo, como Consultor em Direito Estrangeiro. Especialista em direito internacional de movimento de pessoas, organizações criminais e subculturas, e crime corporativo e financeiro. Fundador e diretor da SOS Dignidade, projeto não governamental, de ação direta em direitos humanos, associado ao Instituto Cultural Barong, ONG focada na prevenção de DST/AIDS. O projeto tem como objetivo resgatar a dignidade de indivíduos vítimas de tráfico humano, exploração, violência, DST/AIDS e discriminação, que se veem expropriados de seus direitos humanos, civis e políticos fundamentais.

Maria Helena Morra

Teóloga, com mestrado em Teologia Sistemática pela Faculdade Jesuíta de Teologia e Filosofia (FAJE), professora de Cultura Religiosa pelo Departamento de Ciências da Religião da PUC Minas e coordenadora da Equipe de Reflexão Teológica da CRB Nacional.

Mauri König

Graduado em Letras e Jornalismo, pós-graduado em Jornalismo Literário. Recebeu em 2012 o International Press Freedom Awards, seu 25º prêmio em 22 anos de carreira, somando-se a dois prêmios Esso, quatro Vladimir Herzog, dois Embratel, dois Lorenzo Natali Prize e uma condecoração da Sociedade Interamericana de Imprensa. Publicou em 2008 o livro "Narrativas de um correspondente de rua", finalista do Prêmio Jabuti.

Juliana Felicidade Armede

Advogada e Sócia do Escritório Bandeira de Mello e Nedavaska Advogados Associados, Mestra em Direitos das Relações Sociais pela PUC-SP, 2009, Doutoranda em Direito Processual Penal pela PUC-SP, Professora dos Cursos de Pós-Graduação da Escola Paulista de Direito e FMU e Coordenadora do Núcleo de Enfrentamento ao Tráfico de Pessoas do Estado de São Paulo.

Inês Virgínia Prado Soares

Mestre e Doutora em Direito pela PUC-SP, pós-doutora pelo Núcleo de Estudos da Violência da USP (NEV/USP). Procuradora Regional da República. No Ministério Público Federal, trabalhou diretamente com o tema de Enfrentamento ao Tráfico de Pessoas de 2007 a 2012. Foi representante do MPF junto ao Comitê Interinstitucional de Prevenção e Enfrentamento ao Tráfico de Pessoas do Estado de São Paulo desde 2007, embora a inauguração oficial do Comitê tenha sido em 2009, com a criação, no Estado de São Paulo, do Programa Estadual de Prevenção e Enfrentamento ao Tráfico de Pessoas, instituído pelo Decreto Estadual 54.101/2009. É vice-presidente do Instituto de Estudos Direito e Cidadania (IEDC).

PREFÁCIO

Quem pensa que o tráfico de pessoas é um fenômeno que repousa no passado, desconhece uma realidade, que parece invisível, mas a cada dia torna-se mais presente e próxima a nós. Todavia, a verdade é que o mesmo fenômeno toma parte do presente, sob outras formas modernas de tráfico de pessoas (TP). Não mais voltado principalmente para a população negra e indígena, como foi no Brasil. Na atualidade, todos os países convivem com esse tráfico, seja para venda ou para compra de seres humanos. Esse tipo de perversidade para com a humanidade não é uma prática reservada ao mundo pobre ou em desenvolvimento, mas é um fenômeno global, e, como sempre, regido pela lógica de mercado nos moldes atuais.

Diferentes são as modalidades que assumem o tráfico de pessoas no Brasil, na América Latina e em outros países do mundo. Estas vão desde o tráfico de mulheres e meninas para a indústria do sexo, de crianças e adolescentes, de trabalho escravo, adoção ilegal e tráfico de órgãos e tecidos, tráfico de travestis e transexuais.

No universo acadêmico, nas universidades e em seus centros de pesquisa, pouca atenção tem sido prestada, tanto no lado da produção de pesquisa quanto no lado de propostas de intervenção social. De outro lado, esta terrível realidade, que fere os mais essenciais direitos humanos, é um tema bastante afastado dos imaginários sociais ou das vivências da sociedade. Assim, além de políticas que possam enfrentar as questões suscitadas pelo Tráfico de Pessoas, faz-se necessária a produção de obras que discutam o problema e que o aproxime tanto da sociedade e suas organizações quanto do mundo da pesquisa acadêmica.

O Núcleo de Pesquisa em Relações Internacionais (NUPRI), da Universidade de São Paulo (USP), conta, desde alguns anos entre suas áreas de pesquisa, com a temática de gênero em sua dimensão transnacional, que se organiza no Grupo de Estudos Gênero, Mulheres e Temas Transnacionais (GEMTTRA), sob a coordenação da pesquisadora Maria Quinteiro. Com um trabalho intenso, o Grupo realizou dois seminários sobre o assunto nos anos de 2010 e 2011. A presente obra é um excelente e prático resultado dos debates desses seminários. Creio, que este livro, com a apresentação de diversificados artigos, cobrirá uma lacuna importante nos estudos sobre Tráfico de Pessoas no Brasil, o qual tenho a honra de apresentar.

O livro recolhe uma série de contribuições que exploram e discutem estudos de caso e reflexões teóricas. Os estudos de casos, como "A Experiência do Centro de Apoio ao Migrante no Atendimento e o Contexto da Feminização das Migrações", de Marina Novaes, destaca os diferentes motivos pelos quais o migrante feminino inicia a dolorosa empreitada de ir a outro país. Os motivos, para a autora, são variados: o argumento de um intercâmbio cultural, propostas de trabalho, reunião familiar e desejo de vivenciar o "novo".

Outro estudo de caso é recolhido no Capítulo 2, "O Ministério do Trabalho e Emprego e a Política Nacional de Enfrentamento ao Tráfico de Pessoas". Esse trabalho de Renato Bignami conclui que os mecanismos atualmente disponíveis para o resgate do trabalhador brasileiro, submetido ao trabalho análogo ao de escravo, são plenamente aplicáveis ao trabalhador estrangeiro, quer tenha sido vítima de tráfico transnacional de pessoas ou não, conforme clara indicação contida no Protocolo de Palermo.

No Capítulo 4, mais um estudo de caso nos é apresentado pelo interessante artigo de Barry Michael Wolfe, "Tráfico humano de olhos abertos: tráfico de travestis e transexuais – O caso do Brasil". Sustenta Wolfe que, no caso de tráfico de mulheres, geralmente a vítima é enganada pelos traficantes. Os traficantes falam e a vítima acredita que vai para outro lugar, normalmente um outro país, para ser empregada doméstica, modelo, atriz ou dançarina. Porém, logo ela descobre que vai ser presa dentro de uma boate ou bordel, ter o passaporte e outros documentos confiscados e será forçada a trabalhar como profissional de sexo, sem nenhum contato com a família. Até pode sofrer ameaças como por exemplo que sua família poderá ser vítima de atentados se tentar fugir. Assim o autor procura entender por que o tráfico de travestis e transexuais tem um modelo distinto. A travesti não é enganada. A travesti ou a transexual optam por serem traficadas, maneira de almejar sua liberdade, em algum momento de sua vida, de trabalhar para se sustentar e também para poder sonhar. Entendendo as causas dessa modalidade de tráfico humano, fica aparente que a maior – talvez a única – maneira de combater o tráfico é através da prevenção.

Outro trabalho, no Capítulo 7, "O papel dos Comitês de Enfrentamento ao Tráfico de Pessoas e a Política Nacional de Enfrentamento ao Tráfico de Pessoas", de Juliana Armede, baseia-se em uma experiência da autora vivenciada na coordenação do Núcleo de Enfrentamento ao Tráfico de Pessoas do Estado de São Paulo, quando vivenciou a experiência do Programa Estadual de Enfrentamento ao Tráfico de Pessoas. Para a autora o saldo mais positivo dessa experiência foi perceber a equação entre atores do Estado e da sociedade civil no enfrentamento ao tráfico de pessoas.

Outros capítulos deste livro têm um caráter mais teórico e analítico, a começar pelo trabalho de Maria da Conceição Quinteiro, "O Tráfico de Pessoas para fins de Exploração Sexual e Trabalho Escravo". Neste artigo, que na verdade, trata-se de uma proposta de pesquisa, a autora pretende conhecer e entender a trajetória das sociabilidades das vítimas, antes, durante e após a experiência da pessoa traficada. Justifica teoricamente as hipóteses e os objetivos orientadores desse projeto de pesquisa. Ela mostra que o tráfico de pessoas é uma realidade visível e que é impertinente a "invisibilidade do fenômeno", como muitos estudos e relatórios insistem em afirmar. Explora a ideia lúcida de que na situação de tráfico de pessoas, seja para exploração sexual ou para trabalho escravo, o trabalho exercido pelas vítimas, por não desfrutarem de liberdade e de autonomia individuais para regerem suas decisões, suas escolhas, para pensar e agir, ambas as modalidades são trabalho escravizado. A autora coloca de maneira enfática que essa ausência de liberdade viola os direitos humanos e a Constituição brasileira. Propõe uma metodologia singular para a proposta de pesquisa com as vítimas, o enfoque das capacidades.

Nessa mesma direção teórica o trabalho de Mauri König, "Fronteiras Abertas para o Tráfico de Pessoas", destaca as transformações que convergiram para uma personalização da sexualidade. Assim para o autor, o indivíduo tornar-se-ia dono de suas próprias ações e pensamentos, sujeito mais ao autocontrole moral interno do que ao controle social externo. Mas, o autor vai mais a fundo, problematizando a questão de uma forma complexa. Para o autor, há uma carga de variáveis de gênero, familiares, étnicas, culturais, interpessoais a serem levadas em conta. Como consequência a liberdade sexual pagaria assim um preço: o aumento da taxa de gravidez precoce e aborto, abusos e exploração sexual, epidemias de doenças sexualmente transmissíveis, dentre outras.

Maria Helena Morra apresenta-nos outro lúcido texto, "Tráfico de Pessoas: gente vendendo gente – Um desafio para os Direitos Humanos". Nele a autora sustenta que falar do tema direitos humanos, com o olhar focado no desafio do tráfico de pessoas, convoca a um comprometimento e pode trazer uma importante contribuição para a visibilidade do tráfico de pessoas e para a reinserção social de suas vítimas. Para a autora, a mudança só será fértil quando descobrirmos fissuras nas dominações, nas opressões de um sistema econômico, político e cultural que fere a dignidade humana.

Finalmente, o trabalho de Priscila Siqueira, "Tráfico de Pessoas: Um fenômeno de raízes históricas e práticas modernas", pergunta de maneira dramática como pode ter chegado à situação em que há "gente vendendo gente?" A autora tenta responder à pergunta de como isso pode ter acontecido, partindo da premissa de que a escravidão negra acabou no Brasil no século XIX. Baseando-se em informações da ONU a autora conclui que nunca antes na história da humanidade houve tanta gente vivendo em situação de escravos como acontece hoje em nosso mundo globalizado. Isso leva a autora a sentenciar que não há "nação inocente": ou ela compra ou vende pessoas como se fossem mercadorias. Terrível mundo globalizado, sem dúvida.

O livro apresenta assim um sistemático debate sobre o tráfico de pessoas, produto de uma reflexão acurada de um grupo de pesquisadores que se dedicam à reflexão teórica e à intervenção prática em um campo dos direitos humanos em que poucos se aventuram.

RAFAEL DUARTE VILLA

Coordenador Científico do Núcleo de Pesquisas
em Relações Internacionais da USP.
Professor de ciência política do Departamento de
Ciência Política da Universidade de São Paulo.

TRÁFICO DE PESSOAS

UM FENÔMENO DE RAÍZES HISTÓRICAS E PRÁTICAS MODERNAS

Priscila Siqueira[1]

---

[1] Priscila Siqueira é jornalista de profissão, tendo trabalhado na grande Imprensa durante muitos anos. Foi articuladora da ONG, Serviço de Prevenção ao Tráfico de Mulheres e Meninas, pioneira no país da luta contra o tráfico humano para a exploração sexual comercial.

Representando sua ONG, participou como membro da sociedade civil em diversos congressos nacionais e internacionais, inclusive os encabeçados pelo ONU, para discutir a questão do tráfico humano internacionalmente. Também participou da elaboração da Política Nacional de Enfrentamento ao Tráfico de Pessoas e do Primeiro Plano Nacional de Enfrentamento ao Tráfico de Pessoas. Autora de vários artigos sobre a questão, publicou o livro *Tráfico de Mulheres* – oferta, demanda e impunidade, participando de várias outras publicações como *Tráfico de Pessoas:* uma abordagem política. Lecionou na Fundação Escola de Sociologia e Política de São Paulo, sobre questões ligadas a Gênero e Tráfico Humano. Atualmente faz parte do Movimento contra o Tráfico de Pessoas (MCTP), ONG "guarda-chuva", que enfrenta todas as modalidades de tráfico humano existentes em nosso país.

De que estamos falando...

Tráfico de Pessoas é o recrutamento, o transporte, a transferência, o alojamento ou o acolhimento de pessoas, recorrendo à ameaça ou ao uso da força ou a outras formas de coação, ao rapto, à fraude, ao engano, ao abuso de autoridade ou à situação de vulnerabilidade, ou à entrega ou aceitação de pagamentos ou benefícios para obter o consentimento de uma pessoa que tenha autoridade sobre outra, para fins de exploração.

A exploração incluirá, no mínimo, a exploração da prostituição de outrem ou outras formas de exploração sexual, o trabalho ou serviços forçados, escravatura ou práticas similares à escravatura, à servidão ou à remoção de órgãos.

Essa é a definição dada pela Convenção das Nações Unidas contra o Crime Organizado Transacional relativo à Prevenção, Repressão e Punição do Tráfico de Pessoas, em especial mulheres e crianças, também conhecido como *Protocolo de Palermo* – de 15 de novembro de 2000, em seu artigo 3. Conforme tal Protocolo é irrelevante o consentimento da vítima em toda e qualquer situação na qual estiver configurado o delito (ONU, 200º, artigo segundo, parágrafo sétimo).

O Brasil é um dos países que assinou o Protocolo de Palermo e em 29 de maio de 2003 o conceito ali disposto foi aprovado pelo Congresso Nacional na resolução número 231 e posteriormente foi promulgado pelo Decreto Presidencial do Governo Lula, número 5.107, em 14 de março de 2004, tornando-se lei ordinária federal, em âmbito interno.

1.1. Gente vendendo gente?!...

Século XXI. Gente vendendo gente?! Como isso pode acontecer se a escravidão negra acabou em nosso País no século XIX? Aliás, o último país das Américas a libertar seus escravos negros...

A Organização das Nações Unidas (ONU) afirma que nunca antes na História da Humanidade houve tanta gente vivendo em situação de escravos como acontece hoje em nosso mundo globalizado. O tráfico humano é, segundo a ONU, a moderna forma de escravidão. A ONU diz mais: não há Nação inocente: ou ela compra ou vende pessoas como se fossem mercadorias.

"Mercadorias": Pessoas que são vendidas ou compradas como coisas. Daí dizer-se que o Tráfico de Pessoas (TP) rouba dela sua condição de ser racional, pensante, humano. Até o mendigo mais abandonado e vulnerável que dorme nas ruas tem um nome: ele ou ela se chamam José, Maria, João, Iracema... Por seu lado, a pessoa traficada é uma cifra, um dado comercial. Ontologicamente, a pessoa traficada vira "coisa", "peça", torna-se mercadoria de consumo e de venda. O TP é uma violência baseada na desconstrução do outro como pessoa humana.

Tanto isso é verdade, que os termos que tratam das questões são termos comerciais. Podemos esquematizar o TP com um triângulo de três lados iguais, sendo que cada um, respectivamente, representa a Oferta, a Demanda e a Impunidade.

Fica claro que o TP é uma transação comercial que se baseia na oferta da mercadoria "pessoas", na compra dessa mercadoria e na impunidade do crime, já que de certa forma, ele pegou de "calças curtas" a legislação não só do Brasil, mas do mundo inteiro. Quem poderia pensar que a escravidão ainda sobreviveria no século atual?!

Quando se fala de TP não nos podemos ater somente a uma questão policial. O tráfico humano é um crime que deve ser combatido pelo aparato policial e jurídico, mas nunca terá solução se não descermos a suas últimas razões de existir. A professora Maria Lúcia Leal, da Universidade de Brasília, afirma que a "rota do tráfico de pessoas é a rota do dinheiro". Isso significa que a rota do tráfico humano se desloca das regiões mais pobres do planeta para as mais ricas, dentro de um mesmo país ou através de suas fronteiras.

É o caso da senhora da capital que vai ao interior do Ceará em busca de uma menina para trabalhar como empregada doméstica. A família da criança vê nessa oferta a chance que seus pais não tiveram; a promessa é de que a garotinha vai trabalhar de dia, mas poderá estudar à noite e se formar quando for mais velha. É tudo o que seus pais querem para ela!

Porém a realidade é outra. Essa garota, às vezes ainda uma criança, terá de trabalhar de oito a dez horas por dia, sem direito a lazer, sem poder sair de casa. Existem registros de meninas que têm de cuidar de outras crianças mais velhas do que elas. No Brasil, o maior índice de trabalho infantil ainda é o do doméstico que recai na criança do gênero feminino. Quando adolescente, ela é alvo do assédio sexual dos homens da casa, tanto dos filhos, como do próprio chefe de família. Se engravidar, é posta no "olho da rua", na defesa da moral e bons costumes... Seu destino é a prostituição, única atividade que lhe dá condições de sobrevivência. Se for bonita o bastante, segue para o "sul maravilha" em busca de melhores oportunidades. Se "der sorte", será traficada para países mais ricos do Primeiro Mundo.

A constatação de um comércio como esse nos faz lembrar o filósofo alemão, do século XIX, Karl Marx, quando afirmava que no capitalismo tudo é mercadoria...

1.2. Vender gente dá muito lucro...

As três modalidades de crimes mais rentáveis da atualidade são o tráfico de armamentos, tráfico de drogas e tráfico humano. Apesar de muitas vezes essas atividades criminosas serem perpetradas conjuntamente, há uma classificação nos "rankings" mundiais das que dão os maiores lucros ilegais.

Primeiramente e "hors concours", fora de qualquer competição, está o tráfico de armas. A morte dá mais lucro que a Vida... Fabricar armas é um negócio extremamente lucrativo. Traficá-las, mais ainda.

A venda de armamentos é tão importante na economia mundial que é só observar a História recente da humanidade. Por exemplo, os Estados Unidos da América do Norte vivem uma guerra a cada geração. Depois da Segunda Guerra Mundial, fizeram guerra na Coreia, Vietnam, América Central, Afeganistão, Iraque, Irã...

Enquanto milhares morrem ou ficam incapacitados, uns poucos privilegiados ganham muito dinheiro com a venda de armas...

O segundo lugar nesse pódio dos vencedores em matéria de lucro ilegal, sempre ia para o tráfico de drogas. Entretanto o relatório "Uma Aliança Global contra o Trabalho Forçado" da Organização Internacional do Trabalho (OIT), de 2005, mostra que essa modalidade de crime perdeu para o tráfico humano. O TP estaria dando um lucro anual de 32 bilhões de dólares, riqueza gerada pela exploração do corpo e da força-trabalho dos traficados. Tal cifra faz com que o TP ocupe o segundo lugar na geração de lucros ilegais no planeta.

Conforme o relatório do OIT, dos 32 bilhões de lucro gerados pelo TP, metade dele, isto é, 15,5 bilhões de dólares, fica nos países desenvolvidos. O restante é distribuído para a Ásia (9,7 bi); países do Leste Europeu (3,4 bi); Oriente Médio (1,5 bi); América Latina (1,3 bi) e África Subsaariana (US$ 159 milhões).

A explicação para o fenômeno seria a impunidade desse crime. No tráfico de drogas é fácil configurar sua materialidade, ou seja, a quantidade de cocaína, crack, maconha, ou qualquer outra droga ilegal nele envolvida. Isto porque a legislação contra o tráfico de drogas é mais antiga e mais bem-estruturada.

Quanto ao tráfico humano, sua materialidade é por vezes muito difícil de ser provada. A pessoa traficada não se reconhece como vítima ou tem medo de expor sua situação, devido às ameaças feitas por seus traficantes a ela mesma ou a sua família. Acrescente-se a isso o fato da Legislação antitráfico humano ser ainda incipiente e estar em fase de elaboração.

1.3. Quantas pessoas são traficadas?

Como o TP é um crime, não dá para se ter uma ideia exata sobre quantas pessoas são traficadas anualmente, já que seria a mesma coisa que pedir ao IBGE um levantamento de quanto que a população comprou ou vendeu uma droga ilegal. Tais cálculos são feitos por meio de projeções, registros de pessoas desaparecidas, notícias da grande Imprensa.

Porém a OIT, em seu relatório de 2005, afirma que são cerca de 2,4 milhões de pessoas traficadas no mundo. Dessas, 43% são vendidas para exploração sexual comercial; 32% para a exploração econômica, além dos 25% de vítimas exploradas para os dois fins. Somente na América Latina, a cifra de vítimas usadas para o trabalho escravo seria de 250 mil pessoas.

Segundo a Organização para a Segurança e Cooperação na Europa (OSCE), 2,6 milhões de pessoas são traficadas anualmente no mundo, sendo que 800 mil delas são destinadas para trabalhos forçados.

A Secretaria Federal de Polícia da Suíça afirma que nesse país existem de 1.500 a 3.000 mulheres vivendo como prostitutas em situação de escravidão. Muitas dessas mulheres são brasileiras. Cada mulher chega a dar um lucro de 120 mil euros anuais a seu explorador, no dizer dessa Secretaria.

Em dezembro de 2008, o Comitê Paulista de Enfrentamento ao Tráfico de Pessoas realizou um workshop sobre o tema. Nesse encontro o cônsul do Governo dos Estados Unidos, em São Paulo, P. Tinsley, afirmou que 800 mil pessoas são traficadas anualmente para seu país.

1.4. Causas

Com certeza o tráfico humano é somente a ponta do "iceberg" em que consiste a sociedade mundial globalizada na qual vivemos. Podemos dizer que as causas da violência desse crime estão inseridas na sociedade humana atual. Darcy Ribeiro, o famoso antropólogo brasileiro que tanto contribuiu para o conhecimento da sociedade brasileira, fala do "Processo Civilizatório" imposto no mundo atual.

Haja vista o tipo de globalização em que vivemos, nos anos 60, grande parte da então juventude sonhava com uma sociedade onde a técnica iria suprir o trabalho duro feito pelo ser humano. A máquina, o robô e a informática iriam desempenhar um papel importante na libertação diária da pessoa, que então teria mais horas para dedicar às atividades culturais, ao lazer, a um tempo maior com a família.

Esses avanços tecnológicos foram alcançados. Porém, em vez das pessoas terem mais tempo para atividades de crescimento cultural e espiritual, dando empregos e trabalho para aqueles, por exemplo, que trabalham com Arte, o que observamos foi o desemprego maciço de milhares de trabalhadores/as. Por outro lado, os que permanecem no emprego têm de trabalhar por dois. E isso sempre com a espada de Dâmocles sobre sua cabeça com a ameaça de ser o próximo a ir para a rua. Tanto faz se é um trabalhador manual ou um engenheiro. Afinal, há uma abundância de mão de obra esperando para vender sua força de trabalho...

Na entrada da sede da ONU, em Nova York, foi pendurado um enorme painel com os dizeres "Silent Killer" – Matadora Silenciosa. Essa criminosa impiedosa, que mata a cada cinco segundos um adulto e a cada três uma criança diariamente no planeta, é a fome e suas consequências configuradas nas mais diversas doenças. A cada dia, 24 mil pessoas morrem de fome no mundo. No mundo, segundo a ONU, 840 milhões de pessoas passam fome. Por outro lado, outros morrem de tanto comer, com problemas de diabetes, triglicérides ou colesterol...

Poucos de nós têm consciência do genocídio que atualmente acontece no continente africano, tão rico, mas com milhões de famintos e doentes. A Organização Mundial de Saúde (OMS) estima que atualmente na África existam 20 milhões de pessoas aidéticas, incluindo crianças cujos pais já morreram da doença.

A diferenciação entre as diversas regiões do globo terrestre faz com que contingentes cada vez maiores de pessoas saiam de suas terras em busca de melhores condições de vida em outras regiões, em um crescente fluxo migratório. São pessoas altamente vulneráveis ao tráfico humano.

Portanto, as condições socioeconômicas de milhões de pessoas no mundo se constituem em um dos fatores causadores desse crime. A fome, a falta de condições de saúde e educação, a falta de possibilidades de uma vida melhor, fazem com que pessoas sejam ludibriadas com as chances de um melhor emprego, de um casamento feliz, de perspectivas melhores para elas e sua família.

Entretanto, essas causas também têm um grande respaldo cultural. Como a mulher, o pobre, o negro são encarados em nossa sociedade constitui-se em outro fator que abre as portas para o tráfico humano. O patriarcado e o machismo, o preconceito racial e étnico, a invisibilidade do miserável são causas que fortalecem esse tipo de crime.

1.5. Implicações Políticas do TP

Podemos aferir, então, que o TP está relacionado com diferentes aspectos recorrentes na sociedade.

1.5.1. Direitos Humanos

A ONU afirma que o tráfico de pessoas é o maior desrespeito aos Direitos Inalienáveis de uma pessoa humana. Isso, como já foi dito anteriormente, porque ela perde sua condição de "gente" e passa a ser uma "coisa". O ser humano passa a ser "reificado" ou "coisificado", perdendo sua individualidade e suas características ontológicas de pessoa cidadã de Direitos, tornando-se uma mercadoria para compra e venda, um simples valor de troca. Os escravos negros no Brasil eram vendidos como "peças".

Em âmbito pessoal, essa atividade criminosa infringe a dignidade humana, a liberdade individual, o direito de ir e vir, a privacidade e o direito de autodeterminação. Em âmbito social, o TP viola a proibição da escravidão, já que submete a pessoa traficada a um trabalho forçado, seja sexual ou não. E pelo consenso geral, tal procedimento é desumano e cruel.

1.5.2. Pobreza

O atual modelo de globalização centraliza a riqueza mundial nas mãos de uns poucos privilegiados, deixando na exclusão uma massa imensa de excluídos do processo produtivo. O resultado desse processo não é somente a constatação da existência de países miseráveis, mas regiões pobres e também miseráveis, dentro de países ricos. Foi o que o furacão Katrina, que assolou o sul dos Estados Unidos mostrou: no país mais rico da terra, a população majoritária negra vive em extrema pobreza.

Nosso país, considerado entre os dez mais ricos do mundo, tem ainda um contingente enorme de miseráveis. Dados do Instituto Brasileiro de Geografia e Estatística, IBGE, mostram que, quando Fernando Henrique Cardoso deixou a Presidência da República, tínhamos no Brasil 52 milhões de pessoas miseráveis, população superior a diversos países do mundo, como a Itália ou Espanha. Atualmente, essa cifra caiu para 29.900 milhões, o que é ainda muita gente.

Interessante notar que apesar do número de famintos ter caído, a porcentagem de seu contingente continua a mesma: 75% dessas pessoas são constituídos por mulheres e seus filhos de menos de 14 anos. Esses dados nos mostram que a discriminação de gênero somente reafirma a "feminização" da pobreza em nosso país.

Eufemisticamente, essas pessoas são classificadas como "abaixo da linha da pobreza", isto é, vivendo com um dólar ou menos de um dólar ao dia. Esse valor, atualmente em torno de dois reais, seria para sua alimentação, transporte, moradia, lazer, educação e todas as outras necessidades básicas de um ser humano. Que essas pessoas têm para vender, para sobreviver que não sejam seus próprios corpos?

Conforme a psicóloga Petrúcia de Melo Andrade, pós-graduada em Criminologia, a pobreza tem um significado muito maior que o fato de não se ter dinheiro; com ela a pessoa não tem glamour, poder ou prestígio. Daí a grande vulnerabilidade das pessoas com baixas condições de vida, que são presas fáceis das promessas de uma vida melhor para si e suas famílias em empreitadas envolvendo o tráfico humano.

1.5.3. Migração

O tráfico humano é um tipo de migração. Segundo a professora Mary Garcia Castro, da PUC de Salvador, "o migrante é uma das mais antigas figuras da humanidade; aquele que se move, passa fronteiras, confunde-se com o fazer culturas, modelar nações e a quem se deve tanto da história do acúmulo de capitais econômico, cultural e social".

Como foi falado anteriormente, as condições infra-humanas de vida provocam o fluxo migratório de milhões de pessoas que "invadem" os países ricos do planeta. Paulo Francis, renomado jornalista da Imprensa brasileira, morto em 1997, comparava o atual fluxo migratório, que ocorre no planeta, às invasões bárbaras que destruíram o Império Romano e deram início à Idade Média. Mas as invasões atuais, no dizer do jornalista, não seriam realizadas por milhares de pessoas, como no passado, mas por milhões de famintos oriundos dos mais diferentes rincões da terra.

Segundo Hector Casanueva, especialista em questões relativas à migração e que foi diretor executivo do Centro Latino Americano para as Relações com a Europa, "a atração pelos centros desenvolvidos associada à expulsão dos lugares de origem por motivos políticos e econômicos produzem uma sinergia migratória impossível de ser contida em longo prazo".

A fim de conter esse fluxo migratório de espoliados, afirmam-se "políticas repressivas em relação à migração não desejada nos países ricos, defendidas, inclusive, em nome ao combate ao tráfico de pessoas", constata Mary Castro.

Tal repressão se configura, inclusive, com barreiras materiais. Citando novamente Mary Castro, a queda do muro de Berlim foi contada mundialmente como a inauguração de uma nova era de convivência, além das fronteiras político-sociais e divisões armadas. Todos concordam que a destruição desse muro simbolizou a vitória da Democracia. Porém, como fica a construção dos muros atuais espalhados pelo mundo e dos quais pouco se fala?

"Nunca presenciamos tantos muros separando populações de um mesmo território. Levantar muros, barreiras, constitui-se em uma das soluções que os modernos Estados vêm acionando para tentar impedir a entrada de imigrantes considerados ilegais."

É o que acontece com o muro que divide a Coreia do Sul da do Norte. Desde 1974, um muro separa a parte turca da Ilha de Chipre, da comunidade grega. Em 2002, um muro começou a ser construído durante o Governo do primeiro ministro israelita Ariel Sharon, para evitar a entrada de palestinos em Israel. Sua construção foi realizada mesmo com a condenação feita pelo Tribunal de Haya, em 2004, que a considerou ilegal.

Conforme a professora, "a partir de 1990, barreiras imensas foram construídas entre as cidades espanholas de Melila, Ceuta e no Marrocos, no norte da África, para evitar a entrada de indocumentados e contrabando". O muro de Melila mede 11 quilômetros de extensão e tem três metros de altura. O de Ceuta, 8,2 quilômetros de comprimento e cerca de três metros de altura.

E o que se falar do muro dividindo os Estados Unidos do México?! Muro este construído em pleno deserto, com cerca de 1.200 metros ao longo da fronteira, reforçado por duas barras de ferro? O editorialista Philippe Thurau-Dangin, do Courrier Internacional, já em 19 de outubro de 2006 observava que "o muro será construído com a mão de obra latina, clandestina ou não".

Outra legislação internacional extremamente restritiva à migração é a chamada Diretiva de Retorno, aprovada pela União Europeia, em 2008, que foi prevista para ser posta em prática na véspera do Natal de 2010. Essa Diretiva indica os procedimentos comuns para com os imigrantes que não têm permissão legal para entrar ou permanecer nos países da União Europeia. Entre um de seus requisitos, a Diretiva prevê que o imigrante tenha de sete a 30 dias para sair voluntariamente de seu território.

Várias ONGs, como a Anistia Internacional e a Associação Europeia de Defesa dos Direitos Humanos, criticam diversos pontos dessa legislação. Ela chegou mesmo a ser chamada por alguns setores dos defensores dos Direitos Humanos dos imigrantes como "Diretiva da Vergonha".

Necessário se faz que fiquemos atentos a não concordar com propostas que, em nome da luta contra o tráfico humano, escondem uma política contrária ao "ir e vir" de pessoas, que assim procedem exatamente porque, na maioria das vezes, os países que não as acolhem foram os que primeiro exploraram e empobreceram seus países de origem.

1.5.4. Raça e Etnia

A escravidão negra em nosso país deixou marcas indeléveis na cultura e na maneira de pensar do brasileiro, que devem ser revistas se quisermos que crimes como o TP não aconteçam mais entre nós.

Lúcia Xavier, ativista, assistente social, coordenadora da Organização não Governamental "ONG CRIOLA" e secretária executiva da Articulação das Organizações de Mulheres Negras Brasileiras (AMNB), é categórica ao afirmar:

> É recente a inexistência de práticas oficiais de tráfico de pessoas. Só a partir do século XIX, o mundo deixou de utilizar o trabalho de pessoas escravizadas. Isto é, somente há dois séculos a humanidade conhece a liberdade e o respeito à dignidade humana como um valor a ser vivido por todas as pessoas.

O Brasil foi o último país do mundo ocidental a abolir a escravidão e o penúltimo a abolir o tráfico transatlântico. Segundo essa assistente social, "milhares de homens e mulheres africanos foram trazidos para o país como mercadoria. E até hoje esta experiência está inscrita em todos os aspectos das relações sociais. A escravidão e, consequentemente, o tráfico estavam baseados no não reconhecimento da humanidade dos africanos e ao mesmo tempo na construção de relações de hierarquização e de subordinação de grupos considerados inferiores, primitivos, bárbaros, não civilizados, incapazes de produção intelectual e cultural".

Lúcia Xavier mostra ainda que o fim da escravidão não gerou a incorporação da população negra como parte da nação brasileira. "Ao contrário de alguns grupos, especialmente migrantes europeus que receberam terras, provisões e recursos, os homens e mulheres libertos ficaram a sua própria sorte. Fruto do racismo, essas desigualdades que atravessaram gerações podem ser percebidas ainda hoje nas más condições de vida, na falta de acesso à educação, à saúde, à habitação e ao poder."

O ensino oficial no Brasil até recentemente vem camuflando o que de real aconteceu em nosso país com a mão de obra trazida da África, comércio que atendia aos interesses econômicos de portugueses e ingleses. Essa é uma horrível mancha em nossa trajetória histórica que não mais pode ser escamoteada, mas posta à vista para o que puder ser reparado possa ser feito.

Além das condições subumanas de vida impostas à comunidade negra em nosso país, esta nunca foi ressarcida dos quatrocentos anos de trabalho escravo fundamentais na formação de nossa nação. Toda a construção colonial de nossas cidades foi feita com mão de obra escrava. Mesmo as construções religiosas. Branco não punha a "mão na massa". E até hoje vivenciamos um preconceito contra o trabalho manual como se fosse inferior ao trabalho intelectual. Causa dessa mentalidade? O trabalho escravo realizado pelo negro...

Se analisarmos o processo de "libertação" dos escravos negros, vemos como a versão oficial que nos ensinaram nos bancos escolares é mentirosa:

Ao declarar que o negro de 60 anos estaria livre, na realidade ele teria de trabalhar até os 65 anos, a Lei do Sexagenário liberava o proprietário do ex-escravo de mantê-lo na velhice. Dá para imaginar as condições de uma pessoa de 65 anos que foi forçada durante toda a sua vida ao trabalho escravo com todos os tipos permitidos de castigos físicos? Os poucos sobreviventes eram obrigados a largar a família, amigos e companheiros de senzala, e ir embora da fazenda. Não se sabe para onde, pois então, estavam "livres" ...

A Lei do Ventre Livre, por sua vez, "libertava" da escravatura a criança recém-nascida e não sua mãe. Daí que uma era livre e a outra, da qual a primeira dependia inteiramente, permanecia escrava. Conforme a historiadora Mary Del Priori, é dessa época o aparecimento das primeiras crianças abandonadas no Brasil, com a introdução das "rodas de enjeitados" das ordens religiosas, onde a crianças eram abandonadas. Como essas congregações religiosas, via de regra, não tinham contato direto com a população, as portas dos conventos eram munidas de uma armação de madeira que girava como uma roda. Aí eram colocadas as ofertas em alimento ou mesmo dinheiro para essas religiosas, que pegavam a doação de dentro do convento, sem terem de entrar em contato com quem as fez.

As crianças "livres" filhas das escravas, eram depositadas nessas rodas e recolhidas dentro do espaço conventual das freiras. É dessa época o aparecimento dos sobrenomes como "dos Santos", "de Jesus", "do Espírito Santo" dados pelas religiosas, tão comuns em nossa sociedade. Na senzala, junto com a mãe escrava, o recém-nascido não podia ficar.

Então, em 1888, a redentora Princesa Isabel liberta os escravos! De uma hora para outra, milhares de ex-escravos são mandados embora do lugar onde sempre trabalharam e onde muitos nasceram e se criaram. Poucos foram os proprietários de terra que deram a seus ex-escravos alguma ajuda em pagamento pela riqueza que conseguiram obter com seu trabalho.

A massa humana liberada das fazendas só podia achar abrigo nos piores lugares das cidades, iniciando assim o processo de favelização de nossos espaços urbanos. Sobraram para o negro e sua família as encostas perigosas dos morros ou as áreas de manguezais insalubres.

Essa "libertação" não se dá pela generosidade de uma princesa, mas, principalmente, pela necessidade de mercado de um capitalismo incipiente. Primeiro, escravo não compra, já que seu trabalho não é remunerado. Depois, ficava mais barato manter um operário pago com um salário de fome nas pessoas dos imigrantes que chegaram a nosso país no final do século XIX. Para o sociólogo Florestan Fernandes, nenhuma instituição, seja o Estado ou a Igreja, importou-se com o destino daqueles que foram mandados embora do local onde viviam e trabalhavam, apesar de terem construído nosso país. Deixados a sua própria sorte, seus descendentes constituem a maioria da população pobre brasileira.

É o que acontece atualmente. Grande parte da população afrodescendente faz parte das camadas mais pobres da população, com subempregos menos bem pagos, morando em condições precárias e sendo mais vulnerável ao TP. A única pesquisa feita em âmbito nacional em nosso país, Pesquisa sobre Tráfico de Mulheres, Crianças e Adolescentes para a Exploração Sexual Comercial no Brasil (PESTRAF), publicada em 2002 pelo Centro de Referência, Estudos e Ações em favor da Criança e Adolescente (CECRIA), da Universidade de Brasília, mostra que o perfil de grande parte das mulheres brasileiras "exportadas" para a exploração sexual comercial é de afrodescendentes, com baixa escolaridade, habitando espaços urbanos periféricos, sendo que a faixa etária onde o TP nelas mais incide é dos 15 aos 25 anos.

Essas adolescentes e jovens mulheres inserem-se em atividades laborais relativas ao ramo de prestação de serviços domésticos (arrumadeira, empregada doméstica, zeladora, babás, cozinheiras) e do comércio (auxiliar de serviços gerais, garçonete, balconista, atendente, vendedora etc.), isto é, em funções desprestigiadas e subalternas.

Um fenômeno, que se vem observando, é a incidência cada vez maior na diminuição da faixa etária dessas adolescentes de classes subalterna, com o registro de exploração sexual comercial de meninas de 10, 11 ou 12 anos ainda cursando classes do ensino fundamental.

1.5.5. Gênero

> *O desenvolvimento de uma sociedade se mede pela condição da Mulher.*
>
> Charles Fourrier, socialista utópico

O que faz com que um homem, adulto, classe média, bem-posicionado na vida, por vezes extremamente exigente com os padrões morais de sua esposa e filhas, use sexualmente uma adolescente ou uma jovem mulher vulneráveis?

O que explica que um caminhoneiro tenha relações sexuais com uma menina de 12 anos, recolhida à beira da rodovia, não a reconhecendo como criança, quando ao mesmo tempo afirma ternamente ter três filhas de oito, 12 e 14 anos que o esperam em casa com ansiedade e amor? Simplesmente, porque a menina que ele usou sexualmente não é virgem, é pobre, ofereceu-se a ele e provavelmente é afrodescendente?

Por que a maioria esmagadora dos consumidores de pessoas para a exploração sexual é do gênero masculino, independentemente de classe social ou etnia? Cerca de 98% dos demandadores de sexo comprado são constituídos por homens, conforme mostra a pesquisa realizada pela Coalizão contra o Tráfico de Mulheres (Coalition against Trafficking in Women) CATW, uma ONG em âmbito internacional.

Segundo dados da OIT, 83% das pessoas traficadas anualmente pertencem ao gênero feminino e 48% dos traficados têm menos de 18 anos.

Portanto, a maioria das pessoas traficadas no mundo é do gênero feminino. São jovens mulheres, adolescentes e até mesmo crianças, enviadas para a demanda da indústria do sexo, seja interna ou externamente. Isso não quer dizer que toda mulher, exercendo a prostituição em seu país ou fora dele, tenha sido traficada. Se ela é maior de idade, tem sonhos de uma vida melhor para ela e para seus familiares, que o local onde vive não lhe pode proporcionar, ninguém tem o direito de impedir que ela viaje. O que causa indignação não é a prostituição em si, que não é crime em nosso país, mas sua exploração e a situação de escravidão a que são submetidas as traficadas.

Além das causas econômicas que incidem de maneira especial sobre a população feminina – tanto que se fala na "feminização da pobreza" – as causas culturais da submissão da mulher interagem dialeticamente com as causas de ordem econômica e social. A vulnerabilidade da mulher e da criança do gênero feminino ao TP tem profundas raízes culturais. Infelizmente, tais raízes são universais.

O famoso sociólogo francês Pierre Bourdieu, falecido no início deste século, propõe um categoria denominada "violência simbólica", que nos ajuda a entender o que acontece em nossa sociedade. Tal violência se baseia na falsificação de crenças no processo de socialização, que induzem o indivíduo a se enxergar e avaliar o mundo de acordo com os critérios e padrões definidos por outrem. A dominação masculina e o modo como é imposta e vivenciada resultam nessa violência que é suave, insensível, invisível a suas próprias vítimas e que se exerce essencialmente pelas vias puramente simbólicas da comunicação e conhecimento.

Em última análise, violência simbólica trata-se da construção de crenças coletivas que fazem parte do discurso dominante, e que convencem as dominadas e dominados que a situação de submissão se deve a sua própria natureza. A dominação que sofrem faz parte da ordem natural das coisas...

O dominicano francês Frei Barruel de Lagenest, OP, que é psicólogo e especialista em questões familiares, fala do "machismo introjetado". Isto é, em nossa sociedade, o machismo introjetado na mulher é tão profundo e intenso, que ela não precisa de ninguém cobrando um comportamento de culpa, de atendimento imediato às solicitações do macho, porque ela mesma se cobra e age atendendo a essas cobranças. Para esse psicólogo, esse é o pior machismo que existe.

O inconsciente coletivo em nossa sociedade está permeado de ditos que mostram a "naturalização" da dominação masculina. Por exemplo, "briga de marido e mulher, ninguém mete a colher", isto é, a mulher é propriedade do marido, portanto o problema não nos diz respeito. Ou "mulher de malandro: você não sabe por que está batendo, mas ela sabe o porquê de estar apanhando", que denota o sentimento de culpa que impregna as percepções do mundo da mulher. "Segurem as cabras que os bodes estão soltos", com a tranquila aceitação de uma dupla moral para homens e mulheres. "Homem que é homem, não chora", dito que explicita a esperada força indestrutível do macho, que não pode demonstrar fraquezas. "Lugar de mulher é no tanque e na cozinha", definindo claramente a divisão social do trabalho entre gêneros.

Ainda há bem pouco tempo, podíamos ler nos para-choques de caminhões "pérolas" sobre o preconceito de gênero. Um exemplo: "Mulher e cachorro: quanto mais apanham, melhor ficam"!

Os ritos existentes em nossa sociedade também nos dão uma amostra de como encaramos os diferentes gêneros. Vamos, para exemplificar, fazer a análise de uma cerimônia de casamento:

> A igreja, clube, sinagoga ou templo, enfeitados para receber os noivos. O celebrante padre, pastor, juiz ou rabino, espera a noiva entrar, pois o noivo, também a sua espera, já chegou. A nubente, pelo braço do pai, entra radiosa no local, vestida de branco. Por que essa cor? Virgindade, pureza, garantia simbólica de que ela é "mercadoria intocada", isto é, a representação ancestral da garantia de que os descendentes dessa união serão verdadeiramente filhos do futuro marido.

O pai felizardo (graças a Deus, o problema não é mais meu...) entrega a noiva ao futuro marido. A união oficializada por outro homem chega ao fim.

O que esse rito – por sinal bonito e emocionante – significa? Ela, mulher não é. A noiva passa da tutela do pai para a do futuro marido, em um ritual presidido por outro homem. Ela é a filha de João, que casa com André, em uma cerimônia presidida pelo padre Manuel, e se der sorte, terá um filhinho homem, passando a ser a mãe do Felipe... Qual o nome da noiva? Não se sabe, não é preciso saber... Ela é a filha de João, esposa do José, casada pelo padre Manuel e mãe de Felipe. Ontologicamente, ela não existe como ser autônomo, mas através de outro homem. Daí, violência contra quem não é, passar despercebida e invisível na sociedade.

Não é à toa que o homem que não casa, o "solteirão," ser prestigiado como alguém esperto que pode ter quantos relacionamentos amorosos quiser, livre de maiores compromissos. Por sua vez, a "solteirona" é uma pobre coitada que ficou para "titia" cuidando dos sobrinhos. Ela, a solteirona, é alguém sem identidade. Afinal não conseguiu "fisgar" um homem através do qual seria reconhecida como gente.

As propagandas de TV também têm muito a nos contar. Na maioria das vezes, as propagandas dirigidas aos homens apelam para sua força, charme, inteligência e senso de risco. As das mulheres são direcionadas para a conquista de um homem ou, quando dirigidas às donas de casa, as tratam como seres de pouca inteligência e infantilizadas. Essas ficam felizes já que a camisa por elas lavada é a mais branca, a roupa que o filho está usando cheira bem ou querem deixar a casa com um aroma especial para impressionar as visitas.

Os "pré-conceitos" em relação às mulheres de que são mais emotivas, condicionando-as a um comportamento desigual e inferior ao macho, levam-nas a pensar que são incapazes de tomar decisões importantes. A eleição de uma mulher para a Presidência da República em nosso País foi uma exceção no quadro nacional de distribuição de poder político e econômico. Apesar de Dilma Rousseff ser nossa presidenta, o Mapa da Violência no Brasil, o estudo patrocinado pelo instituto Zangari, com base em informações fornecidas pelo Banco de Dados do Sistema Único de Saúde (DATSUS), mostrou que, no Brasil, dez mulheres são assassinadas por dia. Essas mortes são resultado de maus-tratos que sofrem, principalmente de seus companheiros, maridos ou ex-companheiros.

Até mesmo nosso fundamental código de comunicação que é a Língua Portuguesa é extremamente machista. Se em uma sala houver 500 mulheres, mas uma delas estiver segurando um bebê homem, o plural da frase que retrata o fato vai para o masculino.

Tanto isso é verdade, que a designação genérica "homem" engloba tanto homem como mulher. Precisou que as feministas brigassem no encontro de Beijing para ser admitido que os "Direitos inalienáveis do Homem também são Direitos das Mulheres".

Para entendermos melhor o porquê dessa situação, temos de nos debruçar sobre o próprio conceito de "gênero". Esse conceito sociológico surge no século XX, quando em 1968 foi mencionado pela primeira vez pelo psicanalista Robert Jesse Stoller. Mas, segundo Heleith Saffioti, que foi professora da Universidade de São Paulo, foi a partir da década de 70 que o movimento de mulheres difunde o conceito.

A diferença entre "sexo" e "gênero" é que o sexo é uma determinante biológica. Sabemos que o macho produz dois tipos de genes sexuais, o X e o Y. Já os genes da fêmea são sempre X/X. Quando um casal faz amor e gera um novo ser, se o espermatozoide paterno, que fecundou o óvulo, carregou o gene sexual X, o novo ser será feminino. Caso contrário, se na hora da concepção o espermatozoide que penetra o óvulo leva o gene sexual Y, um macho, um menino foi concebido. Portanto, se somos homens ou mulheres, a escolha não foi nossa, mas determinação biológica definida por nosso pai.

Gênero, entretanto, é uma construção social. Gênero é um conceito formulado pelas Ciências Sociais para explicar como se manifestam as construções culturais entre sexos e qual a relação delas com as desigualdades e discriminações.

Em última análise, podemos dizer que gênero é o que a sociedade, a religião, a educação, a cultura fazem do ser macho e do ser fêmea. Há sempre uma relação de poder nessa construção social. Bem dizia a feminista e filósofa francesa Simone de Beauvoir: "Não se nasce mulher, torna-se mulher".

No mundo ocidental, do qual fazemos parte, podemos dizer que a religião tem forte influência nas construções de gênero de nossa sociedade. Na década de 80 o escritor e jornalista Paulo Francis chamava atenção sobre o poder das igrejas cristãs na América Latina em nossa visão de mundo. Mesmo que um cidadão ali nascido fosse ateu, budista ou islamita, a força do cristianismo se manifestaria no dia a dia de cada pessoa, devido aos padrões judaico-cristãos impostos em nossa sociedade católica, seja a de colonização portuguesa ou espanhola.

Na má interpretação do Livro de Gênesis, tradicionalmente aceita pelos cristãos, Eva foi responsável pelo pecado de Adão, do qual resultou a expulsão do Paraíso Perdido, onde não havia sofrimento. Arguido por Deus, Adão se revela o bom moço, ingênuo que se deixou seduzir pela insidiosa Eva que, por sua vez, foi seduzida pela serpente/mal/demônio. Interessante notar que nessa versão, quem dá a vida não é a mulher, mas a maternidade passa a ser do homem Adão, através de sua costela...

Se Eva/mulher é a responsável pela perda de uma vida sem sofrimento, se ela é quem introduziu o sofrimento na história humana, ela é passível de ser punida. Cada mulher teria uma parcela nessa culpa... Desse mito fica a lição que mulher é perigosa, sendo preciso tomar cuidado com ela. Eva/Mulher leva ao pecado, danação, expulsão do paraíso. Homem/Adão leva-nos aos céus, ao Pai que é outro Homem, através da intercessão do padre, pastor ou rabino.

Por isso, grandes pensadores da Igreja Católica, como Agostinho e Tomás de Aquino, têm uma visão negativa da mulher. Desde o início do Cristianismo a mulher é identificada com a sexualidade, prazer pecaminoso, luxúria. O homem com a racionalidade, espiritualidade. Essa visão tem muita influência da cultura grega que considerava a mulher um ser incompleto, destinado unicamente à procriação.

A própria palavra "feminino" vem do latim *fide+minus*, isto é, fé menor, pois a mulher não tem a capacidade de ter a fé maior que a de um macho.

Os freis dominicanos Heirich Kramer e James Sprenger, em 1484, escreveram o livro "Martelo das Feiticeiras" (*Malleus Maleficarum*), que seria um manual para descobrir e desmascarar as bruxas procuradas pela Inquisição. No livro, eles afirmam que "as mulheres são mais fracas de mente e corpo... pois, no que tange ao intelecto ou ao entendimento das coisas espirituais, parecem ser de natureza diversa do homem, fato que é defendido pelas autoridades, pela razão e por vários exemplos das Escrituras".

Outro fator fundamental na visão religiosa de nossa sociedade é retratarmos a Divindade como um ser masculino. Se Deus é Pai, é homem, é macho. Quem é criado a sua semelhança? Outro ser do gênero masculino. A mulher não o é. Portanto, aqueles que foram criados à imagem desse deus macho podem gozar de certos privilégios... A Divindade passa de uma energia primeira para ser figurada como um ser sexuado. Parece que esquecemos o que João Paulo afirmou: "Deus é mais Mãe do que Pai".

1.6. Realidade do TP no Brasil

O quadro brasileiro, no que diz respeito ao tráfico humano, é muito complexo e perverso. Nas Américas, nós somos considerados o maior "exportador" de jovens mulheres, adolescentes e meninas para a exploração sexual comercial nos países do Primeiro Mundo.

Há também em nosso país uma grande emigração de trabalhadores que cruzam ilegalmente as fronteiras dos Estados Unidos em busca de melhores condições de trabalho. São geralmente homens provenientes das regiões de Teófilo Otoni ou Governador Valadares, em Minas Gerais. Esse fenômeno é conhecido como "contrabando" de pessoas e ele difere do TP, porque, mesmo sendo explorado pelos "coiotes" que o aliciaram e encaminharam ao país de destino, quando lá chegam são liberados. Não há um vínculo permanente entre eles, o que não acontece no TP, quando a pessoa é "propriedade" do outro.

Por outro lado, nós somos um país que recebe mão de obra que vive em condições de escravidão. As confecções de costura da cidade de São Paulo, nos bairros do Brás ou Bom Retiro, são um exemplo disso. Existem ali numerosas pequenas confecções terceirizadas por empresários coreanos e administradas por latino-americanos.

São pessoas – homens e mulheres vindos da Bolívia, Peru ou Paraguai e mesmo da Coreia – que trabalham até 14 a 16 horas diariamente, costurando roupas de grife e sendo pagos com um preço degradante por sua produção. As crianças das trabalhadoras são muitas vezes amarradas às máquinas de costura para não saírem das vistas de suas mães ou mantidas fechadas em um quarto à parte.

O Brasil também funciona como um país de transição para pessoas que estão sendo enviadas principalmente para os países europeus. Tais pessoas são oriundas, na maior parte das vezes, de outros países da América do Sul. Se forem mulheres, elas ficam algum tempo trabalhando em nosso território para, depois de providenciados seus documentos, serem enviadas para o exterior.

Por fim, uma grande chaga nacional é o tráfico interno de pessoas, que recai principalmente em crianças e adolescentes do gênero feminino. O grande empreendimento em Serra Pelada, no estado do Pará, apresenta relatos desumanos de crianças vendidas para donos de bordéis a fim de atender a grande demanda dos trabalhadores da região. O livro do jornalista Gilberto Dimenstein, "Meninas da Noite", é um exemplo disso. O que acontece atualmente na construção de novos empreendimentos, como a construção da Usina de Belo Monte, faz com que o fato se repita.

O filme "Anjos do Sol", apesar de uma versão livre sobre relatos do tema, também nos dá uma ideia do que acontece nesses brasis desconhecidos por nós.

O fenômeno se repete atualmente com outras grandes construções que atraem milhares de operários de várias regiões do País. É o exemplo das novas usinas hidroelétricas do Rio Madeira, em Rondônia na região amazônica. Conforme a reportagem de Maíra Street, na revista Fórum de julho de 2012, vencedora do IV Concurso Tim Maia de Jornalismo Investigativo, os empreendimentos são construídos com a promessa do crescimento econômico do Brasil. "Mas o que se vê por trás das propagandas é a degradação da comunidade, e quem sofre os efeitos mais fortes do abandono são as crianças e adolescentes, muitas vezes levadas à exploração sexual como única fonte de renda."

A exploração sexual comercial não recai somente sobre as crianças e adolescentes levadas para esses lugares, mas também sobre crianças e adolescentes da região.

1.7. Modalidades

Para que uma pessoa é traficada? O que se faz com ela?
Há várias modalidades de tráfico humano no mundo atual.

1.7.1. Trabalho escravo

O trabalho escravo ou "em condições de escravidão" é uma das modalidades do TP. Desde a criança que é levada a uma casa de família para fazer o serviço doméstico ou a moça que é levada para esse mesmo fim junto a famílias de poder aquisitivo melhor que vão ao exterior, e que as mantêm em verdadeiros cárceres privados sem poder sair, sem aprender a língua do país onde estão morando e sem poder conversar nem mesmo com os vizinhos.

Importante notar que o maior índice de trabalho infantil no Brasil recai sobre crianças do gênero feminino, que são recrutadas para o serviço doméstico. São meninas fazendo o trabalho de adultos, sem possibilidade de estudar e, às vezes, cuidando de outras crianças maiores e mais velhas que elas. Isso sem contar que não raro, quando adolescentes, são usadas sexualmente pelos homens da casa onde trabalham.

Em nosso país, há trabalho escravo na zona rural e na zona urbana. Na zona rural, é recorrente a denúncia de uso de mão de obra em condições de escravidão nas plantações de cana-de-açúcar, com relatos de morte de trabalhadores rurais por exaustão. Ou casos de fazendas onde a mão de obra é recrutada por "gatos" que escondem as verdadeiras condições de trabalho que essas pessoas vão encontrar.

O coordenador da ONG Repórter Brasil, Leonardo Sakamoto, denuncia o trabalho escravo usado pela agroindústria brasileira. Segundo o jornalista, cada vez que ingerimos um pedaço de carne, estamos fortalecendo o trabalho escravo no país.

Interessante notar que o Projeto de Lei, que defende a entrega das fazendas que usam mão de obra escrava para Reforma Agrária, é sempre impedido de ser votado por conta da atuação da Bancada Ruralista...

Conforme Sakamoto, o Brasil chegará a ser uma das mais importantes potências econômicas no mundo até o final desta década, com bases no avanço da agroindústria no Pantanal e Amazônia, à custa de grande devastação ambiental. Por outro lado, esse avanço se fará com o uso da mão de obra escrava vinda de todas as regiões do país. Para completar, seremos uma potência imperialista de outros países da América Latina e da África. É esse o tipo de potência que almejamos para nosso país?

Nas zonas urbanas brasileiras, são numerosas as denúncias de casos de trabalhadores da construção civil, até mesmo na cidade de São Paulo, vivendo em condições de escravidão. O mesmo acontece com imigrantes de países sul-americanos, como bolivianos, paraguaios, peruanos e mesmo asiáticos vindos da Coreia. Esses "escravos" vivem nessas condições nas confecções de bairros paulistanos como o Bom Retiro, Braz e até mesmo em outras cidades do interior paulista como Americana, conforme denúncia de Anália Ribeiro que foi Coordenadora do Comitê paulista de Enfrentamento ao Tráfico de Pessoas.

As crianças, filhos de operários, crescem em ambientes fechados, insalubres, muitas vezes presas às máquinas de costura onde trabalham suas mães de dez a 14 horas por dia. E é na oficina mesmo que todos dormem.

1.7.2. Órgãos e tecidos

Declaração de Istambul sobre Tráfico de Órgãos e Turismo de Transplante define Tráfico de Órgãos como "o recrutamento, transporte, transferência, refúgio ou recepção de pessoas vivas ou mortas ou dos respectivos órgãos por intermédio de ameaça ou utilização da força ou outra forma de coação, rapto, fraude, engano, abuso de poder ou de um posição de vulnerabilidade, ou da oferta ou recepção por terceiros de pagamentos ou benefícios no sentido de conseguir a transferência de controle sobre o potencial doador, para fins de exploração através da remoção de órgãos para transplante".

Essa Declaração foi fruto de reunião de uma Câmara formada por mais de 150 representantes de organismos científicos e médicos de todo o mundo, membros de governos, cientistas sociais e especialistas em questões éticas, entre 30 de abril a 2 de maio de 2008, na cidade de Istambul, Turquia.

A necessidade de uma declaração como essa se deu frente à constatação de que apesar do transplante de órgãos ter se revelado um dos milagres da medicina no século passado, tais feitos têm sido maculados por inúmeros relatos de tráfico de pessoas que são utilizadas como fonte de órgãos e de turistas doentes de países ricos, que viajam para o estrangeiro com o objetivo de comprar órgãos de pessoas pobres.

O documento atesta que o "comércio dos transplantes é uma política ou prática segundo a qual um órgão é tratado como mercadoria, nomeadamente sendo comprado, vendido ou utilizado para obtenção de ganhos materiais".

A antropóloga e professora Nancy Scheper-Hugues, da Universidade de Bekerley, na Califórnia é, sem dúvida, um dos nomes mais importantes sobre esse tema em âmbito internacional. Ela fundou a ONG Organs Watch em 1999, que realizou pesquisas em mais de uma dezena de países em redor do mundo. A professora viveu no nordeste brasileiro por mais de 10 anos.

Para ela, o mito do turista rico que vem passar férias em um país pobre e tem um de seus órgãos roubado, como propalam alguns filmes, é totalmente falso. O turismo dos transplantes se dá exatamente ao contrário. Normalmente, é o turista do país rico que vem em busca de "doadores" de órgãos e tecidos nos países pobres. Os turistas do Primeiro Mundo são menos ameaçados por esse crime perverso. São os jovens pobres que habitam as regiões periféricas do planeta os mais vulneráveis a ele.

Segundo Nancy, "esse crime se dá com o comando de poderosas máfias internacionais que têm, infelizmente, o aval de médicos e profissionais de saúde. Quando em 2003, uma quadrilha internacional foi descoberta pela Polícia brasileira, tal esquema ficou bastante claro". A operação da Polícia Federal brasileira foi denominada "Operação Bisturi".

Pelas pesquisas da Organs Watch, essa máfia, especializada na venda de rins, teve seu início em Israel, na década de 90. Primeiramente eram buscados doadores entre refugiados palestinos. Mas o esquema foi denunciado por jornalistas e a quadrilha passou a buscar pessoas na Turquia e no Leste Europeu. No início deste século, a quadrilha descobre os brasileiros. Os jovens do sexo masculino, entre 18 e 23 anos com boa saúde, eram recrutados na periferia de Recife, Pernambuco. O comprador: um dos maiores polos médicos no mundo, em Durban, África do Sul.

A causa dos transplantes serem feitos na África do Sul se deveu ao fato dos médicos, que ali atuavam, terem criado centros de excelência em transplantes para a população branca. Isso teria ocorrido na época do regime de Apartheid.

Entretanto, as limitações do governo sul-africano em bancar os tratamentos provocaram uma crise no setor. A saída para o problema foi buscar pacientes no exterior, principalmente Canadá, EUA, Japão, Arábia Saudita e Israel. Com isso, foram criadas condições para que agentes procurassem doadores de outros países que não a África do Sul. Sul-africanos negros não serviam por conta dos altos índices de contaminação da AIDS e também pelo preconceito racial.

Quando os jovens, que saíram de Recife chegavam à África do Sul, eram submetidos à operação de retirada de um de seus rins. Porém, já no Brasil, eles tinham feito exames em uma clínica recifense que atestava a boa qualidade do "produto". Pelo menos 30 pernambucanos venderam o rim à quadrilha recebendo até US$ 10.000,00 por unidade. Entretanto a oferta foi tamanha, que o valor do rim caiu à metade de seu preço inicial.

Conforme a professora, no Oriente Médio existe uma forte rede que interliga compradores de rins de Israel e Europa Ocidental e os que os vendem em países da antiga União Soviética. A Índia fornece órgãos a estrangeiros de muitos países e também tem um mercado interno movimentado, através do qual as pessoas de castas superiores compram órgãos das pessoas de castas inferiores. As Filipinas fornecem rins de favelados para pacientes do Japão, Emirados Árabes e América do Norte. O Peru envia os rins para americanos de origem latina. Esses órgãos são adquiridos até mesmo de mulheres e comerciantes falidos. A China ficou famosa com a venda de órgãos de prisioneiros executados para pacientes da Ásia e América do Norte.

Para Nancy, "o turismo de transplantes começou na década de 70, quando árabes ricos e doentes dos países do Golfo começaram a viajar em busca de transplantes. Eles foram à Índia para comprar rins no Bazar de Órgãos de Bombaim, mas voltaram para casa infectados por hepatite C e, mais tarde, pelo HIV. Então, começaram a viajar para a Filipinas, onde hospitais particulares tinham equipes bem treinadas de cirurgiões americanos que garantiam rins recém-obtidos e saudáveis.

Aqueles que precisavam de fígados ou outros órgãos vitais foram à China onde havia abundância deles, especialmente nas datas em que eram realizadas execuções públicas em massa. Na China e nas Filipinas, os sauditas encontraram grande números de turistas de transplantes japoneses, alguns norte-americanos e do Canadá".

No início da década passada, enquanto doadores nos EUA cobravam cerca de 50 mil a 100 mil dólares por rim, nas Filipinas e Índia o doador recebia mil dólares; os doadores dos países do Leste Europeu recebiam três mil dólares, e até 10 mil dólares, os do Peru. Os rins chegavam a ter o valor de 70 mil dólares no mercado internacional. Atualmente, conforme o tipo sanguíneo do receptor, esse valor pode subir para 80 mil dólares.

O Brasil se insere no comércio de órgãos e tecidos, normalmente como "país doador". Para a antropóloga e professora, o comércio de transplantes teve seu começo no Brasil, no final dos anos 70. A Promotora de Justiça, Eliana Faleiros Vendramini Camargo, comprova a denúncia em seu depoimento na Audiência Pública sobre Tráfico de Órgãos e Tecidos da Assembleia Legislativa do Estado de São Paulo, liderada por sua Comissão de Direitos Humanos e que foi realizada em 20 de outubro de 2009. Segundo a Promotora, extremamente comprometida na solução de casos decorrentes desse crime, já em 1968 havia claros registros da prática de tráfico de órgãos em nosso país.

Em entrevista à Revista Época, edição 290, de 8 de dezembro de 2003, Nancy Hughes afirma que no final do período da Ditadura era flagrante o tráfico velado de cadáveres, órgãos e tecidos de pessoas de classes sociais e políticas mais desprezadas, com o apoio do regime militar. "Um médico veterano, agregado a um grande hospital acadêmico de São Paulo, revelou que cirurgiões como ele próprio recebiam ordens para produzir cotas de órgãos com qualidade. Às vezes, eles aplicavam injeções de barbitúricos fortes e em seguida chamavam outros médicos acima de qualquer suspeita para testemunhar que os critérios de morte cerebral haviam sido preenchidos e que os órgãos podiam ser retirados."

O caso Kalume, como ficou conhecido por ser o sobrenome do médico Roosevelt Sá Kalume, que denunciou o crime, é um exemplo de tráfico de órgãos ocorrido em nosso país. Kalume era então diretor do departamento de medicina da Universidade de Taubaté (UNITAU). O crime aconteceu em 1987, no antigo Hospital Santa Isabel de Clínicas de Taubaté, cidade situada no Vale do Paraíba, interior de São Paulo.

O caso teve grande divulgação na Imprensa nacional que cobriu o julgamento que condenou quatro médicos em outubro de 2011. Três médicos foram condenados a 17 anos e meio de prisão, sendo que o quarto já era falecido na ocasião de sua condenação.

Segundo a sentença final dos médicos, estes teriam falsificado os prontuários de pacientes que ainda possuíam sinais vitais. No julgamento, 17 pessoas serviram como testemunhas. O testemunho da técnica de enfermagem Rita Maria Ferreira foi fundamental na condenação desses profissionais.

O promotor Mário Friggi, que atuou no julgamento, argumentou ser Taubaté um centro captador de rins, e não um programa de transplantes, usado por hospitais particulares. (Jornal do Estado de S. Paulo, em 20 de outubro de 2011.)

O estranho dessa situação é que os médicos condenados na Justiça podem continuar a exercer sua profissão, pois foram absolvidos nos Conselhos de Medicina, tanto em âmbito regional como federal.

Nome dos pacientes que morreram: José Miguel da Silva; Alex de Lima; Irani Gobo e José Faria Carneiro. Os rins dos pacientes mortos foram enviados a um hospital da cidade de São Paulo e, em momento algum, a Grande Imprensa brasileira, que cobriu o caso, classificou-o como tráfico de órgãos.

A participação do Dr. Kalume no processo contra os médicos de Taubaté foi decisiva para a condenação dos mesmos. Somente com a cooperação de profissionais da Saúde que se indignem com esse crime, o mesmo poderá ser evitado. Essa prática inclusive coíbe por parte da população a doação voluntária de órgãos, que é um gesto de solidariedade.

Na Audiência Pública da Assembleia Legislativa do Estado de São Paulo, o médico Nelson Massini da Universidade do Rio de Janeiro, onde é titular da Cadeira de Medicina Legal, alertou sobre a "importância de a classe médica ser catequizada sobre o tema".

De acordo com a Organização Mundial da Saúde (OMS), há cinco "hot points", ou seja, "pontos quentes" onde o tráfico de órgãos e tecidos ocorre, já que são países considerados grandes "fornecedores" de "material de primeira": Paquistão, China, Filipinas, Colômbia e Brasil. Os centros de transplantes ilícitos estão localizados em países que combinam excelente infraestrutura médica com fiscalização fraca e corruptível.

A Organização Internacional de Polícia Criminal (INTERPOL), alerta sobre o rápido crescimento dessa atividade criminosa. Em muitos países a lista de espera para transplantes é longa e os traficantes ou "corretores de órgãos" aproveitam a oportunidade para explorar o desespero dos pacientes e doadores em potencial.

1.8. Exploração sexual comercial, casamentos...

A prostituição forçada é uma modalidade de trabalho escravo. Como já foi dito anteriormente, a maioria das pessoas traficadas é do gênero feminino. Há uma pesquisa realizada pela ONG "Guarda-chuva" que reúne as superioras de congregações religiosas femininas da Igreja Católica, chamada União Internacional de Superioras Gerais (UISG), com assento na ONU, que mostra a situação de escravidão de uma mulher traficada.

A pesquisa foi feita entre as mulheres que saíam do Brasil, principalmente pelo aeroporto de Guarulhos e viajavam para Espanha ou Portugal. Desde seu aliciamento, a cadeia de traficantes lhes proporcionava roupas novas para se apresentarem melhor quando passassem pela alfândega; mil dólares para caso fossem inquiridas no país de destino; documentos, passaporte e bilhete aéreo.

Quando chegavam a seu destino, não havia descanso do "jet lag". Uma pessoa, que estava no aeroporto, tirava-lhes o passaporte, o dinheiro e tinham de começar a trabalhar imediatamente. Foi contabilizado o quanto era pago a cada mulher pelo programa sexual realizado, e o total de despesas que ela teria tido com os traficantes. Para pagar essas primeiras despesas ela era obrigada a ter 4.500 relações sexuais.

Como a traficada vive confinada, mora à custa do traficante, come, dorme e tem as despesas básicas pagas por ele, ela nunca salda sua dívida. Idêntica situação do trabalhador rural que é contratado para trabalhar em uma fazenda e tem de comprar seus mantimentos na venda do patrão. Quando, depois de tempo, ele cansado do trabalho quer voltar para casa, sua dívida na venda é maior do que ele teria hipoteticamente para receber. Sua situação é de escravidão.

Não é sem razão que um dono de bordel no Canadá, em entrevista à revista Macleans, afirmou: "prefiro mil vezes vender uma mulher a vender drogas ou armas; drogas ou armas a gente vende uma só vez, enquanto que as mulheres a gente vende várias vezes até não aguentarem mais, ficarem loucas, morrerem de AIDS ou se matarem". Essa declaração está inserida em documento da UISG de 2002.

Porém, também há o tráfico de meninos, adolescentes e rapazes para a exploração sexual. Um exemplo foi o caso em que o Comitê de Enfrentamento ao Tráfico de Pessoas de São Paulo atuou, conseguindo resgatar adolescentes vindos, em sua maioria, do estado do Pará. Alguns deles viajaram com a promessa de treinarem na seleção juvenil de times de São Paulo.

Os adolescentes foram "bombados", isso é, injetaram neles hormônios femininos e silicone industrial nos seios, sendo que alguns foram submetidos à operação de reversão de sexo. Três clínicas médicas da cidade de São Paulo estavam envolvidas nesses crimes, que segundo a coordenação do Comitê se deu porque os demandadores queriam "travestis mais jovens".

Há outras maneiras de envolver pessoas no tráfico humano. É o caso de brasileiras que se casam com turistas que conheceram aqui mesmo no Brasil, ou que conhecem através da internet. Obviamente que há os relacionamentos que dão certo. Porém, há registros de moças casadas com estrangeiros que são obrigadas a trabalhar na propriedade do marido em jornadas estafantes. Pior ainda o caso de mulheres que, após um dia duro de trabalho, são obrigadas a se prostituir para gerar mais dinheiro ao companheiro.

O tráfico de mulheres importadas para a exploração sexual no Brasil vem de longa data. É o caso das famosas "francesas" e "polacas" que vieram para nosso país no final do século XIX e na primeira metade do século XX. Essas mulheres eram conhecidas como "gallinas" ou "franchudas", oriundas da França, algumas nascidas nesse país, outras em que o território francês era somente um país de transição.

Às vezes, menores de idade vinham sem qualquer informação sobre o tipo de atividade ou vida que iriam levar na América do Sul. As cidades sul-americanas como Buenos Aires, Montevidéu, Rio de Janeiro e São Paulo, conheciam, então, um grande crescimento e buscavam a modernidade europeia. Daí a abertura de numerosos bordéis e casas noturnas nessas cidades.

Tanto o tráfico como a prostituição que ali ocorriam eram comandados por estrangeiros de várias nacionalidades, especialmente por franceses e poloneses. Esses últimos viajavam para as aldeias pobres da Romênia, Polônia, Áustria, Hungria e Rússia – lugares afetados por perseguições religiosas e grande pobreza. Normalmente propunham casamento às famílias dessas jovens mulheres e se apresentavam como negociantes que haviam enriquecido na América do Sul.

Houve um grande número de jovens judias aliciadas entre as populações miseráveis dessas regiões. A Sociedade Zwig Migdal, composta por judeus que se apresentavam às famílias das garotas e as pediam em casamento, foi fundada na Polônia em 1904 com o nome de Sociedade Israelita de Socorro Mútuo Varsóvia. Essa sociedade estendeu seus negócios para a América do Sul em 1906. O assunto foi durante muito tempo considerado tabu porque eram traficadas de origem judaica, negociadas por grupos criminosos de sua mesma etnia.

Conforme a historiadora Mary Del Priori, da USP, entre as "francesas" e as "polacas" as diferenças se estabeleciam rapidamente. As primeiras representavam o luxo e a ostentação. As segundas, ao contrário, representavam a miséria. "Ser francesa" significava não necessariamente ter nascido na França, mas frequentar espaços e clientes ricos. Ser polaca significava ser produto de exportação do tráfico internacional do sexo que abastecia prostíbulos pobres das capitais importantes.

Há, porém, uma diferença entre o tráfico feito com as "polacas judias" ou "francesas" e o atual. O TP de agora é globalizado, atinge todos os países da terra e não é mais pontual, como ocorreu na saga dessas pobres mulheres que foram, inclusive, proibidas de serem enterradas no cemitério judeu por serem prostitutas...

1.9. Adoção ilegal – **UNICEF**

No primeiro Congresso Mundial contra a Exploração Comercial Sexual de Crianças, realizado em Estocolmo, Suécia, em agosto de 1996, pela Organização das Nações Unidas para a Infância (UNICEF), e o governo sueco, através da rainha Sílvia, foram feitas denúncias de rapto de crianças para a adoção em outros países.

Apesar de muitas vezes a criança adotada ilegalmente por famílias mais bem-posicionadas socialmente em países ricos, supostamente ter uma vida melhor do que aquela que teria se ficasse com seus pais no país de origem, a UNICEF denuncia esse crime pois apela para a ilegalidade e, muitas vezes, o uso da violência.

Se ficarmos atentos aos blogs e busca de crianças desaparecidas, noticiários de jornais e TV, verificaremos que o sumiço dessas pequenas criaturas é imenso e diário em todo o território nacional.

1.10. Como se dá o **TP** e o que se está fazendo

A PESTRAF mostra que há desde pequenas redes que traficam pessoas até gigantescas organizações criminosas que encaram o crime como uma linha de montagem de uma empresa multinacional. Nessas há uma relação entre o aliciador da pessoa traficada, quem providencia seus documentos e transporte, até o empresário, fazendeiro, ou dono de bordel, ou receptador que vão usar essa mão de obra ou órgãos ou tecidos a serem vendidos. Obviamente, que o "trabalho" de cada um dos protagonistas dessa cadeia de acontecimentos é remunerado.

Mas, afinal, o que está fazendo o Governo Brasileiro para tentar resolver o problema?

O Protocolo de Palermo foi redigido em 2000, e quatro anos depois o Brasil o ratifica. Em 26 de outubro de 2006, o Decreto Presidencial número 5.948 institui a Política Nacional de Enfrentamento ao Tráfico de Pessoas que estabelece um conjunto de diretrizes, princípios e ações norteadoras da atuação do Poder Público na área de enfrentamento ao tráfico humano em nosso país.

O documento está estruturado em três grandes eixos estratégicos, que são:

1 – Prevenção.
2 – Repressão e responsabilização de seus autores.
3 – Atendimento à vítima.

A repressão e responsabilização dos criminosos é tarefa do Estado com seu aparato policial e jurídico. O atendimento à vítima, ainda muito falho em nosso país, é também responsabilidade do Estado, mas pode contar com a parceria da sociedade civil. É na prevenção que a sociedade civil tem condições de dar sua grande contribuição no enfrentamento ao crime.

Com a aprovação da Política Nacional, o tema foi incorporado à agenda pública do Estado brasileiro, envolvendo não só a área de Justiça e Segurança Pública, mas também diversas áreas e instituições que são afetadas com assunto em suas vertentes de prevenção e atendimento à vítima.

O Decreto que aprovou a Política Nacional previu a tarefa de elaborar o Plano Nacional de Enfrentamento ao Tráfico de Pessoas, PNETP, com prioridades, ações e metas específicas e bem definidas, que deveriam ser implantadas em um período de dois anos. O Primeiro Plano teve sua data final de implantação em 2010.

Atualmente, está para ser implantado no território nacional o Segundo Plano que tem uma diferencial sobre o primeiro. Esse plano prevê seu acompanhamento para que seja efetivamente implantado.

A Coordenação das Políticas de Enfrentamento ao TP está sob responsabilidade da Secretaria Nacional de Justiça, do Ministério da Justiça e das Secretarias de Políticas para a Mulher e da Secretaria de Direitos Humanos, da Presidência da República.

Bandana Pattanaik, que foi coordenadora da Aliança Global contra o Tráfico de Mulheres (GAATW), uma ONG que abriga numerosas outras organizações em âmbito internacional e que tem sede na Tailândia, afirma de forma contundente que "o Protocolo de Palermo foi uma conquista do movimento de mulheres que beneficia não só a elas, mas crianças, adolescentes e qualquer pessoa que seja vítima do tráfico em todo o mundo". Essa declaração foi feita nas oficinas sobre TP, organizada pela ONG TRAMA do Rio de Janeiro em Caracas, Venezuela, 2006, por ocasião do Sexto Fórum Mundial.

Voltamos a afirmar que o que nos indigna é a condição de escravidão imposta a qualquer pessoa humana; pouco importa a atividade que ela exerça, seja um professor universitário ou uma prostituta. Todos têm o direito de ir e vir em nosso mundo globalizado. O que não podemos aceitar são as condições de escravidão que tantas pessoas vivem na atualidade.

Sem dúvida o Protocolo de Palermo é fundamental no enfrentamento desse crime, mesmo que tenha de ser revisto e melhorado. O enfrentamento ao TP tem de prever ações que interliguem todos os países, vendedores o compradores de gente.

Porém, outro fato evidente é que o TP não será superado sem a participação da sociedade civil reforçando a atuação do Estado. Associações, ONGs, igrejas, clubes de serviço, isto é, todas as pessoas de boa vontade têm de se unir para uma tarefa comum que é o enfrentamento ao tráfico humano.

Se o crime é organizado, por que não nos organizarmos na superação desse horrendo e perverso crime que atinge tantos seres humanos, filhos de Deus, em nossa sociedade?

BIBLIOGRAFIA

ALENCAR, Emanuela Cardoso Onofre de. Nos Bastidores da Migração: o tráfico de mulheres no Brasil dos séculos XIX e XX. In: *A cidadania em debate:* tráfico de seres humanos. Fortaleza: Universidade de Fortaleza (Unifor), 2006.

ASSEMBLEIA GERAL DAS NAÇÕES. Protocolo de Palermo. Protocolo de Prevenção, Supressão e Punição ao Tráfico de Pessoas, especialmente mulheres e crianças. 15 nov. 2000.

BORDIEU, Pierre. *A Dominação Masculina*. 10 ed. Bertrand Brasil, 2011.

CITELI, Maria Teresa NUNES, Maria José F. Rosado. *Violência Simbólica:* a outra face das religiões. Cadernos 14. Católicas pelo Direito de Decidir, 2010.

CONGRESSO INTERNACIONAL DE BIOÉTICA CLÍNICA, 8 ed. São Paulo, 16 a 19 de maio de 2012.

CUNHA, Cláudia Sérvulo da (org.). *Tráfico de Pessoas para fins de exploração sexual.* Brasília: OIT, 2005.

DEL PRIORE, Mary. *História do Amor no Brasil.* Contexto, 2005.

DIMENSTEIN, Gilberto. *Meninas da Noite – A prostituição de meninas escravas no Brasil.* 16 ed. São Paulo: Ática, 2009.

GARCIA, Mary Castro. Violações Internacionais e Violações de Direitos Humanos Hoje. In: *Tráfico de Pessoas:* uma abordagem política Serviço à Mulher Marginalizada. SMM, 2007.

KRAMER, Heinrich; Sprenger, James. *O Martelo das Feiticeiras. Malleus Maleficarum*, 1484. 7 ed. Rosa dos Ventos, 1991.

LEAL, Maria Lúcia; LEAL, Maria de Fátima (coord.). Pesquisa sobre Tráfico de Mulheres, Crianças e Adolescentes para Exploração Sexual Comercial no Brasil – PESTRAF, Centro de Referência de Estudos e Ações em favor da Criança e Adolescente – CECRIA Brasília: Universidade de Brasília, 2003.

MINISTÉRIO DA JUSTIÇA. Secretaria Nacional de Justiça. 1º Plano Nacional de Enfrentamento ao Tráfico de Pessoas, 2008.

MINISTÉRIO DA JUSTIÇA. Secretaria Nacional de Justiça. Política Nacional de Enfrentamento ao Tráfico de Pessoas. Decreto Presidencial número 5.948, out. 2006.

SCHEPER-HUGHES, Nancy. Dispelling the myth. The realities of organ trafficking, 2004. Entrevista a Andrew Lawless.

SIQUEIRA, Priscila. *Tráfico de Mulheres*. Oferta, Demanda e Impunidade. SMM, 2004.

SIQUEIRA, Priscila. Tráfico de Seres Humanos. In: *A cidadania em debate:* tráfico de seres humanos. Fortaleza: Universidade de Fortaleza (Unifor), 2006.

XAVIER, Lúcia. "Implicações do Racismo no Tráfico de Pessoas". In: *Tráfico de Pessoas:* uma abordagem política. Serviço à Mulher Marginalizada. SMM, 2007.

2

O MINISTÉRIO DO TRABALHO E EMPREGO E A POLÍTICA NACIONAL DE ENFRENTAMENTO AO TRÁFICO DE PESSOAS

Renato Bignami[1]

---

[1] Auditor-Fiscal do Trabalho da Superintendência Regional do Trabalho e Emprego em São Paulo. Bacharel e mestre em Direito do trabalho pela Universidade de São Paulo. Doutorando em Direito do trabalho pela Universidad Complutense de Madrid.

2.1. Introdução

O tráfico internacional de pessoas é um dos maiores desafios relacionados com a globalização da economia e seu enfrentamento requer o esforço concertado e multi-institucional de diversos agentes sociais. A intensificação do comércio mundial e o incremento da competitividade entre as empresas são fatores que contribuem definitivamente para que os produtos e os serviços se aperfeiçoem cada vez mais, gerando um ganho direto tanto para o consumidor quanto para as demais partes interessadas – *stakeholders*. Não obstante essa vertente positiva relacionada com os processos desenvolvidos e aperfeiçoados com a globalização, as diferenças geoeconômicas mundiais têm proporcionado o aumento do tráfico de pessoas e, por via de consequência, dos casos relatados de trabalho forçado, de servidão por dívida e de precariedade no ambiente de trabalho.

O caminho inverso do consumo desenfreado e irresponsável incentivado por alguns setores da ciranda global capitalista identifica-se com a responsabilidade social corporativa que incorpora elementos da sustentabilidade, tanto ambiental quanto social, enquanto mola propulsora das boas práticas empresariais. O Ministério do Trabalho e Emprego tem entre suas principais missões a vigilância e o controle da força do trabalho e a prática do diálogo social no sentido de priorizar a proteção da força laborativa do homem, garantindo a melhoria constante do meio ambiente e a proteção dos valores sociais.[2] A Inspeção do Trabalho, por repre-

---

[2] O Decreto n. 5.063, de 3 de maio de 2004, aprovou a estrutura regimental do Ministério do Trabalho e Emprego e delimitou suas competências no Artigo 1º:
    O Ministério do Trabalho e Emprego, órgão da Administração Federal Direta, tem como área de competência os seguintes assuntos:
    I – Política e diretrizes para a geração de emprego e renda e de apoio ao trabalhador;
    II – Política e diretrizes para a modernização das relações do trabalho;
    III – Fiscalização do trabalho, inclusive do trabalho portuário, bem como aplicação das sanções previstas em normas legais ou coletivas;
    IV – Política salarial;
    V – Formação e desenvolvimento profissional;
    VI – Segurança e saúde no trabalho;
    VII – Política de imigração; e
    VIII – Cooperativismo e associativismo urbanos. (BRASIL. Decreto n. 5.063, de 3 de maio de 2004. Aprova a Estrutura Regimental e o Quadro Demonstrativo dos Cargos em Comissão

sentar o viés executivo e fiscalizador do MTE, absorve a maior parte dessas responsabilidades e opera como garantidora de Estado dos direitos fundamentais dos trabalhadores.[3]

Dessa maneira, desde 2007 a unidade descentralizada do MTE, em São Paulo, representada pela Superintendência Regional do Trabalho e Emprego, lidera um grupo denominado "Dignidade para o trabalhador migrante", formado por diversos setores do governo, do patronato, dos trabalhadores e da sociedade civil organizada. A prática do diálogo culminou, em julho de 2009, na ratificação do "Pacto Contra a Precarização e Pelo Emprego e Trabalho Decentes em São Paulo: Setor das Confecções", do qual se alcançou consenso quanto às estratégias de abordagem e enfrentamento a essa questão dentro da cadeia produtiva têxtil, bem como quanto a uma plataforma mínima de trabalho decente que deve pautar os padrões do trabalho prestado nos estabelecimentos fabris.

2.2. Tráfico de pessoas e trabalho análogo ao de escravo

Tradicionalmente, o tráfico de pessoas está relacionado com a consequente exploração dessa mão de obra em condições de escravidão. Por sua vez, o trabalho prestado em condições de servidão sempre esteve presente em "*todas las naciones* bárbaras o civilizadas, grandes o *pequeñas, poderosas o débiles, pacíficas o guerreras, bajo las* más diversas formas de *gobierno, profesando las religiones* más contrarias, y *sin distinción de climas y edades*".[4] Dessa maneira, observamos uma relação intrínseca entre o tráfico de pessoas e o trabalho análogo ao de escravo, onde quer que essas figuras nefastas de exploração da pessoa humana ocorram e sob qualquer que seja sua justificativa e modalidade de ocorrência.

---

e das Funções Gratificadas do Ministério do Trabalho e Emprego, e dá outras providências. Brasília, Diário Oficial da União).

[3] BIGNAMI, Renato. *A inspeção do trabalho no Brasil:* procedimentos especiais para a ação fiscal. São Paulo: Editora LTr, 2007, p. 74-104.

[4] SACO, José Antonio. *Historia de la esclavitud.* Buenos Aires: Editorial Andina S.R.L., 1965, p. 7.

A passagem de um modo de produção prioritariamente escravocrata e servil para um modelo baseado no trabalho assalariado ocorreu de maneira constante, firme e gradual no decorrer principalmente dos últimos dois séculos. No mesmo sentido, o valor do trabalho passou de um absoluto desdém, com matizes inclusive negativos, como nas antigas sociedades greco-romanas, para uma sobrevalorização de natureza quase mística, como nas atuais sociedades ocidentais.[5] A formação do Estado moderno, baseado nos valores democráticos da livre iniciativa e da liberdade do trabalho, passa pela salvaguarda desses mesmos valores como pilares de sustentação máxima da própria sociedade.[6]

2.3. Os direitos fundamentais do trabalhador e o acervo jurídico internacional de proteção

Dessa maneira, no âmbito internacional constrói-se paulatinamente, também no decorrer dos últimos dois séculos, a doutrina dos direitos fundamentais dos trabalhadores, possibilitando uma verdadeira revolução na abordagem dos direitos de cidadania, ainda que não exista uma solução única de vinculação jurídica no estudo do direito comparado.[7] Não obstante essa aparente diferença de abordagem sob o ponto de vista jurídico-formal, o Estado tem o dever de garantir a eficácia plena – vertical e horizontal – dos direitos fundamentais da pessoa do trabalhador a todos os centros e locais de trabalho. Vale dizer que os direitos fundamentais do trabalhador não são apenas garantidos em face de sua inclusão no estrato da sociedade e contra atos do próprio Estado – eficácia vertical – mas também

---

[5] MÉDA, Dominique. *O trabalho. Um valor em vias de extinção.* Lisboa: Fim de Século Edições Ltda., 1999, p. 36-62.
[6] A Constituição Federal de 1988 determina:
   Art. 1º A República Federativa do Brasil, formada pela união indissolúvel dos Estados e Municípios e do Distrito Federal, constitui-se em Estado Democrático de Direito e tem como fundamentos:
   IV – os valores sociais do trabalho e da livre iniciativa. (BRASIL. Constituição Federal. Brasília: Senado Federal, 1888).
[7] DAL-RÉ, Fernando Valdés. La vinculabilidad jurídica de los derechos fundamentales de la persona del trabajador: una aproximación de derecho comparado. In: *Derecho privado y constitución*. Número 17. Madrid: Centro de Estudios Políticos y Constitucionales, 2003, p. 499-528.

contra atos de particulares – eficácia horizontal – que possam vulnerar quaisquer daqueles direitos fundamentais, genéricos ou específicos, relacionados com o trabalho. A doutrina alemã foi a primeira a retratar e a conceber a eficácia horizontal dos direitos fundamentais – *Drittwirkung der Grundrechte* – propiciando a maior proteção aos cidadãos e garantindo sua aplicação em todos os locais de trabalho.[8]

O Brasil, por estar inserido na nova ordem global, também sofre os mesmos efeitos perversos relativos ao aumento do tráfico mundial de pessoas e se encontra tanto na rota de origem quanto na de destino de trabalhadores traficados.[9] Pelo Estado de São Paulo passam homens, mulheres e crianças que daqui partem em busca de uma vida melhor ou que aqui aportam para integrar algum dos elos da maciça produção industrial paulista. Notadamente, os casos de trabalho análogo ao de escravos de trabalhadores sul-americanos irregulares, que trabalham em oficinas de costura na região metropolitana de São Paulo, vêm crescendo e há indicativos de que o aquecimento da economia paulista aliada ao grande desnível geoeconômico-social existente entre determinadas regiões da América do Sul propiciam o acirramento do tráfico de pessoas e de sua exploração para fins econômicos.[10]

O atual entorno jurídico é bastante adequado para que os trabalhos de enfrentamento, tanto ao tráfico quanto ao trabalho análogo ao de escravo, sejam iniciados e desenvolvidos, bastando a elaboração e a efetivação de políticas públicas voltadas para essa matéria. No decorrer dos últimos séculos, os direitos humanos foram reconhecidos e gozam da máxima proteção que o Estado pode oferecer. Cartas básicas de reconhecimento dos

---

[8] BIGNAMI, Renato. Los derechos fundamentales de la persona del trabajador. In: MANNRICH, Nelson. (Coord.). *Revista de Direito do trabalho*. Número 122. Ano 32. Abril-junho 2006. São Paulo: Revista dos Tribunais, 2006, p. 209-29.
[9] GOVERNO DO ESTADO DE SÃO PAULO. Núcleo de Prevenção e Enfrentamento ao Tráfico de Pessoas. Relatório de atividades. Janeiro-dezembro 2009, p. 84-6.
[10] MINISTÉRIO DO TRABALHO E EMPREGO. Superintendência Regional do Trabalho e Emprego em São Paulo. Pacto Contra a Precarização e Pelo Emprego e Trabalho Decentes em São Paulo – Cadeia Produtiva das Confecções. Relatório e Apresentação para a Relatora da ONU Sobre as Formas Contemporâneas de Trabalho Escravo. São Paulo, 20 de maio de 2010.

direitos fundamentais do trabalhador indicam a centralidade do trabalho e da pessoa humana e assinalam diversos mecanismos de proteção do trabalhador e da mobilidade humana.[11]

2.4. O Ministério do Trabalho e Emprego
e o enfrentamento ao tráfico de pessoas para fins de trabalho análogo ao de escravo

Perto de cumprir 80 anos,[12] o Ministério do Trabalho e Emprego busca realizar suas missões no âmbito da Administração Pública do Trabalho dentro dos princípios do trabalho decente, delineados em diversas convenções da Organização Internacional do Trabalho e consolidados na Declaração da OIT dos Princípios e Direitos Fundamentais no Trabalho e seu Seguimento. A Declaração foi adotada durante a Conferência Internacional do Trabalho, na octogésima sexta reunião, em Genebra, no dia 18 de junho de 1998, e indica quais são as convenções mais básicas e fundamentais adotadas no âmbito da OIT, cujos princípios e direitos devem ser inteiramente respeitados por todas as nações, ainda que não as tenham ratificado expressamente.[13]

Assim, no âmbito da Administração Pública do Trabalho existem alguns documentos básicos indicativos das políticas públicas

---

[11] Referimo-nos, em especial, dentre as várias cartas referentes aos direitos fundamentais dos trabalhadores, à Declaração Universal dos Direitos Humanos, de 1948, à Convenção Suplementar sobre Práticas Análogas à Escravatura da Organização das Nações Unidas, promulgada pelo Decreto n. 58.563 de 1º de junho de 1966, ao Protocolo Adicional à Convenção das Nações Unidas contra o Crime Organizado Transnacional Relativo à Prevenção, Repressão e Punição do Tráfico de Pessoas, em Especial Mulheres e Crianças – Protocolo de Palermo, ratificado pelo Brasil por meio do Decreto n. 5.017, de 12 de março de 2004, à Convenção n. 29, da Organização Internacional do Trabalho, ratificada pelo Brasil em 25 de abril de 1954, e aprovada pelo Decreto Legislativo n. 24, de 29 de maio de 1956, à Convenção Internacional para Proteção dos Direitos de todos os Trabalhadores Migrantes e seus Familiares da Organização das Nações Unidas, aprovada pela Assembleia Geral em 1990, à Declaração Sócio-laboral do Mercosul e, mais recentemente, ao Acordo sobre Residência para Nacionais dos Estados Partes do Mercado Comum do Sul – Mercosul, Bolívia e Chile, aprovado pelo Decreto n. 6.975, de 7 de outubro de 2009.

[12] O Ministério do Trabalho, Indústria e Comércio foi criado em de 26 de novembro de 1930, por meio do Decreto n. 19.433, assinado pelo Presidente Getúlio Vargas.

[13] Os princípios e direitos considerados fundamentais pela OIT estão divididos em quatro blocos:
    a) a liberdade sindical e o reconhecimento efetivo do direito de negociação coletiva;
    b) a eliminação de todas as formas de trabalho forçado ou obrigatório;
    c) a efetiva abolição do trabalho infantil; e
    d) a eliminação da discriminação em matéria de emprego e ocupação.

relativas tanto ao combate ao trabalho realizado em condições análogas à de escravidão, à promoção do trabalho decente, à proteção do trabalhador migrante e a sua família e, em articulação com outros entes públicos, ao tráfico de pessoas.[14] A necessária interface entre todos esses documentos deve ser alcançada por meio de uma articulação eficiente e eficaz entre todos os entes envolvidos com a questão do trabalho escravo, tanto do setor público quanto privado. Cabe à sociedade exigir a transparência necessária a fim de observar o cumprimento dos planos contidos nesses documentos, pois se tratam de ações geralmente bastante avançadas e adequadas, mas que necessitam de um esforço concentrado e contínuo de todos os agentes envolvidos para sua concretização.

Os mecanismos específicos afetos à Inspeção do Trabalho no caso de enfrentamento ao tráfico de pessoas e ao trabalho análogo ao de escravo vêm sendo desenvolvidos e aplicados, há mais de uma década, nos casos em que se constata o trabalho análogo ao de escravo de trabalhadores brasileiros. Os resultados dessa abordagem já são bastante significativos,[15] considerando que o processo de reconhecimento oficial da existência do trabalho escravo, a elaboração de estratégias para combatê-lo e a execução dessas estratégias foram iniciados em meados da década de 90.

Mais especificamente, no decorrer da última década e meia, conseguiu-se criar um modelo de intervenção nas relações de trabalho em que o trabalhador submetido às condições análogas às de escravidão é retirado do local de trabalho, é registrado, entrando para o mercado de trabalho formal, é documentado, com a emissão da carteira de trabalho, são pagas suas verbas rescisórias/indenizatórias e emite-se a guia de seguro desemprego, com a liberação de

---

[14] Plano Nacional de Erradicação do Trabalho Escravo, Agenda Nacional do Trabalho Decente, Política Nacional de Imigração e Proteção ao Trabalhador Migrante (proposta) e Plano Nacional de Enfrentamento ao Tráfico de Pessoas.

[15] De 1995 a 2010 ocorreram 963 operações, nas quais foram inspecionados 2.584 estabelecimentos, com 37.205 trabalhadores libertados e resgatados, R$ 54.959.850,52 pagos a título de indenização e 28.308 autos de infração lavrados. MINISTÉRIO DO TRABALHO E EMPREGO. Secretaria de Inspeção do Trabalho. Divisão de Fiscalização para Erradicação do Trabalho Escravo – DETRAE. Relatórios Específicos de Fiscalização Para Erradicação do Trabalho Escravo. Quadro Geral das Operações de Fiscalização para Erradicação do Trabalho Escravo – SIT/SRTE 1995 a 2010. Disponível em: <http://www.mte.gov.br/fisca_trab/quadro_resumo_1995_2010.pdf>. Acesso em: 11 jul. 2010>.

três parcelas mensais no valor de um salário mínimo. A empresa flagrada atuando sob essas condições é autuada, interdita-se a frente de trabalho[16], e, ao final do processo administrativo com a imposição das multas, seu nome é lançado na conhecida "lista suja", considerada o grande diferencial do enfrentamento ao trabalho escravo no Brasil[17] e "um modo original de se remover uma mancha"[18]. Dessa maneira, alguma solução de dignidade é devolvida ao trabalhador que tenha sido submetido a condições de trabalho análogo ao de escravo e espera-se que ele possa retornar ao mercado de trabalho em melhores condições, com maior qualificação e capacidade laborativa. Os próximos passos para uma completa adequação dos mecanismos de intervenção, tanto repressivos quanto preventivos, seriam a aprovação da PEC n. 438/01, referente à expropriação do estabelecimento onde se encontre trabalho análogo ao de escravo e a completa requalificação e reinserção do trabalhador vulnerável para as condições de normalidade no mercado de trabalho.

De se recordar que o trabalhador estrangeiro submetido ao tráfico transnacional de pessoas deve ter a oportunidade de recuperação física, psicológica e social, por meio do fornecimento de emprego, formação e educação. Importante também ressaltar que além dessas medidas de natureza compensadora, sempre que houver o tráfico de pessoas, deve-se conceder à vítima a oportunidade da permanência no país para onde tenha sido traficada.[19]

---

[16] No âmbito das normas de natureza administrativa que regem os procedimentos de resgate e do trabalhador submetido a condições análogas às de escravo e de responsabilização dos empregadores, destacamos: Portaria MTE n. 1.153, de 13 de outubro de 2003, na Portaria n. 540, de 15 de outubro de 2004, na Portaria MTE n. 1, de 28 de janeiro de 1997, na Instrução Normativa MTE n. 76, de 15 de maio de 2009 e na Resolução Condefat n. 306, de 6 de novembro de 2002.
[17] COSTA, Patrícia Trindade Maranhão. *Combatendo o trabalho escravo contemporâneo:* o exemplo do Brasil. Brasília: Organização Internacional do Trabalho, 2010. p. 146-152.
[18] VIANA, Márcio Túlio. Trabalho escravo e "lista suja": um modo original de se remover uma mancha. In: *Possibilidades jurídicas de combate à escravidão contemporânea.* Brasília: Organização Internacional do Trabalho, 2007, p. 32-63.
[19] PROTOCOLO Adicional à Convenção das Nações Unidas contra o Crime Organizado Transnacional Relativo à Prevenção, Repressão e Punição do Tráfico de Pessoas, em Especial Mulheres e Crianças – Protocolo de Palermo, ratificado pelo Brasil por meio do Decreto n. 5.017, de 12 de março de 2004:
    Artigo 6°
        3. Cada Estado Parte terá em consideração a aplicação de medidas que permitam a recuperação física, psicológica e social das vítimas de tráfico de pessoas, (...)em especial, o fornecimento de:
        d) Oportunidades de emprego, educação e formação.

Por fim, é essencial recordarmos que, no marco da progressiva integração regional sul-americana, existem diversos dispositivos indicativos da plena vigência do princípio da livre circulação de trabalhadores, principalmente no âmbito do Mercosul, mais os países associados, Bolívia e Chile, determinando o respeito ao princípio da igualdade de trato e da não discriminação e a harmonização dos procedimentos, em especial aqueles referentes ao enfrentamento do tráfico de pessoas e da erradicação do trabalho análogo ao de escravo, entre trabalhadores brasileiros e aqueles nacionais de algum dos países integrantes dessa região.[20]

Artigo 7°
Estatuto das vítimas de tráfico de pessoas nos Estados de acolhimento
1. Além de adotar as medidas em conformidade com o Artigo 6 do presente Protocolo, cada Estado Parte considerará a possibilidade de adotar medidas legislativas ou outras medidas adequadas que permitam às vítimas de tráfico de pessoas permanecerem em seu território a título temporário ou permanente, se for caso disso.
2. Ao executar o disposto no parágrafo 1º do presente Artigo, cada Estado Parte terá devidamente em conta fatores humanitários e pessoais. BRASIL, Decreto n. 5.017, de 12 de março de 2004.

[20] Declaração Sociolaboral do Mercosul:
Considerando que os Ministros do Trabalho do MERCOSUL têm manifestado, em suas reuniões, que a integração regional não pode confinar-se à esfera comercial e econômica, mas deve abranger a temática social, tanto no que diz respeito à adequação dos marcos regulatórios trabalhistas às novas realidades configuradas por essa mesma integração e pelo processo de globalização da economia, quanto ao reconhecimento de um patamar mínimo de direitos dos trabalhadores no âmbito do MERCOSUL, correspondente às convenções fundamentais da OIT.
Acordo sobre Residência para Nacionais dos Estados Partes do Mercado Comum do Sul – Mercosul, Bolívia e Chile, aprovado pelo Decreto n° 6.975, de 7 de outubro de 2009:
REAFIRMANDO o desejo dos Estados Partes do MERCOSUL e dos Países Associados de fortalecer e aprofundar o processo de integração, assim como os fraternais vínculos existentes entre eles.
TENDO PRESENTE que a implementação de uma política de livre circulação de pessoas na Região é essencial para a consecução desses objetivos;
VISANDO a solucionar a situação migratória dos nacionais, dos Estados Partes e Países Associados na região, a fim de fortalecer os laços que unem a comunidade regional;
CONVENCIDOS da importância de combater o tráfico de pessoas para fins exploração de mão de obra e aquelas situações que impliquem degradação da dignidade humana, buscando soluções conjuntas e conciliadoras aos graves problemas que assolam os Estados Partes, os Países Associados e a comunidade como um todo, consoante compromisso firmado no Plano Geral de Cooperação e Coordenação de Segurança Regional.

2.5. Conclusões

Concluímos no sentido de que os mecanismos atualmente disponíveis para o resgate do trabalhador brasileiro submetido ao trabalho análogo ao de escravo são plenamente aplicáveis ao trabalhador estrangeiro, quer tenha sido vítima de tráfico transnacional de pessoas ou não, conforme clara indicação contida no Protocolo de Palermo. Por outro lado, os tratados internacionais complementares ao processo de integração no âmbito do Mercosul, Chile e Bolívia apontam para a criação de uma zona de livre circulação de trabalhadores, na qual os direitos fundamentais devem ser plenamente respeitados e protegidos, independentemente da nacionalidade e do local de residência.

A aplicação dos princípios da igualdade e da não discriminação entre trabalhadores nacionais e estrangeiros residentes no Brasil, bem como do princípio da máxima proteção aos direitos humanos, principalmente nos casos de trabalhadores traficados, deve ser priorizada no sentido de alcançarmos uma efetividade transversal das políticas públicas constantes dos planos de enfrentamento ao tráfico de pessoas, de combate ao trabalho escravo e de trabalho decente. O Ministério do Trabalho e Emprego, na qualidade de órgão federal da Administração Pública do Trabalho encarregado de proteger os direitos fundamentais dos trabalhadores por meio da Inspeção do Trabalho, deve adequar os mecanismos de controle aplicados aos trabalhadores brasileiros para também serem utilizados nos casos em que ocorra o trabalho escravo de estrangeiros.

A busca pela dignidade dos trabalhadores deve ser firme e constante. Apenas a integração em rede dos diversos agentes sociais envolvidos com o tráfico de pessoas e o trabalho em condições de escravidão será capaz de mitigar essa chaga que acompanha a humanidade no decorrer do tempo.

BIBLIOGRAFIA

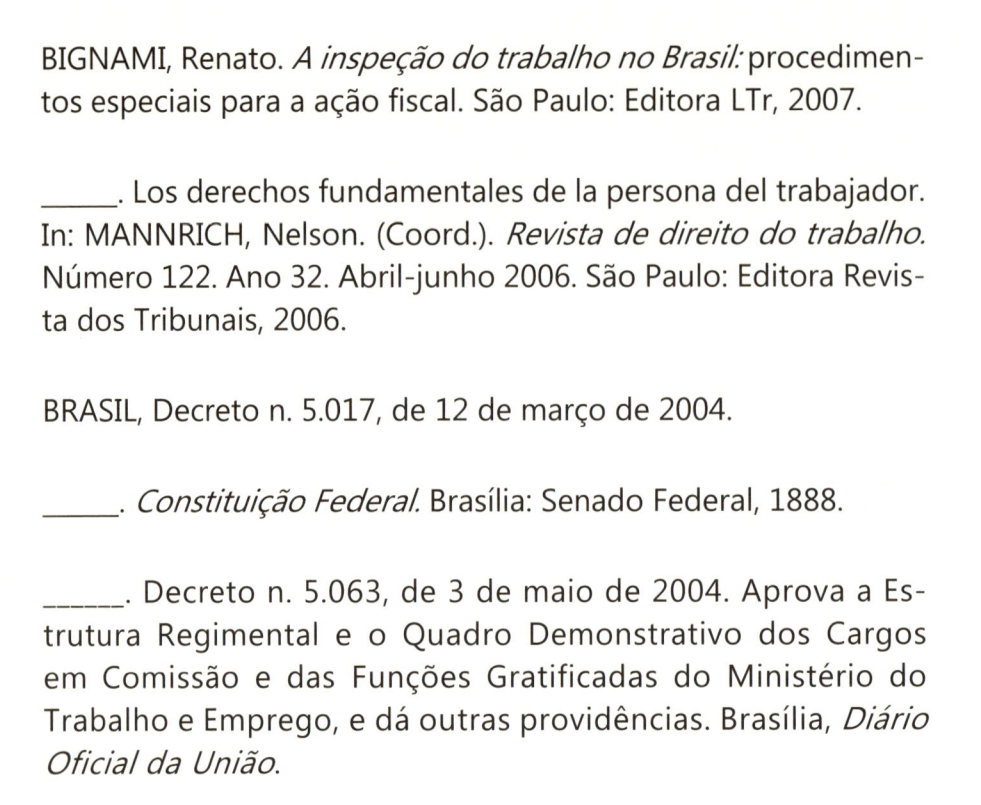

BIGNAMI, Renato. *A inspeção do trabalho no Brasil:* procedimentos especiais para a ação fiscal. São Paulo: Editora LTr, 2007.

_____. Los derechos fundamentales de la persona del trabajador. In: MANNRICH, Nelson. (Coord.). *Revista de direito do trabalho.* Número 122. Ano 32. Abril-junho 2006. São Paulo: Editora Revista dos Tribunais, 2006.

BRASIL, Decreto n. 5.017, de 12 de março de 2004.

_____. *Constituição Federal.* Brasília: Senado Federal, 1888.

_____. Decreto n. 5.063, de 3 de maio de 2004. Aprova a Estrutura Regimental e o Quadro Demonstrativo dos Cargos em Comissão e das Funções Gratificadas do Ministério do Trabalho e Emprego, e dá outras providências. Brasília, *Diário Oficial da União.*

COSTA, Patrícia Trindade Maranhão. *Combatendo o trabalho escravo contemporâneo:* o exemplo do Brasil. Brasília: Organização Internacional do Trabalho, 2010.

DAL-RÉ, Fernando Valdés. La vinculabilidad jurídica de los derechos fundamentales de la persona del trabajador: una aproximación de derecho comparado. In: *Derecho privado y constitución.* Número 17. Madrid: Centro de Estudios Políticos y Constitucionales, 2003.

GOVERNO DO ESTADO DE SÃO PAULO. Núcleo de Prevenção e Enfrentamento ao Tráfico de Pessoas. Relatório de atividades. Janeiro-dezembro 2009.

MEDA, Dominique. *O trabalho*. Um valor em vias de extinção. Lisboa: Fim de Século Edições Ltda., 1999.

MINISTÉRIO DA JUSTIÇA. Plano nacional de enfrentamento ao tráfico de pessoas. Brasília: Ministério da Justiça, 2008.

MINISTÉRIO DO TRABALHO E EMPREGO. Agenda nacional de trabalho decente. Brasília: Ministério do Trabalho e Emprego, 2010.

_____. Política Nacional de Imigração e Proteção ao Trabalhador Migrante (proposta). Brasília: Ministério do Trabalho e Emprego, 2010.

_____. Secretaria de Inspeção do Trabalho. Divisão de Fiscalização para Erradicação do Trabalho Escravo – DETRAE. Relatórios Específicos de Fiscalização Para Erradicação do Trabalho Escravo. Quadro Geral das Operações de Fiscalização para Erradicação do Trabalho Escravo – SIT/SRTE 1995 a 2010. Disponível em: <http://www.mte.gov.br/fisca_trab/quadro_resumo_1995_2010.pdf>. Acesso em: 11 jul. 2010>.

_____. Superintendência Regional do Trabalho e Emprego em São Paulo. Pacto Contra a Precarização e pelo Emprego e Trabalho Decentes em São Paulo – Cadeia Produtiva das Confecções. Relatório e Apresentação para a Relatora da ONU Sobre as Formas Contemporâneas de Trabalho Escravo. São Paulo, 20 de maio de 2010.

PRESIDÊNCIA DA REPÚBLICA. Plano nacional de combate ao trabalho escravo. Brasília: Presidência da República, 2003.

SACO, José Antonio. *Historia de la esclavitud*. Buenos Aires: Editorial Andina S.R.L., 1965.

VIANA, Márcio Túlio. Trabalho escravo e "lista suja": um modo original de se remover uma mancha. In: *Possibilidades jurídicas de combate à escravidão contemporânea*. Brasília: Organização Internacional do Trabalho, 2007.

3

A EXPERIÊNCIA DO CENTRO DE APOIO AO MIGRANTE NO ATENDIMENTO E O CONTEXTO DA FEMINIZAÇÃO DAS MIGRAÇÕES

MARINA NOVAES[1]

---

[1]Advogada formada pela Pontifícia Universidade Católica de São Paulo. Mestranda em História Social pela Universidade de São Paulo. Atua no enfrentamento ao Tráfico de Pessoas desde 2005. Coordena o núcleo jurídico do Centro de Apoio ao Migrante, CAMI, desde 2009.

3.1. Introdução

A imigração econômica move aqueles e aquelas que aspiram a uma vida melhor e que são impulsionados pela vontade de desenvolvimento, satisfação de anseios de liberdade e de necessidades intrínsecas aos seres humanos (como trabalho, moradia, saúde, entre outras). Para muitos e muitas migrantes, a mudança para outro país é motivada também pela busca de crescimento pessoal, e acesso à educação, à segurança e a possibilidades efetivas de sucesso.

Na virada do século XIX para o XX, junto com os Estados Unidos e Argentina, o Brasil incentivou e atraiu uma considerável imigração de trabalhadores europeus, dada a conjuntura externa, aliada a uma política de embranquecimento. O país recebeu também pessoas vindas da Ásia (como os japoneses) e do Oriente Médio, ampliando a diversidade étnica com o crescimento das chamadas identidades hifenizadas (nipo-brasileiro, libanês-brasileiro), resultado da negociação de sua identidade nacional e a assimilação das diferenças culturais da sociedade brasileira.[2]

Na segunda metade do século XX, o Brasil teve uma notável migração interna, na qual grandes contingentes populacionais deslocaram-se do campo para a cidade, bem como de regiões menos desenvolvidas e mais pobres, para regiões mais dinâmicas economicamente.[3] Um exemplo deste fluxo interno são as e os migrantes nordestinos que se dirigiram para cidades como São Paulo e Rio de Janeiro.

Na década de 1980, iniciou-se o fluxo da migração sul-americana ao Brasil, que se intensificou no começo do século XXI.[4] Oriundos principalmente da Bolívia, Paraguai e Peru, são

---

[2] LESSER, Jeffrey. *A negociação da identidade nacional:* imigrantes, minorias e a luta pela etnicidade no Brasil. Traduzido por Patrícia de Queiroz C. Zimbres. São Paulo: UNESP, 2001.
[3] COMISSÃO NACIONAL DE POPULAÇÃO E DESENVOLVIMENTO. ORGANIZAÇÃO INTERNACIONAL PARA AS EMIGRAÇÕES E MINISTÉRIO DO TRABALHO E EMPREGO. Perfil Migratório do Brasil 2009. OIM Publications, 2010, p. 16.
[4] BAENINGER, Rosana; SOUCHAUD, Sylvain. Vínculos entre a migração internacional e a migração interna: o caso dos bolivianos no Brasil. In: *Taller Nacional sobre "Migración interna y desarrollo en Brasil*: diagnóstico, perspectivas y políticas", Brasília, 2007.

imigrantes que não tiveram sua migração estimulada, a exemplo daqueles do início do século XX. Segundo o antropólogo Sidney Antonio da Silva, o perfil característico destes é: jovem, de ambos sexos, solteiro, de escolaridade média e tem o fator econômico como principal objetivo de deslocamento.[5]

Muitos desses bolivianos e bolivianas, antes de chegarem ao Brasil, passaram por uma migração interna, do campo para a cidade, e posteriormente para outro país, em geral à procura de trabalho. Em São Paulo, trabalham em pequenas oficinas de costura escondidas pela megalópole paulistana, geralmente em condições precárias. Caminho parecido, porém em menor escala, percorrem paraguaios e peruanos.[6]

A migração regional na América Latina e Caribe, durante as duas últimas décadas, também aumentou, sensivelmente, indicando que a mobilidade pelos vários países tem se tornado uma estratégia importante para diversos setores sociais. Estimativas das Nações Unidas indicam que nos anos 2000, 21.381 milhões de migrantes, ou seja, 4,1% do total de pessoas da América Latina e Caribe, viviam fora de seu país de nascimento. Essa tendência tem sua base na estrutura e dinâmica dos próprios países da região, que constantemente muda de acordo com o estágio de desenvolvimento em que cada país se encontra, a exemplo do que foi a migração interna do campo para a cidade.[7]

A mobilidade de imigrantes da própria região também se relaciona com os limites geográficos e a integração sub-regional em blocos, que tendem a propiciar a progressiva liberação de mobilidade.

É imprescindível considerar, quando se fala em imigração, o contexto de luta e compromissos internacionais para a ampliação

---

[5] SILVA, Sidney Antonio da. Bolivianos em São Paulo: entre o sonho e a realidade. Estud. av. [online]. 2006, vol. 20, n. 57, p. 157-70. Disponível em: <http://dx.doi.org/10.1590/S0103-40142006000200012>. Acesso em: 9 set. 2012.
[6] ILLES, Paulo; TIMÓTEO, Gabriela. L. S.; PEREIRA, Eliana. S. Tráfico de pessoas para fins de exploração do trabalho na cidade de São Paulo. Cadernos Pagu, n. 31, p. 205, 2008.
[7] ECLAC 2006 International Migration. Latin America and the Caribbean Demographic Observatory. Santiago de Chile: United Nations, ECLAC, p. 16.

e efetivação dos direitos humanos dos e das migrantes, bem como reconhecer o papel dos Estados e de suas políticas sociais. Ainda "há que se considerar que os movimentos migratórios internacionais constituem a contrapartida da reestruturação territorial planetária intrinsecamente relacionada à reestruturação econômico--produtiva em escala global".[8]

De uma perspectiva global, uma em cada 33 pessoas vive, atualmente, em um país diverso de onde nasceu.[9] Embora as migrações acompanhem a história, a aceleração dos deslocamentos humanos transformou-as em grande tema de Estado.

Os governos essencialmente tratam os migrantes sob dois enfoques: recebê-los como trabalhadores ou como estrangeiros. Porém, se por um lado ser trabalhador evoca direitos como os sociais, políticos e culturais, ser estrangeiro pode trazer a conotação de "estranhamento".

E seja econômico o motivo da migração, como consequência das desigualdades na distribuição da riqueza mundial ou por subsistência, seja pelos conflitos armados, ou ainda mais recente, pelas mudanças climáticas, a migração tem como ponto comum a busca por trabalho e vida digna. A liberdade e o direito fundamental de ir e vir são a base da luta por dignidade, como enumera o artigo XIII da Declaração Universal dos Direitos Humanos.[10]

Perceber a e o imigrante como estrangeiro e estrangeira, no sentido de estranho/a ou adversário/a, toma ainda mais relevo após o atentado de 11 de setembro nos Estados Unidos e a estratégia militar preventiva iniciada com a Guerra no Afeganistão, os conflitos do Oriente Médio, as tensões entre comunidades de imigrantes muçulmanos na Europa, entre ou-

---

[8] BAENINGER, Rosana; PATARRA, N. L. Migrações internacionais, globalização e blocos de integração econômica: Brasil no Mercosul. In: CANALES, Alejandro I. (Org.). *Panorama actual de las migraciones en America Latina*. Guadalajara: Universidad de Guadalajara, 2006, v.1, p. 118.
[9] INTERNATICONAL ORGANIZATION FOR MIGRATION. Disponível em: <http://www.iom.int/jahia/Jahia/about-migration/facts-and-figures/lang/en>. Acesso em: 2 jun. 2012.
[10] "Artigo XIII: 1. Toda pessoa tem direito à liberdade de locomoção e residência dentro das fronteiras de cada Estado. 2. Toda pessoa tem o direito de deixar qualquer país, inclusive o próprio, e a este regressar."

tras manifestações das contradições e conflitos que permeiam a vida coletiva neste início de século, reforçando também as dimensões de racismo e xenofobia.[11]

O escopo da segurança nacional justifica políticas de imigração que sacrificam valores democráticos com o pretexto de preservá-la. Como é o caso da "Diretiva de retorno" na Comunidade Europeia,[12] e a Lei Arizona nos EUA.[13]

A América do Sul, tanto no âmbito da União das Nações Sul-Americanas (UNASUL) como do Mercado Comum do Sul (MERCOSUL), opôs-se ao recrudescimento da política restritiva da imigração no Hemisfério Norte. Mas, reflexos destes mitos, cristalizados pelos países desenvolvidos, de que estrangeiros/as são pobres ou delinquentes, são sentidos em países em desenvolvimento, como o Brasil.

De acordo com o Relatório de Desenvolvimento Humano de 2009, do Programa das Nações Unidas para o Desenvolvimento, PNUD,[14] 43% dos brasileiros e brasileiras são a favor de limitar ou proibir a imigração. Outros 45% dizem que o Brasil deve "permitir que as pessoas cheguem desde que haja empregos disponíveis". Apenas 9% acreditam que se deve permitir a entrada de qualquer pessoa que deseje imigrar para o país.

No século XXI, no âmbito de políticas migratórias, o Brasil tem avanços como a Lei de Anistia Migratória (Lei n. 11.961, de 2 de julho de 2009). No mesmo ano, entrou em vigor o Acordo de Livre Residência para nacionais do MERCOSUL, Chile e Bolívia (Decretos n. 6.964/2009 e n. 6.975/2009), que em 2011 teve adesão do Peru e em 2012 da Colômbia. O Acordo exige a apresentação de documentos de identificação, atestado de antecedentes

---

[11] VENTURA, Deisy; ILLES, Paulo. Estatuto do estrangeiro ou lei de imigração? Le Monde Diplomatique Brasil, p. 14-15, ago. 2010.
[12] Diretiva 2008/115/CE, relativa a normas e procedimentos comuns nos Estados-membros para o retorno dos nacionais de terceiros países em situação irregular (16/12/08).
[13] ESTADOS UNIDOS DA AMÉRICA. Estado do Arizona. Lei SB 1070, de 23 de abril de 2010. Tipifica como delito tanto a condição migratória irregular, como o fato de transportar e dar emprego a imigrantes sem documentos.
[14] PROGRAMA DAS NAÇÕES UNIDAS PARA O DESENVOLVIMENTO – PNUD. Relatório de Desenvolvimento Humano 2009. Ultrapassar Barreiras: Mobilidade e desenvolvimento humanos. Nova Iorque, 2009.

criminais e pagamento de taxas, e concede a residência temporária por dois anos, que poderá ser transformada em permanente desde que comprovado possuir meios de subsistência.

Porém ainda está em vigência, a Lei n. 6.815, de 19/08/1980,[15] chamada de Estatuto do Estrangeiro que prima pela seguridade nacional, resquício da época do regime militar.[16] Essa lei não segue os tratados e as convenções de direitos humanos aos quais o Brasil é signatário. A própria Constituição Brasileira (1988), tida como democrática e com forte ênfase nos direitos humanos, em seu art. 22, XV, limita-se a dizer que "cabe à União legislar sobre emigração e imigração, entrada, extradição e expulsão de estrangeiros".

O Conselho Nacional de Imigração (CNIg), órgão criado pelo Estatuto do Estrangeiro, vinculado ao Ministério do Trabalho e Emprego, é composto por representantes governamentais e de entidades de trabalhadores e empregadores. Tem por finalidade, entre outras, elaborar a política migratória e promover diversas atualizações na lei, através de Resoluções Normativas. Tais Resoluções operam como paliativos ao Estatuto do Estrangeiro, por criar institutos de regularização migratória, não alterar a essência da lei e não revogar suas disposições.

Igual retrocesso é a não assinatura da Convenção Internacional das Nações Unidas sobre a Proteção dos Direitos dos Trabalhadores Migrantes e dos Membros de suas Famílias, de 1990, principal norma referente à matéria. O Brasil é o único país do MERCOSUL que não a ratificou.

Nesse sentido ainda faltam políticas que deem condições e efetividade de permanência a todas e todos no Brasil, e principalmente respondam por seus anseios no território por meio de uma política de "gestão imigratória" e não de "controle imigratório".

---

[15] BRASIL. Lei n. 6.815 de 19 de agosto de 1980. Define a situação jurídica do estrangeiro no Brasil, cria o Conselho Nacional de Imigração. Brasília, Diário Oficial da União, 21 ago. 1980. Disponível em: <http://www.planalto.gov.br/ccivil_03/leis/l6815.htm>. Acesso em: 26 set. 2012.
[16] O Estatuto regula a entrada de estrangeiros, defende o mercado de trabalho e a segurança nacional, não fala em imigrantes ou imigração e não prevê incentivos para a mesma.

Dessa perspectiva regional, as fronteiras constituem-se como peças fundamentais para compreender e descrever a dinâmica da realidade sul-americana. Não somente pensando nas fronteiras geográficas entre os países, mas também nas fronteiras internas, entre o urbano e o rural, nas fronteiras imaginárias criadas a partir das histórias de quem migrou, ou pelas fronteiras culturais e étnicas interpretadas a partir desse movimento.

As fronteiras, entendidas tanto como parte do espaço político, como parte dos grupos socioculturais, são representadas de modo objetivo e subjetivo, pela estrutura percebida, construída e modificada por diferentes atores e atrizes sociais, que se constituem com traços específicos e se distanciam da representação social genérica que os vê como sujeitos indiferenciados e abstratos.

Essas peculiaridades de cada migrante implicam o que Stuart Hall entende como "deslocamento ou descentração do sujeito", ou seja, a compreensão de si como sujeito sem uma identidade fixa, essencial ou permanente, em seu lugar no mundo social e cultural.[17]

Como mencionado, o Relatório sobre a Divisão de População das Nações Unidas (UNFPA) de 2010 aponta que, atualmente, há 214 milhões de migrantes no mundo. O estudo revela que 49,6% do total dos imigrantes são mulheres. Na América Latina e Caribe, o número de mulheres imigrantes é de 50,1%.[18]

As Nações Unidas chamam a atenção para o aumento no número de mulheres imigrantes na América do Sul, tendência constatada em outras partes do mundo. Segundo a edição de 2006 do mesmo relatório:

> For many women, migration opens doors to a new world of greater equality, relief from oppression and the discrimination that limits freedom and stunts potential. For origin and receiving countries, the contribution of women migrants can quite literally transform quality of life.[19]

---

[17] HALL, Stuart. *A identidade cultural na pós-modernidade*. Rio de janeiro: DP&A, 2006, p. 7-8.
[18] UNITED NATIONS POPULATION FUND – UNFPA. State of World Population 2011: People and Possibilities in a World of 7 Billion. Disponível em: <http://www.unfpa.org/swp/2011>.
[19] UNITED NATIONS POPULATION FUND – UNFPA. State of World Population 2006: A Passage to Hope: Women and International Migration. Disponível em: <http://www.unfpa.org/swp/2006>.

3.2. A MULHER COMO SUJEITO DE DIREITOS

Muitas vezes, as mulheres migrantes enfrentam dois tipos de vulnerabilidades: seja por sua condição de gênero, como por serem migrantes. Situações que são levantadas como bandeiras na luta pela equidade de direitos políticos, econômicos e sociais, bem como igualdade de oportunidades em educação e emprego.

A Declaração Universal dos Direitos Humanos, de 1948, marco jurídico para a proteção da tutela dos direitos fundamentais, representa um paradigma internacional para a garantia da proteção geral, com base na igualdade formal de todas e todos.

Contudo, é insuficiente tratar o indivíduo de forma genérica e abstrata, não levando em conta suas peculiaridades e particularidades, pois determinados sujeitos de direitos, ou determinadas violações de direitos, exigem uma resposta específica e diferenciada, como é o caso das crianças e adolescentes, afrodescendentes e as mulheres, por exemplo.

É nesse contexto que ao se afirmar que o direito das mulheres são direitos humanos, quer-se dizer que para gozar dessa proteção, deve-se observar as especificidades e peculiaridades de sua condição social. E ainda deve-se levar em conta que ao lado do direito à igualdade, há o direito à diferença, que implica o direito ao reconhecimento de identidades próprias e assegura um tratamento especial. Como aponta Boaventura de Souza Santos: "as pessoas e os grupos sociais têm o direito a serem iguais quando a diferença os inferioriza, e o direito a serem diferentes quando a igualdade os descaracteriza".

Para o referido autor, os Direitos Humanos só poderão exercer seu caráter emancipatório e de garantias se, de um lado, forem genuinamente multiculturais e abandonarem a perspectiva universalista e, de outro, forem acompanhados de políticas sociais que minimizem a desigualdade e a exclusão.

Mas para ele, que toma como pressuposto que o paradigma da modernidade converge para o capitalismo, tanto a desigualdade como a exclusão são sistemas hierárquicos de pertencimento.

A desigualdade implica em um sistema hierárquico de integração social, na qual a presença daquele que está por baixo é indispensável. E a exclusão, também hierarquizada, é regida pela própria exclusão: quem está por baixo está fora.

As comunidades migrantes em questão se inserem nesses dois sistemas, seja por estarem em uma relação desigual da relação capital-trabalho, que culmina com a exploração laboral, seja por estarem, ou por não estarem, totalmente incluídas cultural e socialmente. E ainda estão sujeitas a outra forma de hierarquização que contém elementos destes dois sistemas: o racismo e o sexismo.

Segundo Sousa Santos, o universalismo surge como dispositivo ideológico contra a desigualdade e a exclusão, caracterizando-se a partir de duas formas: o universalismo antidiferencialista, que nega as diferenças, e o universalismo diferencialista, que as absolutiza. Se o primeiro descaracteriza as diferenças e as verticaliza, inferiorizando pelo excesso de semelhança, o outro nega as hierarquias que organizam as diferenças e inferioriza pelo excesso de diferença.

Sob a égide de princípios de cidadania e direitos humanos, o universalismo confronta a desigualdade com políticas sociais gerais e abstratas, e a exclusão com políticas de reinserção social. Este viés de assimilação acompanha uma homogeneização que ignora as especificidades e particularidades.

Sousa Santos aponta ainda que além de camponeses e indígenas, imigrantes e mulheres são ainda objeto de políticas homogêneas vinculadas ao universalismo antidiferencialista. No caso das mulheres, a partir do momento em que direitos de cidadania foram conferidos e elas foram entrando no mercado de trabalho, passaram do sistema de exclusão para o da desigualdade.

Assim, não só as mulheres, mas crianças e adolescentes, populações afrodescendentes, migrantes, entre outros grupos, devem ser vistos em suas especificidades. Ao lado do direito à igualdade, deveria constituir-se o direito à diferença com a especificação do sujeito de direito, que passa a ser visto então por sua peculiaridade e particularidade.

As políticas específicas de visibilidade e o reconhecimento de identidades diversas a grupos vulneráveis têm se constituído como desafio relevante para a implementação dos direitos humanos. Um conjunto razoável de convenções e acordos internacionais tem sido aprovado nas últimas décadas, colocando em pauta a situação específica de mulheres, de crianças e de imigrantes.

A Declaração de Direitos Humanos de Viena, de 1993, responde a este anseio com um duplo legado, ao prever em seu artigo 18 que os direitos humanos das mulheres e das meninas são parte inalienável, integral e indivisível dos direitos humanos universais. Endossa assim a inealibilidade e indivisibilidade de Direitos Humanos (conforme a Declaração Universal de Direitos Humanos já previu), e também afirma o processo de especificação do sujeito.

Apesar dos pequenos avanços referentes a políticas migratórias, a imigração feminina constitui ainda um impasse para as políticas de Estado e para a legislação internacional sobre Direitos Humanos, visto que prevalece ainda uma perspectiva universalista que, via de regra, oculta as desigualdades pela tela da diferença.

3.3. AS MULHERES E AS MIGRAÇÕES

Há estudos que falam da migração como um fenômeno crescente e que tem tendido a se feminizar como resposta, entre outros fatores, à incorporação das mulheres nas atividades produtivas remuneradas.[20]

Na América Latina e Caribe, o Centro Latino-americano e Caribenho de Demografia, CELADE, assinala que as dificuldades de absorção laboral e as mudanças dos níveis de vida combinadas com as

---

[20] UNITED NATIONS POPULATION FUND – UNFPA. State of World Population 2006: A Passage to Hope: Women and International Migration. Disponível em: <http://www.unfpa.org/swp/2006>. Latin America and the Caribbean Demographic Observatory United Nations ECLAC, 2006. ZLOTNIK, Hania, The global dimensions of female migration. Imigration Information Source. Washington, D.C. 2003 In: MIGRATION POLICY INSTITUTE. Disponível em: <www.migrationinformation.org/Feature/print.cfm?ID=109>. Acesso em: 23 mai. 2012. CASTELLANOS, Patricia Cortés. Mujeres migrantes de América Latina y el Caribe: derechos humanos, mitos y duras realidades. Programa Regional de Población y Desarrollo Centro Latinoamericano y Caribeño de Demografía (CELADE) – División de Población / Fondo de Población de las Naciones Unidas. Santiago de Chile. 2005, p. 23; OSO CASAS, Laura. Movilidad laboral de las mujeres latinoamericanas en España y empresariado étnico. Madrid: Iepala editorial, 2010. – p. 33-46. In: *familias, niños, niñas y jóvenes migrantes:* rompiendo estereotipos.

facilidades tecnológicas, já arroladas como consequência da globalização, e a existência de comunidades migrantes, que tecem redes entre os lugares de origem e destino, incentivam esse processo.[21]

Dessa forma, tão importante quanto o volume crescente das imigrantes em deslocamento estão as especificidades do fenômeno migratório, em suas diferentes intensidades e espacialidades e em seus impactos diferenciados. Essas mulheres são migrantes econômicas, mas este deslocamento não está ligado apenas aos benefícios econômicos. Esse processo também representa o rompimento com uma trajetória de subordinação, para começar uma outra, em que a mulher migrante tem a possibilidade de escrevê-la sozinha.

Do trabalho de assistência jurídica a imigrantes latino-americanos na organização não governamental Centro de Apoio ao Migrante, CAMI, ligado ao Serviço Pastoral dos Migrantes, percebemos as transformações provocadas pelas migrações na organização das famílias das mulheres imigradas, em suas escolhas profissionais e na articulação com uma nova rede social.

Da atuação como advogada, diariamente, nacionais da Bolívia, Peru e Paraguai nos procuram com demandas de violação de direitos que julgavam não serem titulares, por não estarem com seu status migratório regular. Explicado que todos e todas têm garantias previstas por instrumentos jurídicos nacionais, como a Constituição Federal e tratados internacionais de Direitos Humanos, trabalhamos sua inserção sociopolítica e sua regularização migratória. A partir desses atendimentos, desenvolvemos uma escuta peculiar, na qual ouvimos suas histórias, que, em comum, possuíam a vontade de proporcionar uma vida melhor para si e suas famílias, e tomamos alguns depoimentos.

Parece-nos importante que, dos atendimentos realizados, mais de 51% eram de mulheres. Fato corroborado pelas estatísticas de organismos internacionais, como as Nações Unidas, que apontam que há 214 milhões de migrantes no mundo e que, desses, elas representam 49,6% do total.

---

[21] CASTELLANOS, Patricia Cortés. *Mujeres migrantes de América Latina y el Caribe:* derechos humanos, mitos y duras realidades. *Op. cit.*, p. 9.

Se por um lado muitas apareciam no CAMI com seus companheiros, que faziam todo o trabalho de falar por elas, outras iam sozinhas com assuntos que variavam desde pensão alimentícia até tráfico de pessoas, passando pela falta de acordos trabalhistas, problemas relacionados a serviços de consumo, violência doméstica, entre outros.

Dessa escuta peculiar, identificamos, pelas histórias de vida, que novos significados sobre a condição da mulher foram produzidos no percurso de imigração e estabelecimento na cidade de São Paulo de bolivianas, paraguaias e peruanas.

A feminização da migração é uma expressão usada para reforçar o fenômeno de uma perspectiva de gênero e criar uma sensibilização para o assunto.[22] Como apontam pesquisas dos organismos internacionais,[23] o termo muitas vezes é interpretado de maneira quantitativa, mas, de uma forma geral, as mulheres sempre representaram uma parte significativa nos movimentos migratórios.

Porém, a própria migração era vista como um fenômeno masculino. Zlontik afirma que até o final dos anos 1970 boa parte dos estudos em migração internacional era focada em migrantes homens, ou assumia que a maioria dos imigrantes eram homens.[24]

3.4. Algumas causas e consequências das migrações

O enfoque da feminização do processo migratório e seu respectivo aumento, para Claudia Pedone, não se dá só por problemas econômicos na sociedade de origem, ou de uma demanda maior de mulheres imigrantes nos trabalhos precários da sociedade de chegada. Também implica na possibilidade de questionar, em alguns casos, as normas estabelecidas pelos vínculos patriarcais e arraigados pelo machismo latino-americano.[25]

---

[22] ENGLE, Lauren B. *The World in Motion*. Short Essay on Migration and Gender. Genebra: IOM, 2004. p. 5.
[23] *Ibidem*, p. 6; UNITED NATIONS POPULATION FUND – UNFPA. State of World Population 2006: *A Passage to Hope: Women and International Migration. Op. cit.*, p. 34.
[24] ZLOTNIK, Hania. *The global dimensions of female migration. Op. cit.* p. 23.
[25] PEDONE, Claudia. *Tú siempre jalas a los tuyos: cadenas y redes migratoria de las familias ecuatorianas hacia España. Tesis doctoral. Barcelona.* Autónoma de Barcelona, 2003, p. 281.

A presença de imigrantes sul-americanos em São Paulo não constitui um fato novo, mas torna-se significativa somente a partir da década de 1980, segundo Silva. Especificamente no caso dos bolivianos e bolivianas, no início da década de 1950 a imigração era de estudantes ou profissionais liberais que vinham se especializar, e que quando acabavam os estudos permaneciam no país. Há também aqueles que vieram por razões políticas.[26]

Atualmente os que vêm para o Brasil são considerados migrantes econômicos, por viajarem a outro país por razões econômicas. Para Laura Agustín, os e as migrantes têm em comum um processo e não uma identidade, que é deixar seu país para ganhar dinheiro em outro.[27]

E essa migração não é estimulada diretamente, como foi a dos europeus e asiáticos do início do século XX, como diz Domingo Sánchez.[28] Porém, hoje, ela se caracteriza como uma das maiores correntes migratórias para o Brasil.

Ainda que o fator econômico seja o principal motivador daqueles que saem de seu país para viver em outro, em algumas narrativas encontramos o desejo de ser independente. Em depoimento, uma imigrante boliviana argumenta que tinha metas em sua vida, como ir à faculdade, mas ressalta que não seria possível esperar que tivesse a oportunidade para fazê-la:

> Achei que vir para o Brasil era um jeito de ter dinheiro e de ser independente. Eu queria fazer faculdade, mas sabia que minha mãe não ia poder me ajudar, então pensei: não vou ficar aqui esperando, esperando, ficando com minha mãe. Assim eu não vou ter nada. E vim para o Brasil para alcançar as metas que eu tracei para minha vida.[29]

Ela também trata sua vinda ao Brasil como uma forma de ter dinheiro e de ser independente, e ressalta, em diversos momentos, que estava em busca de uma "aventura" como fator impulsionador para sair da Bolívia.

---

[26] SILVA, Sidney Antônio da. *Costurando sonhos*. Trajetória de um grupo de imigrantes bolivianos em São Paulo. São Paulo: Paulinas, 1997, p. 13 e 82.
[27] AGUSTIN, Laura Maria. *Sex at Margins*. New York: Zed Books, 2008, p. 10.
[28] SÁNCHEZ, Domingo. Migraciones Internacionales desde los países del Cono Sur de América Latina hacia El Brasil. In: *Migraciones internacionales en lãs Américas, Caracas*. Cepam, vol. 1, n. 1, p. 159, 1980.
[29] N. depoimento dado em 24 de março de 2012.

> Vim meio que na aventura, nada foi planejado. Pensei, vou conhecer, não sabia como era, não sabia nada, só sabia que falavam outra língua, o português, que eu não sabia e nem entendia, mas eu falei "tá" bom eu gosto de me aventurar, de me arriscar, gosto de conhecer outras coisas, ter novas experiências.[30]

Agustin enfatiza que enquanto pobreza e violência são geralmente os fatores impulsionadores para a decisão de viajar, muitos outros existem.[31] No depoimento dado como exemplo, a aventura é um deles. A imagem de lugares pitorescos e felizes estão nos principais meios de comunicação, instigando a imaginação de todos. São sonhos de qualquer pessoa, independentemente de sua classe social e do país de origem.[32]

Alguns usam o argumento de um intercâmbio cultural, outros vão com propostas de trabalho, outros vão se reunir com familiares, e alguns querem uma oportunidade de vivenciar o "novo". Muitas das imigrantes, que são atendidas no CAMI, têm sonhos que as fazem migrar, mas muitas têm, como escopo para esse deslocamento, o convite para trabalhar em uma oficina de costura. É o perfil característico dessa migração, atraídas principalmente pelas promessas de bons salários, feitas pelos empregadores bolivianos, coreanos ou brasileiros da indústria de confecção. Para esse mercado elas, assim como os migrantes que têm este subemprego, tornaram-se mercadoria e fonte de lucro, a base da exploração do trabalho, conforme seus relatos.

Elas também têm em comum, além de serem mulheres que imigraram sozinhas, o fato de engrossarem as estatísticas das trabalhadoras informais. Segundo a WIEGO, sigla em inglês para Mulheres no Emprego Informal: Globalizando e Organizando, organização não governamental internacional que pesquisa e propõe políticas para melhorar as condições das trabalhadoras da economia informal, elas são a maioria nesse setor.[33] Em análise a

---

[30] N. depoimento dado em 24 de março de 2012.
[31] AGUSTIN, Laura Maria. *Sex, Gender and Migrations*. Facing Up to Ambiguous Realities, Soundings, Spring, 2003, n. 23, p. 4.
[32] *Ibidem*, p. 6.
[33] WOMEN IN INFORMAL EMPLOYMENT: GLOBALIZING AND ORGANIZING - WIEGO. The Golbal

pesquisa da Organização Internacional do Trabalho, OIT, a referida ONG inferiu que, nos países em desenvolvimento, as mulheres representam 60% dos trabalhadores que estão na informalidade, ou seja, sem nenhuma proteção social e de direitos.[34]

As formas de "agenciamento" dos imigrantes para o trabalho na costura são bastante conhecidas: parentes, amigos ou conhecidos que já estão no Brasil, a partir de histórias, convidam conterrâneos para suas próprias oficinas, ou para quem estão trabalhando. Agências de emprego também publicam anúncios de vagas de trabalho em São Paulo. E ainda, ao desembarcar dos ônibus vindos da Bolívia, há pessoas no desembarque oferecendo serviço:

> O ônibus chegou direto na Rua Coimbra, era um daqueles ônibus clandestinos, não era daqueles ônibus com papelzinho, que chega na Barra Funda. E é só descer do ônibus que tem um monte de bolivianos perguntando se você já tem trabalho. Quando você vem da Bolívia, ao descer do ônibus, eles ficam perguntando: "Você tem trabalho? Quer trabalhar comigo?"[35]

Os que vêm já com propostas de trabalho têm a viagem financiada pelo dono da oficina, que em "troca" propõe que a mesma seja paga com o trabalho. Essa prática é conhecida como servidão por dívida, característica especial que reveste o trabalho escravo.[36]

Segundo a ONG Repórter Brasil, a "escravidão contemporânea é o trabalho degradante que envolve cerceamento da liberdade".[37] Mas essa privação, de ir e vir, nem sempre é visível, pois não há correntes ou grilhões. Mas, há a exploração, ameaças, violência em sua maioria verbal e a dependência psicológica.

Workface: A Statical Picture. Disponível em: <http://previous.wiego.org/stat_picture>. Acesso em: 12 set. 2012.

[34] INTERNATIONAL LABOUR ORGANIZATION – ILO. Statistical Update on Employment in the Informal Economy, 2011. Disponível em: <http://laborsta.ilo.org/sti/DATA_FILES/20110610_Informal_Economy.pdf>. Acesso em: 12 set. 2012.

[35] J. depoimento dado em 12 de maio de 2012.

[36] AGOSTINHO, Marcos. Servidão por dívida caracteriza o trabalho escravo no Brasil, diz coordenador do ministério. ONG Repórter Brasil, 23 jan. 2007. Disponível em: <http://www.reporterbrasil.com.br>. Acesso em: 17 set. 2012.

[37] O que é trabalho escravo. Repórter Brasil. Disponível em: http://www.reporterbrasil.org.br/conteudo.php?id=4. Acesso em: 15 set. 2012.

Em outro relato, uma imigrante afirma que há diferenças para aqueles imigrantes que recém-chegaram daqueles que já estão estabelecidos. Os primeiros são empregados mesmo sem saberem costurar, pois o processo de aprendizado não é tão rápido, o que aumenta o tempo do pagamento da dívida, e consequentemente aumenta o lucro do dono da oficina. Ainda, por terem recém-chegado, não sabem quanto é o salário e os custos:

> Para eles, mesmo se você nunca mexeu na máquina, é vantagem, porque eles te ensinam, de pouquinho. E compensa, porque a pessoa que chega da Bolívia não sabe quanto é o salário e todos os outros custos, mas as pessoas que estão aqui faz tempo já sabem, aí eles não querem esses. Querem os que chegaram da Bolívia, porque eles ficam um, dois anos com eles, pois até pagar a dívida e realmente aprender a costurar, o dono da oficina lucra muito em cima. Eles não querem pessoas que sabem costurar, senão é encrenca.[38]

Em comum nesses imigrantes, que trabalham nesse setor, tem-se o fato de não se sentirem explorados, ou a demora em se sentir como tal. Essa sensação dificulta definir a situação como exploração ou tráfico de pessoas. De acordo com a ONG GAATW (Global Aliance Against Trafficking Women, em português Aliança Global contra o Tráfico de Mulheres), quem trabalha em situações degradantes pode estar sujeito à exploração, e geralmente trabalha em setores em que o salário é baixo, cujas margens de lucros são pequenas. A mão de obra compõe grande parte do custo de produção e o local de trabalho não é em um lugar público, normalmente é em lugar privado, como casa,[39] onde é difícil a fiscalização, por se tratar de domicílio.[40]

---

[38] R. depoimento dado em 6 de maio de 2012.
[39] GAATW (ed.). Working Paper Series. *Beyond Borders*. Exploring Links between Trafficking and Labour. Bangkok: GAATW, 2010, p. 8.
[40] BRASIL. Constituição Federal. Brasília, Senado Federal, 1988. Segundo o artigo 5º inciso XI da Constituição Federal, "a casa é asilo inviolável do indivíduo, ninguém nela podendo penetrar sem consentimento do morador, salvo em caso de flagrante delito ou desastre, ou para prestar socorro, ou, durante o dia, por determinação judicial"; o que significa que qualquer fiscalização só pode ser feita com denúncia.

A condição de migrante sem documentos, irregularmente trabalhando, e que depende de seu empregador para se alimentar e morar, tende a deixá-los subordinados e vulneráveis à exploração. Conforme estudo da ONG GAATW, trabalhar em situações precárias, como o caso dos/as imigrantes no setor têxtil é geralmente menos valorizado do que outros. E ainda, o trabalho das mulheres é menos reconhecido do que o dos homens. E o trabalho dos/as migrantes é menos valorizado do que o dos/as cidadãos/ãs nacionais. Para fechar o ciclo, os trabalhos de imigrantes não documentados têm menos valor do que o trabalho de imigrantes documentados.[41]

Não estar com seu status migratório regular pode ser outra forma de ficar dependente do patrão, pois o medo de ser pego e de deportação pode impedir que procure seus direitos. Mesmo com o Acordo de Livre Residência do MERCOSUL e países associados, ou seja, com a possibilidade de se regularizar, muitos ainda têm medo de serem denunciados e deportados.

Outro fator que gera a dependência, é o desconhecimento sobre a própria cidade de São Paulo, o que os leva a acreditar que depender de seus empregadores deixa-os mais seguros quanto à violência das ruas de São Paulo. Em um relato, a imigrante disse que seu patrão ofereceu ficar com seu ordenado, e que aos poucos poderia pedir em forma de *vales*.

> Eu me sentia segura com eles, sabe? Em um primeiro momento eu não queria sair de lá. Mas depois ele me enrolou mesmo. Falou de novo que era perigoso ficar com o dinheiro em casa no Brasil e me sugeriu de guardar, já que eu não ia viajar.
>
> Eu nunca conseguia mandar dinheiro para minha mãe. Quando eu pedia para ele, sempre pedia para eu esperar mais uma semana.[42]

---

[41] GAATW (ed.). Working Paper Series. *Beyond Borders*: Exploring Links between Trafficking and Labour. *Op. cit.*, p. 10.
[42] M. depoimento dado em 4 de junho de 2012.

Nessa fala de M., percebemos que mesmo que ela não tenha recebido seu salário, ela se sentia segura com seu empregador; artimanha usada para selar o vínculo entre eles e a situação de dependência e, consequentemente, de vulnerabilidade.

As Nações Unidas apontam um novo fenômeno criado com esse deslocamento de pessoas: a família transnacional.[43] Para a ONU, a família transnacional é aquela em que os membros pertencem a duas famílias, duas culturas e duas economias ao mesmo tempo. Ela pode assumir variadas formas e é marcada pela mudança do "chefe de família" que inclui as avós, as tias e também jovens que cuidam das crianças enquanto a mãe (e às vezes o pai) está fora.

Quando a mãe e/ou o pai migram, as mulheres mais velhas, tias ou outras mulheres, são mais suscetíveis de se responsabilizar pela guarda das crianças.[44] Muitas mães migrantes fazem um caminho de vai e vem ao país de origem e destino, quando têm crianças pequenas.

A decisão de migrar, sendo mãe, pode ser dolorida. L., mãe de quatro filhos, na fronteira entre o Brasil e a Bolívia, teve de escolher entre migrar e deixar seu filho, que ainda era amamentado. O bebê voltou para sua família pelas mãos de alguém desconhecido. Para as mães, a separação é repleta de sentimento de culpa. E a falta dos cuidados e do carinho a seus filhos leva a mulher à pouca escolha, ao deixar quem ela ama para trás.

> E o meu bebê tinha uns cinco meses quando a R. me chamou para viajar para o Brasil. E assim, eu peguei as minha roupas, não, na verdade não tinha roupa, levei só roupinhas do bebê e peguei o ônibus, eu, R., o pai e a mãe dela, que estava em Santa Cruz, onde ficamos por dois dias. [...].

> [...] quando estava em Santa Cruz já me dava pena e saudades das minhas crianças que ficaram. E a R. disse que eu poderia levar o meu filhinho de 5 meses. Mas em Santa Cruz descobri que para viajar precisava da Certidão de Nascimento e a autorização do pai para a viagem para passar pela fronteira. Me vi obrigada a mandar meu

---

[43] UNITED NATIONS POPULATION FUND – UNFPA. State of World Population 2006: A Passage to Hope: Women and International Migration. *Op. cit.*, p. 33.
[44] PESSAR, Patrícia. R. 2005. Women, Gender, and International Migration Across and Beyond the Americas: Inequalities and Limited Empowerment. UN/POP/EGM-MIG/2005/08, p. 5.

filho de volta para ficar com a tia dele. E como a filha da R. estava voltando para o povoado, eu pedi que ela o levasse, no mesmo dia em que íamos partir. Foi muito triste, muito mesmo, porque ele ainda mamava, e não tinha organizado quem ia tomar conta dele, minha filha não podia, ela tinha escola, minha irmã já ia ficar com os meus outros filhos, mas pensei "seja o que Deus quiser".[45]

Se por um lado a migração tem muitos benefícios, tem também seus desafios. E assim foi com L. Aproveitando-se de um momento frágil, uma vizinha de povoado a convidou para trabalhar em sua oficina de costura aqui em São Paulo.

O convite veio sem maiores detalhamentos de como seria a vida e o emprego no Brasil; outro artifício usado para selar a situação de dependência e a falta de acesso à informação sobre oportunidades, direitos, custos, benefícios e passos necessários para migrar de forma regular e com segurança. E ainda prometeu que ela iria ganhar muito dinheiro costurando em São Paulo.

Sob a luz das normas internacionais de Direitos Humanos, L. foi vítima de Tráfico de Pessoas. O Tráfico inicia-se como um recrutamento e termina com a exploração. Segundo o Protocolo Adicional à Convenção das Nações Unidas contra o Crime Organizado Transnacional Relativo à Prevenção, Repressão e Punição do Tráfico de Pessoas, em Especial Mulheres e Crianças (o Protocolo de Palermo, no Brasil ratificado como Decreto n. 5.017/2004), a definição se dá em três partes: a *ação*, que é o recrutamento, transporte ou acolhimento de pessoas; os *meios*, que podem ser ameaça, uso de força, coação, fraude, engano; e a *finalidade* que é a exploração, seja para exploração sexual, trabalho forçado, escravidão ou remoção de órgão.[46]

---

[45] L. depoimento dado em 24 de março de 2012.
[46] De acordo com o Protocolo de Palermo a definição de Tráfico de Pessoas está no artigo 3:
   a) a expressão "tráfico de pessoas" significa o recrutamento, o transporte, a transferência, o alojamento ou o acolhimento de pessoas, recorrendo à ameaça ou uso da força ou a outras formas de coação, ao rapto, à fraude, ao engano, ao abuso de autoridade ou à situação de vulnerabilidade ou à entrega ou aceitação de pagamentos ou benefícios para obter o consentimento de uma pessoa que tenha autoridade sobre outra para fins de exploração. A exploração incluirá, no mínimo, a exploração da prostituição de outrem ou outras formas de exploração sexual, o trabalho ou serviços forçados, escravatura ou práticas similares à escravatura, a servidão ou a remoção de órgãos;
   b) o consentimento dado pela vítima de tráfico de pessoas, tendo em vista qualquer tipo de exploração descrito na alínea a) do presente Artigo, será considerado irrelevante se tiver sido utilizado qualquer um dos meios referidos na alínea a. PROTOCOLO Adicional à Convenção das Nações Unidas contra o Crime Organizado Transnacional Relativo à Prevenção, Repressão e Punição do Tráfico de Pessoas, em Especial Mulheres e Crianças – Protocolo de Palermo.

Diferentemente de contrabando de migrantes (*smuggling*, em inglês),⁴⁷ que envolve o conhecimento e o consentimento da pessoa contrabandeada sobre o ato criminoso, no tráfico de pessoas, o consentimento da vítima é irrelevante para que seja caracterizado como tal.

O tráfico e o contrabando são fenômenos de migração irregular com vista à obtenção de lucro e envolvem pessoas que saem do país voluntariamente e estão sujeitas a condições de perigo e desconforto durante a viagem.

O contrabando refere-se a uma situação em que uma pessoa paga a outra para lhe facilitar a passagem de fronteiras através de meios e processos ilegais. O tráfico de pessoas também pode implicar no auxílio à imigração ilegal, mas se caracteriza pela exploração. No contrabando o pagamento é feito no início do processo ao smuggler (contrabandista), não criando uma interdependência entre as partes. Quem recorre a esta prática, a faz voluntariamente.

Já no tráfico pode haver o engano, a coação ou violência, e as pessoas que foram traficadas tendem a ser exploradas por um período de tempo, e o vínculo entre traficada e traficante é fortalecido pela dívida contraída pela viagem ao país (ou lugar) de destino.⁴⁸

O contrabando finda com a chegada do migrante a seu destino, enquanto o tráfico de pessoas, após a chegada, envolve a exploração da vítima para obtenção de algum benefício ou lucro, por meio da exploração. O contrabando é um crime contra o Estado, enquanto o tráfico é um crime contra a pessoa.⁴⁹

---

⁴⁷ O contrabando de migrantes é uma forma de traficar pessoas. Segundo o Protocolo Adicional à Convenção das Nações Unidas contra o Crime Organizado Transnacional, Relativo ao Combate ao Contrabando de Migrantes por via Terrestre, Marítima e Aérea, o contrabando de migrantes é a entrada ilegal de pessoas em países onde ela não possui residência nacional ou permanente, para aquisição de bens financeiros e outros ganhos materiais.
⁴⁸ SANTOS, Boaventura Sousa; GOMES, Conceição; DUARTE, Madalena; BAGANHA, Maria Ioannis. *Tráfico de Mulheres em Portugal para Fins de Exploração Sexual*. Projecto CAIM – Cooperação. Acção. Investigação. Mundivisão. Coimbra: Centro de Estudos Sociais (CES), 2007.
⁴⁹ NOVAES, Marina M. Conferência: 'Negotiating Rights at the Workplace'. In: GAATW INTERNATIONAL MEMBERS CONGRESS AND CONFERENCE – IMCC. Conferência. Bangkok, jul. 2010.

A ONG GAATW, exemplifica em uma tabela essas diferenças de definições:[50]

	Terceiros envolvidos	Mudança para outro país	Status Migratório Irregular	Exploração no final	Mudança devido a alguma forma de coerção
MIGRANTE	Possível	Possível	Possível	Possível	Possível
MIGRANTE INDOCUMENTADO	Possível	Possível	Sim	Possível	Possível
CONTRABANDO DE PESSOAS	Sim	Sim	Sim	Possível	Possível
TRÁFICO DE PESSOAS	Sim	Possível	Possível	Sim	Sim

A legislação brasileira, no Código Penal, prevê proteção, em seu artigo 231 e 231-A,[51] apenas às vítimas de tráfico para fins sexuais. Ao invés de aplicar o crime de tráfico de uma forma ampla, incluindo a exploração de trabalho e a remoção de órgãos, o legislador brasileiro restringiu para as pessoas que trabalham com sexo ou foram exploradas sexualmente.

Por outro lado, categorizar os imigrantes que são explorados em seu trabalho como traficados, pode resultar "danos colaterais", como a restrição para a migração, ou deportação.[52] Como exemplo, estudo da ONG ASBRAD[53] aponta que as políticas de enfrentamento ao tráfico de pessoas inadmitiram muitas mulheres brasileiras que tentavam migrar para países da Europa, entrando por Portugal e Espanha.

---

[50] GAATW (ed.). Working Paper Series. *Beyond Borders*: Exploring Links between Trafficking and Migrations. *Op. cit.*, p. 6.
[51] BRASIL. Decreto-lei n. 2.848, de 7 de dezembro de 1940. Código Penal. Rio de Janeiro, Diário Oficial da União, 31 dez. 1940. Art. 231. Promover ou facilitar a entrada, no território nacional, de alguém que nele venha a exercer a prostituição ou outra forma de exploração sexual, ou a saída de alguém que vá exercê-la no estrangeiro. Pena - reclusão, de 3 (três) a 8 (oito) anos.
Art. 231-A. Promover ou facilitar o deslocamento de alguém dentro do território nacional para o exercício da prostituição ou outra forma de exploração sexual. Pena - reclusão, de 2 (dois) a 6 (seis) anos.
[52] GAATW (ed.). Collateral Damage: The Impact of Anti-Trafficking Measures on Human Rights Around the World. Bangkok: GAATW, 2007, p. 129.
[53] ASSOCIAÇÃO BRASILEIRA DE DEFESA DA MULHER DA INFÂNCIA E DA JUVENTUDE – ASBRAD. Metodologia de recepção e atendimento a mulheres e "trans" possíveis vítimas de tráfico de pessoas no universo de deportadas e inadmitidas recebidas pelo Posto de Atendimento Humanizado aos(às) Migrantes. Guarulhos, 2009. Disponível em: <http://www.asbrad.com.br/conteúdo/Metodologia.pdf>. Acesso em: 20 jul. 2012.

Histórias como a de L. demonstram que o Tráfico de Pessoas não é apenas um crime e sim uma teia de fatores sociais, com ligações entre trabalho, migração e tráfico. Qualquer ação que vise proteger vítimas ou possíveis vítimas tem de levar em consideração contextos mais amplos, que incluem os de gênero, globalização e sistema de segurança.

O foco exclusivo no tráfico sem essa análise social pode levar a crer que é um problema que pode ser resolvido apenas com uma medida legal para o traficante e assistência para aqueles que são identificados como vítimas.

Se as mulheres que migram para trabalhar na economia informal podem ser vulneráveis para estar em situações de tráfico de pessoas ou de exploração, por estarem desprotegidas de leis de qualquer proteção ou garantia trabalhista, elas não devem ser somente vistas como vítimas.[54] E aliás, em nossa experiência no atendimento, deparamo-nos com a dificuldade delas se sentirem como tal.

Exemplo desse fato é que as mulheres que nos procuram nessas condições vão atrás de seus direitos através de reclamações trabalhistas e não de ações criminais.

A iniciativa de terem decidido sair de seu país para viver em outro, para procurar melhores oportunidades para si e para suas famílias, e assim trabalharem para se autossustentarem, e quiçá sua família, mostram sua força, determinação e capacidade de resiliência, perante os duros percalços.

3.5. CONSIDERAÇÕES FINAIS

A migração feminina não parte de um modelo uniforme de representação da mulher. Ainda que definidas pelo sexo, as mulheres migrantes são mais do que uma categoria biológica, elas existem socialmente e compreendem pessoas do sexo feminino de diferentes idades, de diferentes situações familiares, pertencentes a diferentes classes sociais, nações e comunidades. Não

---

[54] GAATW (ed.). *Collateral Damage.* The Impact of Anti-Trafficking Measures on Human Rights Around the World. *Op. cit.* p. 28.

são somente "mulheres", mas também mães, irmãs, filhas, esposas, sobrinhas, que fazem a primeira etapa de um projeto da família, para criar as raízes no país de destino.

As mulheres que imigram possuem condições familiares distintas. Muitas são solteiras, outras casadas; algumas vão com a ajuda de familiares que facilitam sua ida, e ainda há aquelas que migram devido a problemas nas relações familiares. E essa decisão de migrar, muitas vezes, não é uma decisão individual, às vezes, são estratégias de um projeto familiar.

As dificuldades e o confronto, com uma sociedade diferente da sua, ajudam a compor essa nova identidade, levando em conta a pluralidade de fatores identitários, que recebe influências do meio em que estas migrantes se encontram, em um processo de fusão cultural.

Suas identidades estão em transformação, assim como as oportunidades que aparecem ao mudarem paradigmas. Mantendo sua bagagem cultural, social e étnica, suas vidas são modeladas por diferentes regras sociais e costumes, em um meio em que se configuram crenças e opiniões decorrentes de estruturas de poder. Ao formar essa nova forma de representação, enriquecem sua cultura original com a do país de acolhida, e se instrumentalizam para obter o reconhecimento e a integração necessários do objetivo migratório.

E essas mudanças também têm de estar na agenda daqueles que pensam sobre a migração, sejam organismos governamentais ou não governamentais, com o intuito de proporcionar uma migração segura. Esta pressupõe no reconhecimento que a migração é uma característica da economia global.

Saber sobre seus direitos no país de destino pode ser um instrumento para que as pessoas façam escolhas. Com informações necessárias e proteção adequada, a migração pode ser uma opção valiosa e lucrativa tanto para as pessoas como também para os países de destino.

BIBLIOGRAFIA

AGOSTINHO, Marcos. Servidão por dívida caracteriza o trabalho escravo no Brasil, diz coordenador do ministério. ONG Repórter Brasil, 23 jan. 2007. Disponível em: <http://www.reporterbrasil.com.br>. Acesso em: 17 set. 2012.

AGUSTIN, Laura María. *Sex, Gender and Migrations*. Facing Up to Ambiguous Realities. Soundings, Spring, 2003, n. 23, p. 4.

_____. *Sex at Margins*. New York: Zed Books, 2008, p. 10.

ASSOCIAÇÃO BRASILEIRA DE DEFESA DA MULHER DA INFÂNCIA E DA JUVENTUDE (ASBRAD). Metodologia de recepção e atendimento a mulheres e "trans" possíveis vítimas de tráfico de pessoas no universo de deportadas e inadmitidas recebidas pelo Posto de Atendimento Humanizado aos (às) Migrantes. Guarulhos, 2009. Disponível em: <http://www.asbrad.com.br/conteúdo/Metodologia.pdf>. Acesso em: 20 jul. 2012.

BAENINGER, Rosana; PATARRA, N. L. Migrações internacionais, globalização e blocos de integração econômica: Brasil no Mercosul. In: CANALES, Alejandro I. (Org.). *Panorama actual de las migraciones en America Latina*. Guadalajara: Universidad de Guadalajara, 2006, v. 1, p. 118.

_____; SOUCHAUD, Sylvain. Vínculos entre a migração internacional e a migração interna: o caso dos bolivianos no Brasil, In: Taller Nacional sobre *"Migración interna y desarrollo en Brasil: diagnóstico, perspectivas y politiquas"*. Brasília, 2007.

BRASIL. *Constituição Federal*. Brasília, Senado Federal, 1988. Segundo o artigo 5º inciso XI da Constituição Federal, "a casa é asilo inviolável do indivíduo, ninguém nela podendo penetrar sem consentimento do morador, salvo em caso de flagrante delito ou desastre, ou para prestar socorro, ou, durante o dia, por determinação judicial"; o que significa que qualquer fiscalização só pode ser feita com denúncia.

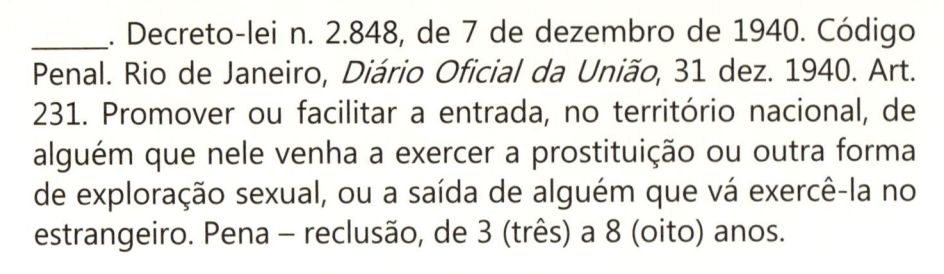

_____. Decreto-lei n. 2.848, de 7 de dezembro de 1940. Código Penal. Rio de Janeiro, *Diário Oficial da União*, 31 dez. 1940. Art. 231. Promover ou facilitar a entrada, no território nacional, de alguém que nele venha a exercer a prostituição ou outra forma de exploração sexual, ou a saída de alguém que vá exercê-la no estrangeiro. Pena – reclusão, de 3 (três) a 8 (oito) anos.

_____. Lei n. 6.815 de 19 de agosto de 1980. Define a situação jurídica do estrangeiro no Brasil, cria o Conselho Nacional de Imigração. Brasília, *Diário Oficial da União,* 21 ago. 1980. Disponível em: <http://www.planalto.gov.br/ccivil_03/leis/l6815.htm>. Acesso em: 26 set. 2012.

CASTELLANOS, Patricia Cortés. *Mujeres migrantes de América Latina y el Caribe:* derechos humanos, mitos y duras realidades. Programa Regional de Población y Desarrollo Centro Latinoamericano y Caribeño de Demografía (CELADE) – División de Población / Fondo de Población de las Naciones Unidas. Santiago de Chile. 2005, p. 9.

COMISSÃO NACIONAL DE POPULAÇÃO E DESENVOLVIMENTO. ORGANIZAÇÃO INTERNACIONAL PARA AS EMIGRAÇÕES E MINISTÉRIO DO TRABALHO E EMPREGO. Perfil Migratório do Brasil 2009. OIM Publications, 2010, p. 16.

ECLAC 2006 International Migration. Latin America and the Caribbean Demographic Observatory. Santiago de Chile: United Nations, ECLAC, p. 16.

ENGLE, Lauren B. *The World in Motion:* Short Essay on Migration and Gender. Genebra: IOM, 2004. p. 5.

ESTADOS UNIDOS DA AMÉRICA. Estado do Arizona. Lei SB 1070, de 23 de abril de 2010. Tipifica como delito tanto a condição migratória irregular, como o fato de transportar e dar emprego a imigrantes sem documentos.

GAATW (ed.). *Collateral Damage*: The Impact of Anti-Trafficking Measures on Human Rights Around the World. Bangkok: GAATW, 2007, p. 129.

_____. *Working Paper Series*. Beyond Borders: Exploring Links between Trafficking and Labour. Bangkok: GAATW, 2010, p. 8.

HALL, Stuart. *A identidade cultural na pós-modernidade*. Rio de janeiro: DP&A, 2006, p. 7-8.

ILLES, Paulo; TIMÓTEO, Gabriela. L. S.; PEREIRA, Eliana. S. Tráfico de pessoas para fins de exploração do trabalho na cidade de São Paulo. *Cadernos Pagu*, n. 31, p. 205, 2008.

INTERNATIONAL LABOUR ORGANIZATION – ILO. Statistical Update on Employment in the Informal Economy, 2011. Disponível em: <http://laborsta.ilo.org/sti/DATA_FILES/20110610_Informal_Economy.pdf>. Acesso em: 12 set. 2012.

INTERNATICONAL ORGANIZATION FOR MIGRATION. Disponível em: <http://www.iom.int/jahia/Jahia/about-migration/facts-and-figures/lang/en>. Acesso em: 2 jun. 2012.

LESSER, Jeffrey. *A negociação da identidade nacional:* imigrantes, minorias e a luta pela etnicidade no Brasil. Traduzido por Patrícia de Queiroz C. Zimbres. São Paulo: UNESP, 2001.

NOVAES, Marina M. Conferência: 'Negotiating Rights at the Workplace'. In: *GAATW INTERNATIONAL MEMBERS CONGRESS AND CONFERENCE* – IMCC. *Conferência*. Bangkok, jul. 2010.

O que é trabalho escravo. *Repórter Brasil*. Disponível em http://www.reporterbrasil.org.br/conteudo.php?id=4. Acesso em: 15 set. 2012.

OSO CASAS, Laura. Movilidad laboral de las mujeres latinoamericanas en España y empresariado étnico. Madrid: Iepala editorial, 2010. p. 33-46. In: *familias, niños, niñas y jóvenes migrantes:* rompiendo estereotipos.

PEDONE, Claudia. *Tú siempre jalas a los tuyos:* cadenas y redes migratoria de las familias ecuatorianas hacia España. Tesis doctoral. Barcelona: Autónoma de Barcelona, 2003, p. 281.

PESSAR, Patrícia. R. 2005. Women, Gender, and International Migration Across and Beyond the Americas: Inequalities and Limited Empowerment. UN/POP/EGM-MIG/2005/08, p. 5.

PROGRAMA DAS NAÇÕES UNIDAS PARA O DESENVOLVIMENTO – PNUD. Relatório de Desenvolvimento Humano 2009. Ultrapassar Barreiras: Mobilidade e desenvolvimento humanos. Nova Iorque, 2009.

SÁNCHEZ, Domingo. Migraciones Internacionales desde los países del Cono Sur de América Latina hacia el Brasil. In: *Migraciones internacionales en lãs Américas.* Caracas: Cepam, vol. 1, n. 1, p. 159, 1980.

SANTOS, Boaventura Sousa; GOMES, Conceição; DUARTE, Madalena; BAGANHA, Maria Ioannis. *Tráfico de Mulheres em Portugal para Fins de Exploração Sexual.* Projecto CAIM – Cooperação. Acção. Investigação. Mundivisão. Coimbra: Centro de Estudos Sociais (CES), 2007.

SILVA, Sidney Antonio da. *Bolivianos em São Paulo:* entre o sonho e a realidade. Estud. av. [online]. 2006, vol. 20, n. 57, p. 157-70. Disponível em: <http://dx.doi.org/10.1590/S0103-40142006000200012>. Acesso em: 9 set. 2012.

_____. *Costurando sonhos.* Trajetória de um grupo de imigrantes bolivianos em São Paulo. São Paulo: Paulinas, 1997, p. 13 e 82.

UNITED NATIONS POPULATION FUND – UNFPA. State of World Population 2011: People and Possibilities in a World of 7 Billion. Disponível em: <http://www.unfpa.org/swp/2011>.

UNITED NATIONS POPULATION FUND – UNFPA. State of World Population 2006: A Passage to Hope: Women and International Migration. Disponível em: <http://www.unfpa.org/swp/2006>.

VENTURA, Deisy; ILLES, Paulo. Estatuto do estrangeiro ou lei de imigração? *Le Monde Diplomatique Brasil*, p. 14-5, ago. 2010.

WOMEN IN INFORMAL EMPLOYMENT: GLOBALIZING AND ORGANIZING – WIEGO. The Golbal Workface: A Statical Picture. Disponível em: <http://previous.wiego.org/stat_picture>. Acesso em: 12 set. 2012.

ZLOTNIK, Hania, *The global dimensions of female migration*. Imigration Information Source. Washington, D.C. 2003 In: MIGRATION POLICY INSTITUTE. Disponível em: <www.migrationinformation.org/Feature/print.cfm?ID=109>. Acesso em: 23 mai. 2012.

4

TRÁFICO HUMANO DE OLHOS ABERTOS
TRÁFICO DE TRAVESTIS E TRANSEXUAIS

O CASO DO BRASIL

BARRY MICHAEL WOLFE[1]

---

[1] Escocês, radicado no Brasil desde 1986. Formado pela Universidade de Edimburgo (Escócia) com "First Class Honours" (Suma Cum Laude) em Direito Penal e Criminologia, com pós-graduação na *Yale Law School* (EUA) e mestrado em Direito Internacional Público pela Universidade de Cambridge (Inglaterra). É Advogado da Suprema Corte da Inglaterra e País de Gales e inscrito na Ordem dos Advogados do Brasil, Seção de São Paulo, como Consultor em Direito Estrangeiro. Especialista em direito internacional de movimento de pessoas, organizações criminais e subculturas, e crime corporativo e financeiro. Fundador e diretor da SOS Dignidade, projeto não governamental, de ação direta em direitos humanos associada ao Instituto Cultural Barong, ONG focada na prevenção de DST/AIDS. O projeto tem como objetivo resgatar a dignidade de indivíduos vítimas de tráfico humano, exploração, violência, DST/AIDS e discriminação, que se veem expropriados de seus direitos humanos, civis e políticos fundamentais.

4.1. Introdução

Quando travestis e transexuais são traficados para fins de exploração sexual, sabem muito bem que vão trabalhar como profissionais do sexo e que vão ser explorados. Mesmo assim, consentem em ser traficados. Além disso, na grande maioria dos casos, procuram os traficantes, achando que é a grande oportunidade de suas vidas. E isso é igual para adultos, crianças ou adolescentes.

Essa é a diferença principal entre tráfico de mulheres – e de homens – para fins de exploração sexual e tráfico de travestis e transexuais.

No caso de tráfico de mulheres, geralmente, a vítima é enganada pelos traficantes. Os traficantes falam e a vítima acredita que vai para outro lugar, normalmente outro país, para ser empregada doméstica, modelo, atriz ou dançarina. Porém, logo ela descobre que vai ser presa dentro de uma boate ou bordel, ter o passaporte e outros documentos confiscados e será forçada a trabalhar como profissional do sexo, sem nenhum contato com a família. Até pode sofrer ameaças de que sua família vai sofrer se tentar fugir.

Este capítulo procura entender por que o tráfico de travestis e transexuais tem um modelo distinto. Entendendo as causas dessa modalidade de tráfico humano, fica aparente que a maior – talvez a única – maneira de combater o tráfico é através da prevenção.

O tráfico humano de travestis e transexuais é intimamente ligado à exploração sexual por cafetinas e cafetões. Os mesmos fatores que deixam uma travesti vulnerável à exploração por uma cafetina, deixam a mesma pessoa vulnerável a ser traficada. Em muitos casos, o fato de ser explorado por um cafetão ou uma cafetina já se caracteriza como tráfico humano.

4.2. Comentários preliminares sobre a caracterização de tráfico humano

4.2.1. Definição legal de tráfico de pessoas

Na lei internacional e na lei brasileira a definição de tráfico de pessoas é do Protocolo de Palermo:

a) A expressão "tráfico de pessoas" significa o recrutamento, o transporte, a transferência, o alojamento ou o acolhimento de pessoas, recorrendo à ameaça ou uso da força ou a outras formas de coação, ao rapto, à fraude, ao engano, ao abuso de autoridade ou à situação de vulnerabilidade ou à entrega ou aceitação de pagamentos ou benefícios para obter o consentimento de uma pessoa que tenha autoridade sobre outra para fins de exploração. A exploração incluirá, no mínimo, a exploração da prostituição de outrem ou outras formas de exploração sexual, o trabalho ou serviços forçados, escravatura ou práticas similares à escravatura, a servidão ou a remoção de órgãos;
b) O consentimento dado pela vítima de tráfico de pessoas tendo em vista qualquer tipo de exploração descrito na alínea a do presente Artigo será considerado irrelevante se tiver sido utilizado qualquer um dos meios referidos na alínea a;
c) O recrutamento, o transporte, a transferência, o alojamento ou o acolhimento de uma criança para fins de exploração serão considerados "tráfico de pessoas" mesmo que não envolvam nenhum dos meios referidos da alínea a do presente Artigo;
d) O termo "criança" significa qualquer pessoa com idade inferior a dezoito anos.[2]

---

[2] ORGANIZAÇÃO DAS NAÇÕES UNIDAS. Protocolo de 2000, Artigo 3. Para Prevenir, Reprimir e Punir o Tráfico de Pessoas, especialmente Mulheres e Crianças, suplemento à Convenção da ONU contra

4.2.2. Tráfico de pessoas na prática

Em termos práticos, o tráfico de pessoas envolve três elementos básicos:

O ato de recrutar pessoas ou providenciar o movimento de pessoas ou alojar ou receber pessoas.

O controle – a ameaça ou uso de força ou rapto ou fraude ou engano ou abuso de poder ou da vulnerabilidade, ou a aceitação de pagamentos ou benefícios para alguém que tem controle sobre a vítima.

O propósito – a exploração de uma pessoa, incluindo exploração sexual, qualquer tipo de escravidão ou remoção de órgãos.

4.2.3. Aspectos pertinentes com relação a travestis e transexuais

a) Tráfico de pessoas normalmente envolve a movimentação de uma pessoa de um lugar para outro.
b) Entretanto, para se caracterizar como tráfico, não é necessário que a vítima seja fisicamente transportada de um lugar para outro. Inclui também o alojamento ou o simples acolhimento, se houver controle e exploração.[3]
c) Para se caracterizar como tráfico, a movimentação de uma pessoa pode ser internacional ou dentro de um país ou região.

---

o Crime Organizado Transnacional, ratificado no Brasil por meio do Decreto n 5.017/2004. BRASIL. Decreto n. 5.017, de 12 de março de 2004. Promulga o Protocolo à Convenção das Nações Unidas contra o Crime Organizado Transnacional Relativo à Prevenção, Repressão e Punição do Tráfico de Pessoas, em Especial Mulheres e Crianças.

[3] ESTADOS UNIDOS DA AMÉRICA. Departamento do Estado. Relatório sobre Tráfico de Pessoas (TIP), 2012, p. 33. "Human trafficking can include but does not require movement. People may be considered trafficking victims regardless of whether they were born into a state of servitude, were transported to the exploitative situation, previously consented to work for a trafficker, or participated in a crime as a direct result of being trafficked. At the heart of this phenomenon is the traffickers' goal of exploiting and enslaving their victims and the myriad coercive and deceptive practices they use to do so."

d) O consentimento da vítima é irrelevante se existe exploração.
e) Por outro lado, providenciar ou facilitar a movimentação de uma pessoa de um país para outro, onde não há controle e exploração, é contrabando de pessoas e não tráfico de pessoas.
f) Se a vítima for menor de idade, o fato de exploração é suficiente para se caracterizar como tráfico. Não é necessário controle.

4.3. Terminologia – O contexto de questões de gênero no Brasil

Em termos de tráfico humano e de exploração sexual, tanto travestis quanto transexuais são vulneráveis ao tráfico e à exploração. Todas as pessoas trans sofrem discriminação e marginalização.

Entretanto, para entender o universo trans, algumas palavras sobre categorias e definições são necessárias. A questão de nomenclatura é complexa. Primeiramente, as questões de gênero são polêmicas ontologicamente. Além disso, há certa confusão em virtude do fato de que a nomenclatura é usada diferentemente em países diferentes, em linguagem popular e por razões políticas. Por exemplo, na Europa, o uso popular da palavra *transexual* inclui travestis e transexuais, sem distinguir as diferenças categóricas. Para deixar a situação ainda mais complicada, a palavra *transvestite* em inglês pode incluir travesti, transexual e transformista. Por essa razão, a militância europeia considera a palavra *transexual* pejorativa e não politicamente correta, e usa a palavra "genérica", *transgender* – significando *transgênero* – para incluir ambas: travestis e transexuais. Entretanto, no Brasil, a militância já tem tradição de articular as diferenças entre travestis e transexuais.

Pessoas *transgêneros* no Brasil se encaixam em grupos principais: *travestis* e *transexuais*. Embora para muitos, as duas palavras são intercambiáveis, há diferenças categóricas de gênero entre travestis e transexuais.

Uma pessoa transexual acredita que nasceu no corpo errado. A mulher transexual é uma mulher que nasceu no corpo de um homem. O homem transexual é um homem que nasceu no corpo de uma mulher. À medida que uma mulher transexual vivencia sua transexualidade, ela vai viver e se apresentar exclusivamente como uma mulher. Da mesma maneira, à medida que um homem transexual vivencia sua transexualidade, ele vai viver e se apresentar exclusivamente como um homem.

Uma travesti é uma pessoa que nasce no corpo de homem, porém se sente bem consigo mesmo vivendo e se apresentando como uma mulher. Porém, a travesti não sente conflitos internos profundos com relação a seu corpo masculino, especificamente sua genitália masculina.

Assim, tanto travestis quanto mulheres transexuais assumem o compromisso irrevogável de viver e se apresentar exclusivamente como mulheres. Na prática, travestis e transexuais geralmente fazem transformações significantes no corpo, como uso de doses grandes de hormônios, injeção de silicone e cirurgia plástica.

Nesse sentido, tanto travestis quanto mulheres transexuais se distinguem de *drags* ou *drag queens* e *transformistas*. Pois, o transformista se apresenta como homem no dia a dia e só se mostra como mulher em situações específicas.

Na militância brasileira, usa-se a sigla *TT* para incluir travestis e transexuais.

Neste capítulo, as palavras *trans* e *transgênero* são usadas para englobar travestis e mulheres transexuais.

4.4. A SITUAÇÃO DE PESSOAS TRANS NO BRASIL

4.4.1. DISCRIMINAÇÃO

Seja travesti ou seja mulher transexual, a coragem da escolha de assumir a aparência feminina e de transformar o corpo em busca de um encontro consigo mesmo exige um preço alto.

Preconceito oriundo de medo, ignorância e hipocrisia resulta em discriminação e falta de acesso à educação, que por sua vez nos expõem constantemente à violência, exclusão social, abuso de drogas, crime, prostituição, riscos severos para a saúde, exploração e, finalmente, tráfico humano.

4.4.2. Marginalização desde a infância

Pessoas trans no Brasil enfrentam discriminação e humilhação, muitas vezes iniciando na infância, quando começam a aparecer como diferentes. A situação é ainda mais grave nas regiões mais pobres do país – norte, nordeste e centro do país. Muitos jovens trans são rejeitados pela própria família.

Na escola, são obrigados a usar o nome de registro ou ser chamado por um número, como se fosse um preso. O resultado mais imediato dessa discriminação é que a educação formal da maioria das pessoas trans nas regiões mais pobres do país não passa da 4ª série do ensino fundamental e o analfabetismo não é incomum.

À medida que crescem e precisam lidar com as autoridades públicas, sofrem discriminação em bares, restaurantes e casas noturnas. Muitas vezes, são obrigados a utilizar entradas masculinas e pagar preço masculino e são barrados nos banheiros femininos.

Crimes homofóbicos violentos são notórios no Brasil e as piores vítimas são as pessoas trans. Ainda assim, pessoas trans sofrem discriminação tanto de pessoas heterossexuais quanto de pessoas homossexuais.

4.4.3. Prostituição – A única opção

O mercado formal de trabalho é em grande parte fechado a travestis e transexuais. Uma minoria tem formação superior ou qualificações profissionais. A discriminação efetivamente barra a maioria de pessoas trans do sistema educacional e de carreiras de classe média. Com poucas exceções, as únicas profissões abertas são enfermeiras, empregadas domésticas, cabeleireiras, entretenimento em boates gays e prostituição. Em muitos casos, cabeleireiras, empregadas domésticas e artistas da noite fazem bico na prostituição.

Nessa situação, a única possibilidade de ganhar a vida, pelo menos no início, é a prostituição.

4.4.4. Desespero

Desde a infância, as pessoas trans sofrem de negligência, falta de afeto e ausência de suporte emocional de suas famílias. São tão carentes que, quando começam a ganhar dinheiro da prostituição, enviam parte ou até todo o dinheiro que ganham às mesmas famílias que as rejeitaram em troca de uma demonstração de carinho.

As pessoas trans já se acostumam com a humilhação desde cedo, resultando em baixa autoestima. Vivendo em uma situação de desvantagem, sentem medo constante de serem abusadas, maltratadas e até mortas sem nenhuma proteção. Não têm ninguém com quem podem contar ou a quem podem pedir ajuda. A pressão emocional é enorme e as consequências são depressão, cinismo e até desespero.

Sem possibilidade de construir narrativas e sonhos, crescem sem uma visão construtiva do futuro. Os sonhos não vão além de ir para a cidade grande para ganhar dinheiro na prostituição para poder se "plastificar", ou seja, mudar o corpo com silicone e cirurgias plásticas para depois se candidatarem a serem levadas para a Europa com a possibilidade de ganhar dinheiro para comprar um carro e uma casa própria.

As pessoas trans sabem que sua beleza tem prazo limitado. Para a maioria, a beleza feminina não dura além da juventude. Além disso, sabem que as perspectivas de uma vida decente são poucas após os 30 anos.

Por todas essas razões, assumem uma postura de risco perante a vida, vivendo pelo presente e brincando com a sorte. As pressões para entrar no mundo das drogas e do crime são enormes. Em casos extremos, adotam comportamentos de risco nos quais a AIDS se torna quase inevitável.

Conseguir escapar desse círculo vicioso exige extraordinária coragem e força de caráter.

4.4.5. Transformação do corpo

As travestis transformam seus corpos de três maneiras:
a) Tomam doses enormes de hormônios femininos sem supervisão médica.
b) "Bombam" seus corpos através da injeção clandestina de silicone líquido industrial, não esterilizado, nas nádegas, pernas e, às vezes, nos seios e na face. O procedimento de medicina clandestina, feito por "bombadeiras" sem supervisão médica, com seringas de cavalo práticas, resulta em problemas de saúde específicos. Os efeitos adversos do silicone podem resultar em deformação e até óbitos. Os efeitos incluem extravasamento de silicone para calcanhares e pés, rejeição do silicone pelo sistema imunológico e entrada de silicone no fluxo sanguíneo ou em órgãos vitais.
c) Submetem-se à colocação de próteses mamárias e outras cirurgias plásticas.

4.4.6. Underground pré-político

Por causa da discriminação, as pessoas trans vivem à marginalização. Trabalhando com prostituição, vivem economicamente na economia informal. Sem acesso aos direitos humanos, civis e políticos básicos, as pessoas trans vivem em um submundo hermeticamente fechado: um verdadeiro gueto com pouquíssimos pontos de contato com a sociedade em geral.

Assim, o universo das travestis, em particular, incorpora características de movimentos sociais pré-políticos. Nas palavras de Antonio Gramsci, escrevendo sobre paisanos italianos nos anos 20, "em fermentação perpétua, mas como uma massa, incapaz de articular uma expressão centralizada a suas aspirações e necessidades".

4.4.7. UNIDAS PELA REJEIÇÃO DA SOCIEDADE, SUA CULTURA TEM ASPECTOS RITUALISTAS

As pessoas trans têm seu próprio linguajar, a *pajubá*, cujas origens vêm das religiões afro-brasileiras. Excluídas de muitas comunidades religiosas, elas são bem-vindas somente nas religiões afro-brasileiras. Comunidades evangélicas podem acolhê-las. Porém, são consideradas espiritualmente doentes ou defeituosas, precisando ser "curadas".

As mudanças irrevogáveis de corpo podem ser vistas como rituais de passagem. Em particular, o sofrimento causado pela aplicação de silicone. Entre as travestis, uma "novata", que não passou pela dor de ser bombeada, não tem direito de ser tratada como igual pelas travestis feitas.

Muitas travestis profissionais do sexo vivem na casa de uma cafetina, chamada de "madrinha" que exerce um poder quase carismático. A madrinha não só fornece as condições básicas de moradia, mas também o sistema de valores a que os membros são obrigados a aderir. Da mesma maneira, passando uma temporada na Europa, a pessoa trans é considerada uma "Europeia", que dá um status mais alto.

4.4.8. PERSONIFICAÇÃO DO LADO ESCURO DA SOCIEDADE

Foucault, em *Vigiar e Punir*, ensina que o modo como a sociedade trata aqueles que não são conformes a ela é reflexo da sociedade – manifestação e demonstração de seu lado escuro. Enquanto o machismo da cultura brasileira é aberto, a cultura sexual brasileira contém profundos e gravemente reprimidos elementos homoeróticos e andróginos. Desde a colonização e a escravidão, há tradições de homens terem relações sexuais com meninos e meninas, menores de idade.

O cliente típico a profissional de sexo trans é o homem que se apresenta como heterossexual na vida pública e familiar. Muitas vezes, é casado com uma mulher. É notório entre as profissionais do sexo trans que, na grande maioria das vezes, o cliente brasileiro assume o papel passivo na relação sexual com a pessoa trans. A profissional do sexo trans assume o papel ativo. Assim, no linguajar das travestis, o *pajubá*, o cliente masculino é referido como "a maricona".

A pessoa trans é a personificação desse equívoco cultural. A mulher brasileira tem consciência dessa atração. O homem procura, mas não assume abertamente. Em nível micro, em muitos casos, após a relação sexual-comercial, o cliente homem projeta sua própria falsa moralidade e trata a profissional trans com abuso verbal e, às vezes, físico.

Em nível macro, a sociedade projeta sua hipocrisia através da discriminação e marginalização, tratando as pessoas trans como sub-humanos.

A legitimação do tratamento de um ser humano como subumano é o primeiro passo para tráfico humano, no qual o ser humano vira um commodity para ser vendido e comprado por cafetões e traficantes.

4.5. Prostituição de rua e exploração sexual

Como foi dito, para a maioria das pessoas trans no Brasil, a única maneira de ganhar a vida é como profissional de sexo.

Há várias diferenças significantes entre a profissão de sexo feminino e a profissão de sexo trans no Brasil.

Em primeiro lugar, a mulher escolhe ser profissional do sexo. É verdade que a mulher pode ter uma gama de opções de trabalho limitada. Para a mulher de baixa renda, ela poderia ser, por exemplo, operária de fábrica, vendedora de loja ou empregada doméstica. Ela pode ganhar várias vezes mais como profissional do sexo e ter certa independência econômica que não teria com outra forma de trabalho. Entretanto, a escolha existe. A pessoa trans, por outro lado, não tem escolha nenhuma. É se prostituir ou nada.

Em segundo lugar, existem várias opções de trabalho dentro da profissão do sexo para a mulher. Ela pode trabalhar em boate, em casa de massagem, em tipo de bordel conhecido como privê, em shopping center, pelo jornal ou pela internet ou na rua. A profissional do sexo trans não tem tantas escolhas. Pelo menos no início, ela precisa trabalhar na rua. Ela poderia também trabalhar em um privê ou pelo jornal ou internet, até eventualmente só trabalhar por internet, porém, o trabalho padrão vai ser na rua.

A prostituição de rua envolve quatro consequências para as pessoas trans:

- Riscos à saúde;
- Violência;
- Exploração e tráfico humano.

4.6. Riscos à saúde e abuso de drogas e AIDS

Prostituição de rua, juntamente com pobreza, práticas cosméticas clandestinas e acesso seriamente restrito ao serviço de saúde expõem as profissionais do sexo trans a problemas graves de saúde.

Em geral, a discriminação e humilhação enfrentadas pelas travestis quando lidam com a burocracia, muitas vezes, desencorajam-nas a procurar ajuda junto ao serviço público de saúde.

A pressão emocional ligada à prostituição de rua incentiva o consumo de álcool e drogas tanto para enfrentar a rua quanto nas horas em que não estão trabalhando.

A vulnerabilidade das travestis profissionais do sexo às DST/AIDS é indiscutível. Em particular, é comum clientes oferecerem às travestis pagamento adicional – que pode chegar ao dobro do preço cobrado ou mais – para fazer sexo sem preservativo. Essa prática tem sido prevalente em várias partes da Europa. Existem relatos sobre ruas conhecidas onde as travestis fazem programas sem preservativos e onde o cliente se recusa a sair com uma travesti que insista em usar preservativos.

4.7. Violência

A profissional do sexo que trabalha na rua, no Brasil, sofre constante ameaça de violência. A pessoa trans na rua vive com medo de ser espancada, atropelada, de levar facada ou tiro, e até de ser torturada.

A violência pode ser aleatória ou indiscriminada. Um grupo de homens passa na rua para espancar ou atirar contra pessoas trans por pura maldade, simplesmente porque podem. Os vizinhos das ruas, onde as profissionais do sexo trabalham, reclamam e as autoridades resolvem fazer uma limpa. Um policial resolve mostrar seu poder e espanca uma travesti de cassetete nas nádegas para o silicone descer pelas pernas.

A violência pode ser premeditada. Um cliente que fica revoltado consigo mesmo após um programa, projeta seus próprios demônios na profissional do sexo e resolve espancá-la. Um cliente que foi roubado quer punir a travesti que roubou. Ela poderia até contratar um matador para se vingar. Se não encontrar a pessoa específica, ela faz uma "represália" a outro que não fez nada contra ela. Um ladrão resolve roubar e bater. Um cafetão novo quer assumir poder em uma rua, espalhando o medo. Um traficante pune a falta de pagamento por drogas que vendeu. Uma cafetina quer punir desobediência ou a recusa em pagar dinheiro de proteção. Uma travesti briga com outro que tomou seu lugar na rua.

Quando a sociedade trata um grupo de seres humanos como sub-humanos, sempre há gente que acha que tudo pode fazer contra eles. Sempre há gente que se convence que tudo deve fazer para degradá-los. A violência chega a ter níveis quase espirituais. A violência das autoridades aproxima-se da tortura institucionalizada. É o legado de uma ditadura. O perigo da "desumanização" é a grande lição dos nazistas.

4.8. Exploração por cafetões e cafetinas

A prostituição de rua implica na exploração por cafetões e cafetinas.

O cafetão é um homem. A cafetina pode ser uma pessoa trans ou uma mulher. O cafetão ou a cafetina podem exercer um ou mais de um leque de atividades:

- Comandar um grupo de pessoas que trabalha na rua e/ou em uma região geográfica. A região geográfica pode ser uma rua, um conjunto de ruas, um bairro ou até uma cidade inteira.
- Vender drogas para profissionais do sexo e outros compradores.
- Fornecer condições básicas de moradia: alojamento e comida. Normalmente, cobra por dia – "diária".
- Praticar agiotagem e financiar injeção de silicone, cirurgia plástica, tratamento cosmético e viagens para a pessoa trans visitar a cidade natal e até ir para a Europa.
- Cobrar o direito de trabalhar na rua.
- Recrutar, incentivar, facilitar e financiar a mudança de menores e adultos trans de uma cidade ou estado do Brasil para outro, em particular dos estados do norte, nordeste e centro para São Paulo.
- Recrutar, incentivar, facilitar e financiar a mudança de menores e adultos trans do Brasil para a Europa.

4.9. Cafetões, cafetinas e madrinhas

Há cafetões e cafetinas que cobram diárias altas, obrigando o consumo de comida e bebidas com preço alto. Até incentivam o uso de drogas, fornecidas por eles mesmos. Obrigam as pessoas trans a fazerem gastos que precisam de financiamento e cobram juros, muitas vezes de 100% do valor do financiamento. Obrigam as pessoas trans a serem traficadas para o exterior.

Há cafetões e cafetinas que não exploram as pessoas trans. Cobram preço justo por alojamento e comida. Não cobram pela rua. Dão financiamento sem cobrar juros. Não multam. Não espancam e protegem de verdade.

As cafetinas trans mais fortes exercem o papel de família para suas trans. A cafetina é chamada de *Madrinha* e a pessoa trans de *Filha*. A *madrinha* preenche o espaço deixado pela família que rejeitou a *filha*. Dá conselhos. Cria vínculo emocional. Influencia o comportamento e impõe sistema de valores.

Quando a *madrinha* é exploradora, usa seu poder carismático para impor um vínculo "*mafioso*" de respeito e disciplina com base no medo, intimidação e ameaça constante. Se a *filha* obedece às regras da *madrinha*, recebe carinho. Se a *filha* viola as regras, pode ser multada, espancada ou até morta. A *madrinha* exploradora usa seu poder carismático para convencer sua *filha* de que é para o próprio bem que ela deve fazer um financiamento para mudar o corpo, viajar para visitar sua família e aceitar ser traficada para a Europa. A própria carência emocional da *filha* mantém o poder da *madrinha*. Quanto mais a *filha* estiver carente de afeto, longe da cidade natal, sem estrutura de apoio emocional, mais fica vulnerável ao poder da *madrinha*.

Paradoxalmente, quando a cafetina é de boa índole e não explora as pessoas trans, pode deixá-las livres para usar drogas, roubar clientes e, geralmente, envolver-se em comportamento autodestrutivo. Por outro lado, uma *madrinha* forte e exploradora, com intuito de maximizar a rentabilidade de suas *filhas*, pode proibir o consumo de entorpecentes, conduta criminosa e práticas autodestrutivas.

Pela definição do Protocolo de Palermo, quando um cafetão ou cafetina fornece moradia a um profissional do sexo trans, na medida em que existe algum abuso de poder ou uma situação de vulnerabilidade, a pessoa trans é vítima de tráfico humano.

4.10. Cobrando pela rua

Normalmente, o cafetão ou a cafetina vai cobrar um "pedágio", conhecido como "cobrar rua", dando o direito à pessoa trans de trabalhar na rua. Um montante de dinheiro é devido por semana, conhecido como, a "semanada". O pagamento da semanada dá direito de trabalhar na rua e à "proteção" de outros cafetões ou cafetinas. O não pagamento implica em uma multa – normalmente um múltiplo do valor cobrado. A multa pode ser acompanhada por um espancamento como punição e como desincentivo para outros potenciais inadimplentes. Essa forma de *cafetinagem* é nada mais que a forma tradicional de extorsão mafiosa conhecida como "*protection racket*", baseada em poder de força, desvantagem relativa e medo. No Brasil, não é normalmente cobrada uma porcentagem da renda do profissional do sexo.

Nas cidades menores, uma cafetina trans pode controlar toda a prostituição trans da cidade, fornecendo moradia para alguns profissionais do sexo e cobrando rua de outros que não moram em sua casa. Nas cidades maiores, vários cafetões e cafetinas podem compartilhar a cidade, cada um controlando uma região ou um grupo de pessoas.

Em uma cidade grande como São Paulo, uma cafetina ou cafetão poderoso pode fornecer moradia para uns e cobrar rua de outros que não moram em sua casa. Da mesma maneira, as profissionais do sexo, afiliadas a uma cafetina ou cafetão poderoso, teriam liberdade para trabalhar em qualquer bairro da cidade, se os demais cafetões e cafetinas respeitassem seu poder. Como em todas as áreas do crime organizado, sempre existe a possibilidade de disputas de poder entre cafetões e cafetinas.

4.11. A Posição central de São Paulo no tráfico de pessoas trans

Algumas travestis e transexuais viajam dos próprios Estados natais diretamente para a Europa. Outros passam pela cidade de

São Paulo ou pelas cidades do interior do estado de São Paulo ou outras cidades da região sudeste.

A Grande São Paulo tem a maior concentração de travestis e transexuais que vêm de outros estados e que pretendem viajar para a Europa. Não existem dados confiáveis sobre quantas travestis ou outras profissionais do sexo trabalham em São Paulo. Alguns travestis nasceram em São Paulo. Um grande número das travestis que vivem na cidade nasceu no norte, nordeste e centro do Brasil. A cidade de São Paulo acaba sendo palco de sua transformação física e passagem com destino à Europa, onde sonham conseguir condições para ter uma vida melhor. Outros estão de volta da Europa ou utilizam a cidade como base.

Portanto, São Paulo é o maior centro de prostituição trans e tráfico humano trans no Brasil.

4.12. Tráfico interno de adultos e menores

Há cafetões e cafetinas na cidade de São Paulo e em outros lugares no sudeste do Brasil, que procuram pessoas nos estados do norte, nordeste e centro do Brasil para trazer para suas casas.

Alguns mandam recrutadores ou têm acordos com cafetões ou cafetinas no local para procurar potenciais candidatos. Eles procuram meninos efeminados vulneráveis e carentes, menores e adultos trans e oferecem a "oportunidade" de vir para São Paulo. Facilitam o transporte, pagando a passagem, normalmente de ônibus.

Às vezes, as vítimas nem se vestem como mulheres nos lugares de origem. Mas, chegando a São Paulo, já começam a se apresentar como mulheres e são colocadas na rua para se prostituir.

No caso de adultos, se não tiver abuso de poder ou a situação de vulnerabilidade, não há tráfico humano. Entretanto, no caso de menores de idade, o mero fato de trabalhar como profissionais do sexo se caracteriza como tráfico.

4.13. A SITUAÇÃO ESPECIAL DE TRÁFICO INTERNO DE MENORES

Conforme colocado acima, no caso de crianças e adolescentes, mesmo não havendo abuso de autoridade, o mero fato de trabalhar como profissionais do sexo se caracteriza como tráfico.

É comum que jovens trans – crianças e adolescentes – sejam rejeitados pela própria família, especialmente nas regiões mais pobres do Brasil. Em muitos casos sofrem abusos por parte dos mesmos familiares que os rejeitam. Muitos são expulsos de casa ainda crianças.

Muitos meninos já trabalham como profissionais do sexo com 12 anos em suas cidades natais, e até trabalham em boates como transformistas ou drag queens. Assim ficam vulneráveis às ofertas de traficantes e cafetões oferecendo levá-los para a cidade grande.

Há casos em que a própria família incentiva a exploração sexual, e até "vende" a própria criança / adolescente.

Chegando a São Paulo ou a outra cidade no sudeste do país, ficam presos em casas de cafetinas e cafetões em servidão de dívida *"debt bondage"* marcada por ameaças e intimidações e obrigadas a pagar por aluguel e comida "diário" a preços exorbitantes.

São forçados a serem "bombados" – injetados com silicone industrial, financiados pelos cafetões com taxas de juros de 100%.

Assim enfrentam ameaças constantes de violência e espancamento. São incentivados a consumir entorpecentes, fornecidos pelos exploradores com preços acima do "mercado". As drogas constituem um círculo vicioso, uma vez que ajudam a enfrentar a vida de prostituição e violência.

Se, e quando, os jovens chegam à mira das autoridades, são enviados de volta aos estados de origem e para as famílias que já os rejeitaram. Entretanto, na maioria dos casos, os jovens não querem voltar às cidades de origem e veem a prostituição de rua em São Paulo como sua única chance de ter uma vida "boa".

Não há facilidades de residências para esses jovens em São Paulo. Em abrigos masculinos, estão sujeitos a abusos, espancamentos e até assassinato. Não são aceitos em abrigos femininos porque não são considerados meninas. Alguns grupos religiosos evangélicos estão dispostos a aceitar essas crianças, porém as veem como "espiritualmente doentes" e tentam "curá-las" de sua homossexualidade e identidade de gênero feminino ou trans.

Muitas das crianças sofrem de problemas sérios de saúde e muitas estão infectadas com HIV e outras DST.

A situação de tráfico de menores trans é tão séria que até ativistas mais bem-intencionados veem essas crianças como causa perdida.

4.14. Tráfico internacional de travestis e transexuais

Muitas pessoas trans brasileiras veem uma estadia na Europa, trabalhando como profissionais do sexo, como a única maneira de conseguir juntar dinheiro suficiente para ter alguma chance de vida decente no futuro.

Os países de preferência são Itália, França, Espanha, Portugal e Suíça. Com a recessão econômica na Europa e o aumento de concorrência para conseguir clientes, pessoas trans já estabelecidas na Europa passam temporadas em outros países da Europa Ocidental, inclusive no Reino Unido.

As pessoas trans enfrentam vários problemas quando vão à Europa pela primeira vez.

Em primeiro lugar, precisam passar pela imigração. As fronteiras da Europa estão ficando cada vez mais fechadas. Às vezes, a pessoa tenta entrar diretamente no país de destino e consegue. Às vezes, é negada a entrada e deportada. A alternativa é entrar por um país onde o controle é menos rigoroso e depois viajar para o país de destino. Para quem nunca viajou para fora do Brasil, não fala outra língua e, às vezes, nem consegue ler ou escrever, o desafio pode ser grande.

Em segundo lugar, precisam encontrar lugar para morar. Sem apoio e sem conhecimentos básicos da língua do país, é quase impossível.

Em terceiro lugar, precisam trabalhar. Normalmente, na Europa, as pessoas trans trabalham na rua e/ou por internet. Mais uma vez, precisam de apoio para poder saber onde trabalhar na rua e não ter problemas com outras profissionais do sexo ou cafetões locais. Similarmente, precisa de apoio para se lançar na internet.

Em quarto lugar, precisam se acostumar com o frio do inverno europeu, ainda mais trabalhando na rua.

Há três maneiras de uma pessoa trans viajar para a Europa pela primeira vez.

4.15. COM DINHEIRO PRÓPRIO OU COM EMPRÉSTIMO DE AMIGA

A travesti ou transexual com mais experiência no Brasil e mais independência, em termos de escolaridade e maturidade, vai optar por viajar ou com dinheiro próprio ou com apoio de amigo/a ou cafetina não exploradora. Esse travesti ou transexual já está ciente dos perigos de cair nas mãos de exploradores e tem laços suficientemente fortes de amizade para conseguir ajuda para chegar à Europa e se estabelecer.

Na medida em que a "amiga" já estabelecida na Europa facilita a entrada da nova pessoa trans na Europa, ela poderia estar participando de contrabando humano. Entretanto, na medida em que não há controle ou exploração da outra, não existe tráfico humano.

4.16. FINANCIADA POR INDIVÍDUO: INDIVÍDUO "CONHECIDO" JÁ ESTABELECIDO NA EUROPA

A pessoa trans que vive e trabalha no Brasil sem dependência de cafetão ou cafetina, mas com menos experiência e sem laços fortes de amizade com pessoas trans estabelecidas na Europa, pode pedir apoio de uma pessoa "amiga conhecida" que vai efetivamente financiar a viagem e estabelecimento na Europa. É um fato que, no mundo de profissionais do sexo feminino e trans, as pessoas já estabelecidas na Europa, seja legalmente com direito de residência ou de fato, atuam como cafetinas independentes, explorando as pessoas menos experientes.

O valor do financiamento é normalmente menor do que através de uma gangue de cafetinas/cafetões, geralmente entre €5-€10 mil. Tendo em vista que a passagem custa por volta de € mil, o fato da exploração é indiscutível. Considerando a posição relativa de poder e vulnerabilidade entre financiador e financiado, juntamente com o fato da exploração, o crime de tráfico é caracterizado.

4.17. FINANCIADA POR QUADRILHA

Os cafetões e cafetinas fortes e exploradores incentivam e, muitas vezes, obrigam suas *filhas* a irem para a Europa financiadas por eles. Esses cafetões e cafetinas muitas vezes trabalham em redes no Brasil e têm seus parceiros já estabelecidos em uma ou mais cidades na Europa.

Dependendo do país de destino e a situação de controle imigratório do momento, a travesti ou transexual poderia ser enviada diretamente para o país de destino ou para um terceiro país de passagem. Às vezes, o país de trânsito fica na Europa oriental onde os controles são menos rigorosos. Quando o país de trânsito fica longe do país de destino, um intermediário contratado arranja a entrada no país de trânsito, espera a pessoa trans chegar e a leva para o país de destino.

Chegando ao país de destino, a travesti ou transexual é colocada em casas controladas por cafetinas e cafetões ligados com quem a mandou. Além do valor do financiamento já devido, a pessoa trans é obrigada a pagar moradia e comida com preços altos.

Ela fica presa em servidão de dívida *"debt bondage"* até a dívida total ser quitada. Após isso, fica livre.

Além das *filhas* dos cafetões e cafetinas exploradores, outras travestis e transexuais procuram esses grupos para levá-los à Europa. Assim existe uma espécie de mercado e o preço do financiamento varia com a oferta e a procura do momento e do grau de controle sobre a vítima. Quanto maior o grau de controle, maior o poder de impor um preço mais alto, podendo chegar a até €20 mil.

Esses travestis e transexuais, por estarem sendo controlados e explorados por grupos de cafetões e cafetinas, são vítimas de tráfico de pessoas.

4.18. Modelo único de tráfico humano

Há duas diferenças principais entre o tráfico internacional de travestis e transexuais e o tráfico de mulheres.

Enquanto mulheres vítimas de tráfico humano para exploração sexual são enganadas, as travestis e transexuais têm plena consciência que vão ser controladas por servidão de dívida e exploradas pelas quadrilhas de cafetões e cafetinas.

Por outro lado, enquanto as mulheres traficadas nunca ficam livres dos traficantes, as travestis e transexuais ficam livres assim que pagam as dívidas.

As perguntas são: Por que as travestis e transexuais dão seu consentimento ao tráfico? Porque são liberadas após pagar o financiamento?

A primeira parte da resposta está nas próprias perguntas. Nenhuma travesti ou transexual entraria em uma situação de servidão de dívida e exploração se não fosse por tempo limitado. Diferentemente das mulheres traficadas que ficam presas fisicamente sem nenhum contato com as famílias e amigas, as travestis e transexuais mantêm contato entre si e têm sua própria rede de comunicação. Uma rede de inteligência e comunicação já é uma característica de grupos *underground*. E com as redes sociais da internet, a comunicação é imediata. Se uma travesti é assassinada em Roma, todos os amigos e conhecidos na Europa e no Brasil ficam sabendo dentro de uma hora pelo Facebook.

Em segundo lugar, enquanto as mulheres traficadas nem pensam em ser profissionais do sexo, as travestis e transexuais têm consciência de que a prostituição na Europa é a única possibilidade de ganhar um montante significativo de dinheiro em um curto espaço de tempo.

Em terceiro lugar, as travestis e transexuais precisam ganhar seu dinheiro em um curto espaço de tempo justamente porque sabem que a beleza feminina da pessoa trans dura menos que a da mulher e elas sonham em aproveitar e curtir suas vidas ainda com juventude e beleza.

Em quarto lugar, o tráfico de mulheres é administrado por organizações criminosas grandes, transnacionais e brutais. O tráfico internacional de travestis e transexuais é dirigido por quadrilhas relativamente pequenas de cafetões e cafetinas, operando em um número pequeno de países.

Às vezes, há pontos de contato com o crime organizado. Um exemplo seria a contratação de transportadoras clandestinas para receber uma travesti chegando do Brasil a uma cidade do leste-europeu e levá-la para Paris. Outro exemplo seria o fato de que no Rio de Janeiro o controle da prostituição de rua é por região geográfica, e cada região geográfica é controlada por um grupo do crime organizado. Assim, toda cafetinagem e tráfico de pessoas trans no Rio de Janeiro têm certa subserviência de hierarquia com o crime organizado.

Por outro lado, o crime organizado propriamente dito não domina, em termos de gestão, uma área de atividade na qual as vítimas ficam livres e independentes após pagar suas dívidas. Pois é da natureza do crime organizado que os membros ficam presos por laços de comprometimento (conhecido no Brasil como "rabo preso") para sempre. As pessoas trans aceitam ser profissionais de sexo. Aceitam ser presas em servidão de dívida. Não aceitam ter "rabo preso". É aqui a verdadeira dignidade da travesti e mulher transexual brasileira.

4.19. Aspectos do tráfico internacional de travestis e transexuais por quadrilhas

Em certos casos, os cafetões e cafetinas conseguem resolver problemas e disputas entre pessoas e grupos trans na Europa. Por exemplo, a chegada de uma pessoa nova em uma cidade da Europa vai chamar a atenção dos clientes que preferem fazer programa com o novato e deixam de contratar os já conhecidos. Muitas vezes, isso gera uma reação forte e violenta contra a recém-chegada. Se a *madrinha* no Brasil for forte, pode ser chamada para impor uma solução, protegendo sua *filha*.

Às vezes, após a quitação do financiamento, essas *madrinhas* fortes até tentam obrigar suas *filhas* na Europa a mandar seu dinheiro para a própria madrinha para "guardar" para a *filha*. Na medida em que a *filha* continua dependente emocionalmente da madrinha e não tem recursos próprios para gerenciar seus próprios negócios – por exemplo, uma pessoa analfabeta pode ter problemas para abrir e controlar uma conta bancária – maior é o grau de controle que a madrinha pode continuar exercendo do Brasil.

Por outro lado, quanto maior o grau de controle carismático e emocional que a *madrinha* exercer sobre sua *filha*, fazendo que a *filha* acredite que a *madrinha* está agindo pelo bem da *filha*, maior é a decepção da *filha* chegando à Europa. De repente, encontra-se em um país estranho, com língua estranha, às vezes, precisando trabalhar na rua em pleno inverno, e descobre que está sendo controlada e explorada por uma cafetina na Europa sem poder contar com o apoio emocional da *madrinha* no Brasil. Ela fica apavorada. Na medida em que descobre que a *madrinha* brasileira estava simplesmente explorando de maneira dissimulada, de repente *"cai na real"* e fica revoltada e cínica.

4.20. Tráfico de travestis e transexuais: repressão ou prevenção?

A repressão é pouco eficaz no combate ao tráfico de travestis e transexuais.

Primeiro, enquanto os órgãos de repressão são principalmente nacionais ou até regionais, toda atividade criminal que envolve mais de um país é intrinsecamente transnacional.

Por exemplo, a investigação do tráfico de um grupo de travestis de São Paulo para Paris vai envolver pelo menos três autoridades policiais: a polícia francesa, a Polícia Civil do Estado de São Paulo e a Polícia Federal do Brasil. Se o mesmo grupo opera também, por exemplo, na Espanha, vai envolver a polícia espanhola. Pode envolver também as fontes de inteligência da INTERPOL. Assim, qualquer tentativa de repressão, vai precisar de:

- Cooperação intranacional entre Polícia Civil do Estado de São Paulo e a Polícia Federal Brasileira;
- Cooperação bilateral entre a Polícia Federal do Brasil e a polícia francesa;
- Cooperação multilateral entre as polícias brasileiras, francesas e espanhola; e
- Cooperação multilateral da INTERPOL.

Para organizar toda essa cooperação, são necessários tempo, recursos e vontade política de todas as autoridades envolvidas. Por outro lado, os criminosos atuam sem fronteiras, podendo comunicar-se, viajar e transferir recursos instantaneamente. Assim o crime transnacional fica sempre vários passos à frente da repressão.

Em segundo lugar, há dificuldades intrínsecas de obter inteligência sobre um *underground* fechado e isolado como o universo das travestis e transexuais. Rastrear a movimentação de dinheiro em grandes volumes de pequenas transações é quase impossível e envolve alto custo. Para entender a estrutura e o funcionamento de uma quadrilha que atua em vários países, é preciso monitorar comunicações. Isso é quase impossível com a disponibilidade de telefones celulares descartáveis. A alternativa seria infiltrar a quadrilha em um nível suficientemente alto para conseguir as informações pertinentes. Seria necessário colocar um espião dentro da quadrilha ou conseguir um informante. Ambos quase impensáveis em uma organização transgênero.

Em terceiro lugar, por causa da relativa desvantagem da atuação das autoridades em relação à atuação dos criminosos, quase toda a ação de repressão vai resultar em mais sofrimento às vítimas com pouca possibilidade de ter um impacto significativo na quadrilha.

Considere o exemplo anterior de uma quadrilha que atue entre São Paulo, França e Espanha. Uma ação policial conjunta entre a Polícia Federal do Brasil e a polícia espanhola resulta em uma cafetina brasileira presa em Madri. A polícia espanhola prende uma travesti brasileira, profissional de sexo, controlada por essa cafetina. A travesti é uma vítima de tráfico.

A travesti vítima nem conhece todos os principais membros da quadrilha. Mesmo que conhecesse, para prender todos seria necessária uma ação coordenada entre a Polícia Civil paulista, a Polícia Federal do Brasil, a polícia francesa e a polícia espanhola. Cada autoridade policial precisaria envolver a promotoria e o judiciário de cada jurisdição. Os processos poderiam levar anos. Há até a possibilidade de conseguir uma condenação de um ou outro membro da quadrilha na Espanha. As chances de conseguir condenar a quadrilha inteira são minúsculas. A quadrilha consegue se desmanchar e se reconstruir de outra forma em pouco tempo sem nenhum impacto significante para seu negócio.

Por outro lado, a polícia espanhola vai enquadrar a travesti "testemunha" com as seguintes opções: denunciar os traficantes ou ser deportada para o Brasil. Assim que for presa, ela vai receber ameaça caso forneça informações. Recados serão enviados para ela e para a família de que ela será morta se voltar para o Brasil. Se denunciar os membros da quadrilha de que tem conhecimento, ela vai viver sob ameaça. Se recusar-se a denunciar, vai ser deportada para o Brasil e vai continuar sendo ameaçada.

Em resumo, os criminosos são efetivamente impunes. Quem sofre com a repressão é quase sempre a vítima, que muitas vezes nem se considera uma vítima.

4.21. Conclusão: prevenção – A única solução

Entendendo a natureza do problema, a solução aparece por si mesma. O fator que distingue o tráfico de travestis e transexuais do tráfico de mulheres é o fato do consentimento. Se a vítima dá seu consentimento a ser traficada, não há tráfico e não há vítima. Sem vontade de ser vítima de tráfico humano, não existe tráfico.

É claro que a clandestinidade da profissão do sexo e da imigração ilegal dá condições para os criminosos florescerem.

Mesmo sem ter outra opção de trabalho a não ser a prostituição, na medida em que as pessoas trans se autovalorizarem, assumirem sua própria dignidade como seres humanos e exigirem seus direitos, elas simplesmente não cairão nas mãos de cafetinas e cafetões exploradores.

Por sua parte, o Estado precisa fornecer educação, abrigo para menores e vulneráveis, saúde e reconhecimento dos direitos humanos básicos.

Sem vítimas dispostas a ser exploradas, os exploradores terão de procurar outra atividade.

Bibliografia

BENEDETTI, M. *Toda Feita:* o corpo e o gênero das travestis. Rio de Janeiro: Garamond, 2005.

BENTO, Berenice. *A Reinvenção do Corpo:* sexualidade e gênero na experiência transexual. Rio de Janeiro: Garamond, 2006.

BRASIL, Mariana. *O manuscrito de Sônia:* Prostituição, erotismo e amor. São Paulo: Itália nova, 2005.

COUTO, Edvaldo Souza. *Transexualidade:* o corpo em mutação. Salvador: Grupo Gay da Bahia, 1999.

ESTADOS UNIDOS DA AMÉRICA. Departamento do Estado. Relatório sobre Tráfico de Pessoas (TIP), 2012, p. 33.

FARIA, Hamilton; GARCIA, Pedro. *Arte e Identidade cultural na construção de um mundo solidário,* São Paulo: Instituto Pólis, 2002.

FOUCAULT, Michel. *Vigiar e punir:* nascimento da prisão. Traduzido por Raquel Ramalhete. Petrópolis: Vozes, 1987.

FOUREAUX DE SOUZA, J. L., Jr. *Literatura e homoerotismo:* uma introdução. São Paulo: Scortecci, 2002.

GARCIA, Wilton. *Corpo, mídia e representação:* estudos contemporâneos. São Paulo: Thompson, 2005.

GREEN, James N. *Beyond Carnival:* Male Homosexuality in Twentieth-Century Brazil. Chicago: University of Chicago Press, 1999.

HAAG, Carlos. Profissão: ambiguidade. *Revista Pesquisa Fapesp,* n. 138, ago. 2007.

KULICK, Don. *Travesti:* Sex, Gender, and Culture among Brazilian Transgendered Prostitutes. Chicago: University of Chicago Press, 1998.

____; KLEIN, Charles. *Scandalous Acts:* The Politics of Shame among Brazilian Travesti Prostitutes. Disponível em: <http://www.socant.su.se>.

LANCASTER, Roger. Transgenderism in Latin America: Some Critical Introductory Remarks on Identities and Practices. *Sexualities,* v. 1, 1998, p. 261-74.

LOPES, Denílson; GARCIA, Wilton; ABOUD, Sérgio; BENTO, Berenice. *Imagem & diversidade sexual:* estudos da homocultura. São Paulo: Nojosaedições, 2002.

LYRA, Bernadette; GARCIA, Wilton. *Corpo e cultura.* São Paulo: Xamã-ECA/USP, 2001.

MCCALLUM, Cecília. Travesti: Sex, Gender and Culture among Brazilian Transgendered Prostitutes. *Mana,* v. 5, n. 1, 1999, p. 165-8.

MORENO, Antônio. *A personagem homossexual no cinema brasileiro.* Rio de Janeiro: Funarte, Niterói: EdUFF, 2001.

MOTT; Luiz R. B. *Epidemic of Hate: Violations of the Human Rights of Gay Men, Lesbians and Transvestites in Brazil.* San Francisco: Grupo Gay da Bahia/International Gay and Lesbian Human Rights Commission, 1996.

____; CERQUEIRA, Marcelo. *As travestis da Bahia e a Aids.* Salvador: Ministério da Saúde e Grupo Gay da Bahia, 1997.

ORGANIZAÇÃO DAS NAÇÕES UNIDAS. Protocolo de 2000, Artigo 3. Para Prevenir, Reprimir e Punir o Tráfico de Pessoas, especialmente Mulheres e Crianças, suplemento a Convenção da ONU contra o Crime Organizado Transnacional, ratificado no Brasil por meio do Decreto n 5.017/2004. BRASIL. Decreto n. 5.017, de 12 de março de 2004. Promulga o Protocolo à Convenção das Nações Unidas contra o Crime Organizado Transnacional Relativo à Prevenção, Repressão e Punição do Tráfico de Pessoas, em Especial Mulheres e Crianças.

PELÚCIO, Larissa. *Na noite nem todos os gatos são pardos:* Notas sobre a prostituição travesti. *Cadernos Pagu* (25), Campinas-SP, Núcleo de Estudos de Gênero-Pagu/Unicamp, 2005.

PROSTITUIÇÃO. Cadernos Pagu (28), Campinas-SP, Núcleo de Estudos de Gênero-Pagu/Unicamp, 2008.

REIS, Paulo. *Mapa da Violência e Discriminação Praticada contra Gays, Lésbicas, Travestis, Transexuais e Bissexuais.* São Paulo: Centro de Referência GLTTB da Secretaria da Cidadania Trabalho, Assistência e Inclusão Social da Prefeitura Municipal de Campinas, 2006.

SANTOS, Rick; Wilton Garcia. *A escrita de Adé:* perspectivas teóricas dos estudos gays e lésbicas no Brasil. São Paulo: Xamã-Nassau Community CollegeNCC/SUNY, 2002.

SILVA, Hélio R. S. *Travestis:* entre o espelho e a rua, Rio de Janeiro: Rocco, 2007.

TEIXEIRA, Flavia do Bonsucesso. *L'Italia dei Divieti:* entre o sonho de ser europeia e o babado da prostituição. Cadernos Pagu (UNICAMP), v. 31, p. 275-308, 2008.

TREVISAN, João Silvério. *Devassos no paraíso:* A homossexualidade no Brasil, da colônia à atualidade. São Paulo: Record, 2000.

5

TRÁFICO DE PESSOAS: GENTE VENDENDO GENTE
UM DESAFIO PARA OS DIREITOS HUMANOS

Maria Helena Morra[1]

---

[1] Teóloga, com mestrado em Teologia Sistemática pela Faculdade Jesuíta de Teologia e Filosofia (FAJE), professora de Cultura Religiosa pelo Departamento de Ciências da Religião da PUC Minas e coordenadora da Equipe de Reflexão Teológica da CRB Nacional.

CAPÍTULO 5

A história de nosso país tem demonstrado que o Brasil, apesar dos avanços sociais e dos ideais democráticos, pouco tem progredido em termos de garantia dos Direitos Humanos e do exercício da cidadania. Além disso, a despeito do avanço dos instrumentos jurídicos, a problemática da violência urbana institucional e de violações constantes dos direitos das pessoas – inclusive pelos aparelhos repressivos do Estado – tem inquietado o conjunto da sociedade na busca de alternativas para o enfretamento dessa realidade.

Essa situação encontra sua justificativa na cultura escravocrata, patrimonialista e coronelista, cultura esta forjada na história do povo brasileiro, aliada à ausência de políticas públicas que garantam os direitos fundamentais para a maioria da população. É nesse contexto que se localizam a necessidade e a urgência da formação de profissionais promotores dos direitos humanos, da paz e da cidadania, no sentido de se trabalhar mudanças na mentalidade vigente e de incorporar novos conhecimentos que os instrumentalizem nessa direção.

É possível perceber que a problemática da violência está presente no meio rural, mas, acima de tudo, nas grandes cidades. E, no que se refere aos profissionais da segurança pública, não há uma preparação nos cursos de formação inicial e continuada destes para lidar com a questão. Por outro lado, percebe-se que também o cidadão comum enxerga a problemática da violência como algo que só pode ser enfrentada reforçando o aparelho repressivo. Não se percebe comumente as verdadeiras causas que reforçam e ampliam o espiral da violência.

Acreditamos que a abordagem do tema "Direitos Humanos" com o olhar focado no desafio do tráfico de pessoas, convoca-nos a um comprometimento e pode trazer uma importante contribuição para a visibilidade do tráfico de pessoas e para a reinserção social de suas vítimas. A mudança só será fértil quando descobrirmos fissuras nas dominações, nas opressões de um sistema econômico, político e cultural que fere a dignidade humana. O compromisso com a vida nos desafia para a responsabilidade da quebra de um paradigma que demarca uma violência simbólica, que fere a dignidade da pessoa humana. Nessa direção, estamos seguras de que a escuridão é um terreno fértil para acender novas luzes.

O tema abordado nos introduz na condição fronteiriça entre o ser humano e a animalidade – perversidade da realidade humana; gente vendendo gente; comércio infame em um mundo globalizado.

O tráfico de pessoas só é possível a partir de um processo de redução da "humanidade da outra pessoa", que transforma as vítimas em não humanos, não detentores de direitos e não iguais, e, portanto, naturalizam as violações dos direitos humanos, sobretudo das mulheres e das meninas.

Parece um conto kafkaniano[2] demarcado por pesadelos de um mundo impessoal, com certa liminaridade entre seu estado animal e algo humano.

Nessa direção, o não lugar descrito por Marc Augé[3] se situa em fenômenos contemporâneos que podemos abordar para pensar a experiência do não lugar, dentre eles: os "deslocamentos impostos pela democracia e a economia mundiais", o tráfico de seres humanos, o tráfico de órgãos e de tecidos, a adoção ilegal, o trabalho escravo, a imigração, a violência e a exploração sexual comercial.

Segundo Augé, o que esses "espaços residuais têm em comum é a perda do vínculo social", uma perenidade que apodrece nos novos modos de habitar o mundo. O não lugar, cheio de riscos, torna-se desafiador, com uma nova perspectiva sobre a própria existência humana. Esse lugar é predominantemente

---

[2] Franz Kafka (Praga, 3 de julho de 1883 – Klosterneuburg, 3 de junho de 1924) foi um dos maiores escritores de ficção da língua alemã do século XX. A escrita de Kafka é marcada pelo seu tom despegado, imparcial, atenciosa ao menor detalhe, e abrange os temas da alienação e perseguição. Seus trabalhos mais conhecidos são as pequenas histórias *A Metamorfose, Um artista da fome* e os romances *O Processo, América* e *O Castelo*. Seus contos são julgados como verdadeiros e realistas, em contato com o homem do século XXI.

[3] MARC AUGÉ, nascido em 1935, é um famoso etnólogo francês. Diretor de estudos no EHESS (Escola de Altos Estudos em Ciências Sociais), participou em diversas missões na África, nomeadamente no Togo e na Costa do Marfim, e também na América Latina, e é autor de vários títulos.

composto por negros/as, o que demonstra como a situação de classe interfere diretamente nas questões raciais e de gênero e tem sido mantida como forma de acirrar a exploração do capital sobre tais grupos.

Marina Figueiredo Assunção,[4] em seu artigo *Tráfico de mulheres: mercado contemporâneo de escravas sexuais,* afirma que "o tráfico hoje, em pleno século XXI, mantém a característica racial, acrescido do fato de as vítimas serem principalmente mulheres, crianças e adolescentes. No Brasil, são as mulheres afrodescendentes as mais exportadas para fins de exploração sexual comercial, segundo a PESTRAF (2002).[5] Em tempos de mundialização do capital ou novo regime de acumulação capitalista, essa atividade ilegal produzida pelo capitalismo tem tomado grande dimensão no mundo devido a sua extrema lucratividade, que atrela a exploração da força de trabalho das mulheres a sua exploração sexual comercial".

A pesquisa sobre o tráfico de pessoas revela que 3 milhões de pessoas são cooptadas no mundo para o comércio de órgão e tecidos, a prostituição e, também, para o trabalho escravo. Esse processo ainda envolve a cifra astronômica de 32 bilhões de dólares, e o poder econômico que domina a situação dificulta o combate a esse tipo de crime.

Quando pensamos nesse processo de escravidão, principalmente com afrodescendentes e mesmo com a raça indígena, referimo-nos a um processo de grave violência ferindo a dignidade de um povo, de uma raça. Hoje, quando falamos de tráfico de pessoas, estamos falando da escravidão moderna, que tem uma agravante maior porque é uma escravidão invisível e, por isso, torna-se muito difícil tocar nela. Só agora estamos tomando maior consciência desse desafio.

---

[4] Universidade Federal de Pernambuco. Residente de Serviço Social do Hospital das Clínicas de Pernambuco.
[5] A Pesquisa sobre Tráfico de Mulheres, Crianças e Adolescentes (PESTRAF), realizada em 2002, foi um marco no Brasil, pois revelou 241 rotas nacionais e internacionais de tráfico de pessoas, provocou a indignação da sociedade e das autoridades brasileiras e forçou o enfrentamento do problema. O trabalho também serviu para derrubar mitos. Um deles, originado no senso comum, mantinha que a exploração sexual comercial só existia nas regiões pobres.

No que diz respeito ao trabalho escravo, recentemente veio à tona no Brasil a questão do trabalho dos bolivianos em condições análogas à escravidão. Na anistia que o governo brasileiro deu aos estrangeiros que viviam irregularmente no país, dos 43 mil estrangeiros que regularizaram a situação no Brasil, perto de 17 mil eram bolivianos. Destes, 16,3 mil viviam no Estado de São Paulo, muitas vezes confinados em pequenas indústrias na capital paulista. Sabemos que o poder econômico tem envolvimento com essa questão, de maneira que não há interesse de determinados setores e grupos que haja uma ação política eficaz contra o trabalho escravo em muitos países. Muitos jovens são traficados para o trabalho escravo.

Marx, no século XIX, já explicitava que, no capitalismo, tudo é mercadoria, "no modo de produção capitalista, o trabalhador perde seu estatuto de humanidade tornando-se coisa, um produto comprado e vendido no mercado". É "a vida mesma", diz Marx, resumida à mera luta pela sobrevivência, que perde toda a sua dignidade, e "aparece só como meio de vida". O tráfico de seres humanos[6] é o auge da mercantilização. É considerado o pior e o mais degradante crime contra os direitos inalienáveis da pessoa humana.

O tráfico de pessoas tem, entre suas causas, fatores econômicos e sociais, como o desemprego, a miséria, a falta de condições de vida digna, a busca por ascensão social e melhores oportunidades de trabalho, e também fatores culturais, que transformam as pessoas, em especial mulheres, crianças e adolescentes, em vítimas de diferentes tipos de exploração, afirma Maria Victoria Benevides.

---

[6] O protocolo de Palermo afirma que:

"A expressão 'tráfico de pessoas' significa o recrutamento, o transporte, a transferência, o alojamento ou o acolhimento de pessoas, recorrendo à ameaça ou ao uso da força ou a outras formas de coação, ao rapto, à fraude, ao engano, ao abuso de autoridade ou à situação de vulnerabilidade ou à entrega ou aceitação de pagamentos ou benefícios para obter o consentimento de uma pessoa que tem autoridade sobre outra para fins de exploração. A exploração incluirá, no mínimo, a exploração da prostituição de outrem ou outras formas de exploração sexual, o trabalho ou serviços forçados, escravatura ou práticas similares a escravatura, a servidão ou a remoção de órgãos". (Protocolo de Palermo 2000 – ratificado pelo governo brasileiro em 2004).

A consciência de ser um sujeito do gênero feminino deve nos possibilitar a construção de nossa história: romper com a vida entrelaçada pelo confinamento e pela violência que nos levam a uma condição análoga à de escravidão. Não podemos suportar a violência a que são submetidas tantas vítimas do tráfico.

Temos de optar pelos direitos novos, contra qualquer situação de controle do corpo feminino. A memória desse trágico acontecimento do tráfico de pessoas deve converter-ser em denúncia de um sistema que se cala e que é conivente, de certa maneira, com a redução do ser humano a uma situação deplorável do submundo da miséria humana, cujo lugar é nos porões da humanidade.

Ao trilhar e registrar as pegadas do tráfico de pessoas, abrem-se experiências vividas, narradas, que, no bojo da história, constroem o vivido, o oprimido, no qual o feminino sangra através do corpo de mulheres e crianças submetidas a uma experiência demarcadamente marginal, espoliadas dos direitos humanos que cada pessoa deve ter garantidos. Muitas vezes o feminino se mantém em silêncio ou silenciado, como explicita Michelle Perrot. O tráfico de seres humanos deve sair do ocultamento. Devemos trazer à tona suas experiências que são traçadas na urdidura da memória de tantas mulheres que, ao longo da vida, é tecida por um lugar estabelecido, por uma cultura que foi construída e representada nas relações e papéis que formam as identidades de gênero, tanto no passado quanto nos dias atuais.

Segundo Irmã Antonieta Semprini de Abreu, coordenadora da Rede Internacional das religiosas do Sagrado Coração de Maria, representante da Rede Nacional das Religiosas *Um Grito pela Vida* junto ao Comitê Interinstitucional de Prevenção e Enfrentamento ao Tráfico de Pessoas/SP e membro da Plataforma contra o tráfico de Pessoas/SP, no último Congresso Internacional da Vida Religiosa que aconteceu em Roma, de 15 a 18 de junho de 2009, na alocução de abertura, dom Antônio Maria Vegliò fez observações importantes, dizendo que o Pontifício Conselho da Pastoral para os Migrantes e Itinerantes – do qual é presidente – partilha as preocupações, conhece as necessidades e está fazendo todo o possível para sustentar o trabalho da Igreja no combate a esse sério problema humanitário. Citou, na ocasião, a palavras do então papa Bento XVI em sua mensagem no 93º dia Mundial dos Migrantes e Refugiados/2007:

> Não são poucas aquelas mulheres que terminam vítimas do tráfico de seres humanos e da prostituição. Nas reconstituições familiares, os assistentes sociais, em particular as religiosas, podem oferecer um serviço de mediação estimável e merecedor de sempre mais valorização (Bento XVI, in: Vegliò, 2009).

Segundo ainda dom Vegliò, o tráfico de pessoas tem sido escondido por muito tempo debaixo de estruturas de poder e de controle, que cobrem a vergonha e a hipocrisia de alguns membros da sociedade. E explica-se: o tráfico de seres humanos se serve principalmente do transporte de mulheres e crianças para fins sexuais e econômicos, egoísticos e desleais, por meio da manipulação, da força e da violência. Não é nunca uma verdadeira "escolha" e normalmente esse tipo de vida termina com um trauma psicológico. A maior parte dos países atingidos pelo tráfico não o reconhece porque esse crime alimenta a indústria local do sexo e vice-versa.

Reitera o religioso que os programas específicos de formação para agentes de pastoral são necessários para desenvolver competências e estratégias, a fim de combater a prostituição e o tráfico de seres humanos. Tais programas são realizações importantes porque envolvem e comprometem sacerdotes, religiosos, religiosas e leigos, na prevenção dos fenômenos considerados, e, acima de tudo, a reintegração social das vítimas. Diante de situação tão premente, tanto no âmbito nacional, como no plano internacional, urge, portanto, buscar estratégias para enfrentar as causas e os fatores interligados à violência contra seres humanos, visando a promoção da dignidade humana.

Podemos colocar a pergunta. É possível educar em direitos humanos?

Hannah Arendt nos lembra que a educação está entre as atividades mais elementares e necessárias da sociedade humana, que jamais permanece tal qual é, porém se renova continuamente através do nascimento, da vinda de novos seres humanos. Esses recém-chegados, além disso, não se acham acabados, mas em um estado de vir a ser (ARENDT,1992, p. 234).

A autora também nos lembra que o objeto da educação é a criança. Entender a importância da educação em relação a sua apreensão do mundo é fundamental para o desenvolvimento social e cultural, no qual o processo de aprendizagem acontece. Para compreender essa relação torna-se fundamental saber o mundo vivido dessa criança para que a mesma desenvolva suas potencialidades, quando focamos nosso olhar no sentido próprio do termo educação em Direitos Humanos. Como citou Maria Victoria Benevides em sua palestra de abertura de Educação em Direitos Humanos, São Paulo, 18 fev. 2000. O grande educador José Mário Pires Azanha enfatiza, com rigor de sempre, que de nada adiantará levar programas de direitos humanos para a escola, se a própria escola não é democrática em sua relação de respeito com os alunos, com os pais, com os professores, com os funcionários e com a comunidade que a cerca. É nesse sentido que um programa de direitos humanos introduzido na escola serve, também, para questionar e enfrentar suas próprias contradições e os conflitos em seu cotidiano.

A relação com a criança exige o acompanhamento de um adulto que, por sua vez, é responsável por elas. É nessa responsabilidade no processo educativo de crianças em situações de risco que essa pesquisa se concentra, tomando como referência a educação para os direitos humanos da Organização das Nações Unidas (ONU). É a questão do tráfico em seres humanos.

Em 1945, no preâmbulo de seu ato constitutivo, a Unesco, órgão das Nações Unidas que visa promover a paz através da educação, da ciência e da cultura, já afirmava que "as guerras nascem na mente dos homens, logo, é na mente dos homens que devem ser erguidos os baluartes da paz".

Se é no espírito humano que iniciam as guerras, a educação e a formação para a paz, no enfrentamento ao tráfico humano, podem dar uma contribuição fundamental na construção de uma nova consciência que possibilite pôr termo a qualquer espécie de violência. No entanto é preciso pensar na formação e aprendizagem de crianças e adolescentes em situação de risco e de que forma esse processo de aprendizagem ocorre.

5.1. Modo de conclusão

O problema do tráfico de pessoas, do trabalho escravo, e de venda de órgãos não é apenas sociológico, é também político, cultural e eclesiológico. Experiências que desafiam os direitos humanos.

Daí a importância desse tema ser inserido nos programas formativos das Universidades, na Catequese, na Pastoral Familiar, na Formação de Pastores/as, Padres, Religiosos/as, nas Pastorais Sociais, nas Escolas, nas Obras e Projetos Sociais, nos Movimentos Eclesiais, enfim, onde trabalhamos e atuamos como profissionais leigos ou missionários, nas igrejas, em todos os organismos governamentais e não governamentais, pois transcendem, e muito, nossos limites.

Os gritos das vítimas, seus sofrimentos e suas humilhações precisam ser escutados por nós, pois o que está em jogo é o ser humano cruelmente desrespeitado em sua dignidade.

Precisamos compreender os desafios atuais do tráfico de seres humanos, a construção das escolhas empreendidas pelos diversos segmentos da sociedade, entre eles, os representantes de seus segmentos organizados e o Poder Público, representado por seus agentes políticos, nos processos de discussão e deliberação relativas a questões ligadas ao tráfico humano, à venda de órgãos, à prostituição, ao trabalho escravo. Quais são os mecanismos e as práticas sociais de combate ao mercado de venda de pessoas com que podemos contar?

É urgente e imprescindível analisar a função pedagógica e educativa dos parlamentos na construção do entendimento de questões políticas e sociais de interesse coletivo, identificando o potencial dessa instância de representação como espaço de educação para a democracia e de promoção do resgate humano, e o comprometimento de ONGs nesse processo de transformação e de emancipação do ser humano.

O tráfico de seres humanos para a exploração sexual, para o trabalho escravo e para outras formas de exploração tem sido um desafio não apenas para autoridades constituídas, mas para toda a sociedade. Dados colhidos no estado do Ceará mostram que, em 2008, as acusações junto ao Escritório Estadual de Prevenção ao Tráfico de Seres Humanos e Assistência à Vítima foram em número de 362. No ano de 2009, foram 340 registros, dando um salto, em 2010, para 398 denúncias. Segundo a coordenadora do escritório, Eline Marques, apesar do aumento em 2010, pouco se tem feito, naquele estado, para coibir o tráfico.

Todavia, aos poucos, vêm sendo implantados no Brasil e, particularmente, em São Paulo, Comitês Municipais, formados por instituições governamentais e não governamentais, tendo como objetivo a prevenção e o enfrentamento ao tráfico de pessoas. Multiplicam-se os seminários nacionais e internacionais, cursos e oficinas, eventos, campanhas socioeducativas, dentre muitas outras ações. No plano internacional, as nações membros da ONU comprometeram-se a erradicar essa nova forma de escravidão, atuando na repressão e sua criminalização, no atendimento a suas vítimas, na prevenção e na sensibilização da sociedade para a gravidade desse problema.

O enfrentamento ao tráfico de pessoas e ao trabalho escravo é questão de direitos humanos de cidadania.

Muitas vezes, em nossas igrejas, dentre as práticas cotidianas que vão tecendo os fios da complexa rede de relações e representações que compõem a identidade de gênero de homens e mulheres, significando e também controlando suas visões de mundo e suas relações sociais e afetivas, a experiência religiosa exerce um papel fundamental na construção de uma cultura geradora de vida em plenitude, na qual as pessoas vão tomando consciência de que elas são chamadas a viver sua vida com dignidade e liberdade, dom maior do ser humano.

Enxergamos que, para que haja a erradicação do tráfico de seres humanos e, por extensão, qualquer tipo de violência, faz-se necessária a utilização de todos os mecanismos legais possíveis. Assim, buscando ter uma visão proativa ou preventiva. É preciso que o ser humano se olhe e perceba que a violência tem origem no íntimo dele próprio e se dissemina pela coletividade.

Também, o estudo da ética, dos direitos humanos, como ciência do agir humano, auxiliará nessa compreensão do ser humano como ser individual e social. O próprio ethos, entendido como morada do ser, possibilita o questionamento acerca desse mesmo ser: será que, de fato, o ser habita esta morada ou recesso interior? O habitar-se, conhecer-se e reconhecer-se, seria a exigência para valorizar, conhecer e reconhecer o outro, o diferente. Se há uma guerra interna, que não possibilita a harmonia em seu habitat, a tendência, segundo as ciências do inconsciente, é, justamente, esta guerra se externar e se disseminar para a coletividade.

REFERÊNCIAS

ARENDT, Hannah. *Rahel Varnhagen*. A história de uma Judia. Rio de janeiro: Relume Dumará. 1994.

BENEVIDES, Maria Victoria. *Educação em Direitos Humanos:* de que se trata? In: SEMINÁRIO DE EDUCAÇÃO EM DIREITOS HUMANOS. Palestra de abertura. São Paulo, 18 fev. 2000.

BRASIL. Ministério da Justiça. Política Nacional de Enfrentamento ao Tráfico de Pessoas. Brasília: Secretaria Nacional de Justiça, 2008.

ARTIGO 3º do Protocolo Adicional à Convenção das Nações Unidas contra o crime organizado transnacional relativo à prevenção, repressão e punição do tráfico de pessoas, em especial mulheres e crianças (Protocolo de Palermo: Disponível em: <http://www.unb.br/noticias/unbagencia/unbagencia.php?id=4923>. Acesso em 17 de junho de 2011.

AUGÉ, Marc. Não Lugares. *Introdução a uma Antropologia da Supermodernidade.* Editora Papirus MARC AUGÉ, 1994.

LEAL, Maria Lúcia; LEAL, Maria de Fátima (Orgs.). *Pesquisa sobre Tráfico de Mulheres, Crianças e Adolescentes para fins de Exploração Sexual Comercial – PESTRAF:* Relatório Nacional. Brasília: CECRIA, 2002.

_____. Enfrentamento do tráfico de pessoas: uma questão possível? In: BRASIL. Secretaria Nacional de Justiça. *Política nacional de enfrentamento ao tráfico de pessoas.* 2 ed. Brasília: SNJ, 2008, p. 27-33.

Organização Internacional do Trabalho (OIT). *Uma aliança global contra o trabalho forçado* – Relatório Global do Seguimento da Declaração da OIT sobre os Princípios e Direitos Fundamentais no Trabalho. Brasília: OIT, 2005.

FRONTEIRAS ABERTAS PARA O TRÁFICO DE PESSOAS

Mauri König[1]

---
[1] Mauri König é graduado em Letras e Jornalismo, pós-graduado em Jornalismo Literário. Recebeu em 2012 o International Press Freedom Awards, seu 25º prêmio em 22 anos de carreira, somando-se a dois prêmios Esso, quatro Vladimir Herzog, dois Embratel, dois Lorenzo Natali Prize e uma condecoração da Sociedade Interamericana de Imprensa. Publicou em 2008 o livro "Narrativas de um correspondente de rua", finalista do Prêmio Jabuti.

Na concepção alegórica judaico-cristã, a sexualidade nasce à revelia divina com Adão e Eva. Dessa ação proibitiva, punitiva até, dá-se origem a mais forte vertente no construto histórico e sociocultural da sexualidade humana, moldando uma sociedade que desde então nunca soube lidar muito bem com este aspecto de sua personalidade. Os valores que se vão estabelecendo no curso da História forjam a distinção de gêneros, estabelecem os imperiosos estereótipos de masculino e feminino, moldam a linguagem das emoções, impõem regras de decência verbal e definem normas para as representações do corpo.

A sexualidade, e tudo o mais que dela advém, impregnou-se dos preceitos que passaram a orientar o mundo ocidental. Preceitos esses repletos de culpa e pecado. Mas esse intento não acabou com as taras e as perversões humanas. A humanidade parece ter vivido sempre entre a licenciosidade e a repressão. Os romanos, por exemplo, viviam em uma fantástica e caótica profusão de práticas sexuais. "Rotulá-los como perversos é uma atenuação, pois eles escarneciam de qualquer noção de convenção moral ou sexual e se desviavam de toda norma que houvesse sido inventada até então."[2]

O oposto dessa liberalidade está mais próximo de nós na linha do tempo. Até o século XVII ainda havia uma relativa liberdade, o que viria a mudar na era vitoriana. "A sexualidade é, então, cuidadosamente encerrada", observa Foucalt.[3] Fica restrita ao casal, trancado em casa, limitada à função de procriar. Às crianças, só há pouco descobertas como gente, impunha-se a lei do silêncio. Uma vez que elas não têm sexo, dele não poderiam falar. Vigora o regime de repressão aos temas relacionados. "Não há nada para dizer, nem para ver, nem para saber", conclui Foucault.

Era o despertar do capitalismo. "Na época em que se explora sistematicamente a força de trabalho, poder-se-ia tolerar que ela fosse dissipar-se nos prazeres, salvo naqueles, reduzidos ao mínimo, que

---

[2] NICKIE, Roberts. As Prostitutas na História, p. 54.
[3] FOUCAULT, Michel. *A história da sexualidade* – a vontade de saber, p. 9.

lhe permitem reproduzir-se?", conclui Foucault. Além de uma moral pudicícia, as forças deveriam ser poupadas para o trabalho. Criam-se então meios sutis para sugerir que o sexo fora convidado a se manifestar. A Contrarreforma acelera o ritmo da confissão anual nos países católicos, impondo regras de exames de si mesmo. "Atribui cada vez mais importância na penitência (...) a todas as insinuações da carne: pensamentos, desejos, imaginações voluptuosas, deleites, movimentos simultâneos da alma e do corpo, tudo isso deve entrar, agora, e em detalhe, no jogo da confissão e da direção espiritual."[4]

Havia nessa postura uma clara tendência de fazer da carne a origem de todos os pecados. O ato sexual se bastaria para reprodução, como sempre fora e sempre deveria ser. É em torno dessas regras e definições que gravita a história da sexualidade. A Igreja definia, uma vez mais, as diferenças entre o tipo "certo" e o tipo "errado" de sexo. Por trás dessas definições normativas estão ocultas relações de poder, que em peso e circunstâncias diversas, em diferentes modelos de sociedade, também se reproduzem no controle social dos homens sobre as mulheres, dos pais sobre os filhos, do Estado sobre os indivíduos.

Essa é a face do comportamento multifuncional da sexualidade, que pressupõe alguma espécie de socialização, de aprendizagem social, de etiqueta, ou coisa que o valha. Esse multifuncionalismo pode servir até mesmo para fins não sexuais. Nesses casos, algumas reações sexuais elementares, como a ereção ou a exibição do pênis, podem significar relações de poder ou de agressão, por exemplo. Talvez tenha sido essa, em partes e involuntariamente – a suposição é relativa –, a intenção por trás dos ensinamentos do delfim Luís XIII. Ele não tinha ainda 1 ano quando pela primeira vez manda que todos na corte lhe beijem o pênis.

Suas primeiras ereções e jogos sexuais pareciam divertir a todos, inclusive ao rei e à rainha, como revela o diário de Heroard, médico de Henrique IV que anotava o cotidiano do príncipe.[5] A exibição do pênis

---

[4] FOUCALT, Michel, p. 23.
[5] HEROARD, Jean. Journal sur l'enfance et la jeunesse de Louis XIII. In: ARIÈS, Philippe. *História Social da Criança e da Família*, p. 126.

tornou-se para ele a mais divertida brincadeira. "Ele e Madame (sua irmã) foram despidos e colocados na cama junto com o Rei, onde se beijaram, gorjearam e deram muito prazer ao Rei", narra Heroard. Esse comportamento é para Philippe Ariès a antítese da moral contemporânea, na qual uma das mais imperiosas e respeitadas das leis não escritas "exige que diante das crianças os adultos se abstenham de qualquer alusão, sobretudo jocosas, a assuntos sexuais".[6]

O tabu em torno de assuntos relacionados ao sexo ainda tem força na sociedade de hoje, a despeito das mudanças ocorridas na esteira da revolução sexual na segunda metade do século XX. Mas é inegável que uma série de tendências passou a influenciar as atitudes e os comportamentos sexuais. Uma delas, de importância sumamente capital, é que os jovens estão começando a vida sexual mais cedo do que as gerações passadas. As relações íntimas antes do casamento passaram a ser moralmente aceitas e há uma crescente preocupação com a qualidade de vida sexual, tornando-se esta o eixo central da estabilidade conjugal.

Porém, é só uma ponta das transformações que convergiram para uma personalização da sexualidade, a apropriação por quem de direito. O indivíduo tornar-se-ia dono de suas próprias ações e pensamentos, sujeito mais ao autocontrole moral interno do que ao controle social externo. Mas a questão não é tão simples. Depende de toda uma carga de variáveis genéricas, familiares, étnicas, culturais, interpessoais. Essa liberdade sexual, no entanto, tem seu preço: o aumento da taxa de gravidez precoce e aborto, abusos e exploração sexual, epidemias de doenças sexualmente transmissíveis, para citar algumas implicações negativas.

A revolução sexual assegurou à mulher o direito à igualdade e, de certo modo, pôs fim a sua condição de inferioridade em relação ao homem. A relativização do mito da virgindade criou novos hábitos e o livre exercício da sexualidade tornou-se uma prerrogativa de homens e mulheres. Foi-se o tempo em que virgindade era símbolo da honestidade feminina. Não faz tempo, a legislação

---

[6] ARIÈS, Philippe. *História Social da Criança e da Família*, p. 125.

brasileira permitia ao marido anular o casamento caso descobrisse que a mulher não era virgem. Foram incontáveis os casos até a década de 1950, caindo aos poucos em desuso. Virou letra morta. Mas foi só com o novo Código Civil, de 2003, que essa humilhação saiu também do papel.

Durante esse largo período da história as mulheres foram severamente penalizadas com o ônus da virgindade, mito usado por sociedades e religiões para subjugar o desejo feminino. Na sociedade moderna, o hímen tem perdido cada vez mais seu sentido prático e simbólico. Tirou-se o manto do obscurantismo sexual que recaía sobre as mulheres desde cedo. Agora, sexo é praticado fora e antes do casamento. Não foi sempre assim. Muito antes de Cristo, o mito da virgindade como estado ideal para uma união cultual com Deus já corria o mundo semítico – e mesmo fora dele. Não só o adultério, o incesto e o onanismo eram considerados transgressões morais passíveis de morte, como também eram proibidas a prostituição, a pederastia, a sodomia e a sedução de virgens.

Em culturas e religiões diversas, a virgindade já teve papel central na construção da moral coletiva. Na Índia, a castidade era considerada como um meio de união com as forças cósmicas. Com alguma variação, na Antiguidade greco-romana supunha-se que a abstenção dos prazeres carnais desse força e fecundidade, proporcionando uma união mística com Deus. Mas é a interpretação feita pelo Cristianismo que nos interessa agora, ele que influenciou a moral e os costumes do Ocidente. Os virgens, inclusive homens, passaram a ser considerados os perfeitos discípulos de Cristo ainda nos primórdios da Igreja.

Processo inverso às recentes conquistas laicas das mulheres aconteceu com integrantes da Igreja. Até o terceiro século depois de Cristo não havia proibição de casamento ou ato conjugal às pessoas revestidas de ofícios eclesiásticos, o que viria acontecer somente entre os séculos 4 e 11. No final deste último, o matrimônio dos sacerdotes é considerado inválido. São Tomás de Aquino entendia a virgindade como a decisão de renunciar para sempre a atividade sexual. Os elogios à virgindade no seio da Igreja seguiram ainda todo o curso da Idade Média. A encíclica *Sacra Virginitas*, feita por Pio XII em 1954, foi a última grande manifestação da Igreja sobre a doutrina católica da virgindade.

Mas é na vertente diária do capitalismo, que em última análise transforma tudo em mercadoria, induz à produção para acumulação e faz de tudo um produto à venda, que busco o referencial histórico para desvelar as intenções destes escritos. Tomo esse recorte do pensamento crítico ao capitalismo porque me parece apropriado empregá-lo em uma livre associação à exploração sexual de crianças e adolescentes, objeto deste capítulo.

A matéria não é nova. O ato sexual com infantes ou pessoas do mesmo sexo faz parte da existência humana desde sempre, em variadas culturas, seja na forma de iniciação sexual, de magia, de crença ou da formação intelectual. No Egito antigo, faraós submetiam infantes a caprichos sexuais. Entre os gregos da Antiguidade, o chefe da família costumava iniciar os jovens na vida sexual, ocorrendo o mesmo na antiga sociedade romana, até a revisão das leis por Constantino, em 337 d.C. No caso grego, os efebos podiam também ser enviados a um preceptor, e ali atender às vontades do mestre. Era o padrão da época, uma forma de ascensão social e intelectual, motivo de orgulho para o jovem escolhido e de inveja para os demais.

A forte cristianização da Europa na Idade Média dá início ao combate à sodomia e, por consequência, ao sexo com crianças. Mas a prática recolheu-se à subjugação clandestina dos mais frágeis pelo poder físico ou econômico. A coerção se dava de diferentes maneiras, como revela o caso de Luís XV, que mantinha uma casa para onde a cafetina real Mère Bompart levava as beldades recrutadas por toda, França a partir dos 9 anos de idade. Coagidos pelo poder emanado da corte, os pais, fossem nobres ou comuns, não relutavam em entregar suas filhas ao harém real.

Os casos da Antiguidade grega, da monarquia francesa e do capitalismo da era vitoriana revelam três formas diferentes de exploração sexual de crianças e adolescentes, cada qual a seu modo, influenciada pelos padrões de seu tempo. Não são formas nem melhores nem piores entre si. Apenas diferentes. Entre os gregos, a sutil indução através da sublimação do saber; na França pós-medieval, a coerção pelo poder monárquico; e no capitalismo, a expropriação do corpo, transformado em uma fonte de produção para a subsistência em meio às condições de miséria.

Esses casos revelam ainda uma prática mutável na exata medida em que mudam as estruturas da própria história através dos tempos. Vê-se aí a pressão exercida sobre a família, uma instituição tão antiga quanto a própria história, interligada a seus rumos e desvios. Assim foram sendo esculpidos os diferentes modelos de família, cujo perfil foi se adequando aos padrões de cada época, com suas implicações sociais, econômicas, artísticas, religiosas ou políticas. Neste capítulo, centralizo o foco no capitalismo por ser uma força vigente ainda hoje. O capitalismo impõe preço a valores a priori inegociáveis. Para ele, em última análise, a criança é um custo, não produz, e de alguma forma tem de justificar sua existência, seja como consumidor, seja como mão de obra.

Era das classes operárias que saía a maioria das prostitutas na era industrial do século XVI. Muitas garotas preferiam vender o corpo a enfrentar uma exaustiva rotina de 16 horas de trabalho por dia como costureiras. As famílias não exerciam papel de proteção. Com uma economia precária, cada um de seus membros tinha de contribuir para a sobrevivência de todos, mesmo que para as meninas isso significasse pagar o alto preço da prostituição. Outras entravam nessa vida após a perda de um dos pais ou de ambos, ou usavam a prostituição como fuga da violência doméstica, do abuso sexual, do alcoolismo dos pais ou outros tipos de opressão.

Não só crianças pobres são submetidas à exploração sexual, nem o fenômeno se limita a países em desenvolvimento, como bem revelou a corte francesa do século XVIII. As condições de miséria e pobreza são as maiores causas, mas insuficientes para explicar por si só esse flagelo. Seria mesmo assim? A necessidade de responder a essa dúvida lançou-me a uma aventura no conhecimento prático. Foi atrás de respostas que percorri 28 mil quilômetros ao longo das fronteiras brasileiras.

CAPÍTULO 6

Há muito, alimentava a ideia de relacionar essas implicações do construto histórico sociocultural à exploração sexual infanto-juvenil. Também queria entender como essa prática se processava nas regiões em que se misturam as diferentes culturas trazidas pela gente do além-mar. Minha vontade de elaborar um mapa que revelasse as redes e as rotas da exploração sexual de crianças e adolescentes nas fronteiras dos países da América do Sul começou a se desenhar em outubro de 2004, ganhando formas finais em novembro de 2005.

O trabalho teve início com o 2º Concurso Tim Lopes para Projetos de Investigação Jornalística, promovido pela Andi – Comunicação e Direitos e pelo Instituto WCF-Brasil, com apoio do Unicef, da Organização Internacional do Trabalho, da Federação Nacional dos Jornalistas e da Associação Brasileira de Jornalismo Investigativo. A primeira parte do trabalho estendeu-se pela fronteira Sul, de Chuí (RS) a Corumbá (MS). Percorri com o fotógrafo Albari Rosa 9.200 quilômetros de carro, de 29 de setembro a 30 de outubro de 2004. A série de reportagens foi publicada em novembro na Gazeta do Povo. Para a segunda parte, viajamos mais 13 mil quilômetros por terra, 4 mil por rios e 2 mil por via aérea. O resultado foi publicado em outubro de 2005.

Essas viagens nos permitiram esboçar um mapa da dinâmica do tráfico de pessoas nas fronteiras e decifrar um pouco da ocupação espacial brasileira. À medida que o país avança para o interior, a densidade demográfica cai a níveis mínimos ou a zero em metade dos 15,6 mil quilômetros de fronteira. Na região Norte, o isolamento imposto pela floresta Amazônica forjou uma população rarefeita e pobre, onde cidades inteiras são movidas a contrabando, umas invadindo aldeias indígenas, outras vivendo à custa dos países vizinhos ou entregues à mercê dos cartéis do narcotráfico. Estão, no dizer dos nativos, com um pé lá e outro cá.

Mergulhada no isolamento nos confins da Amazônia, entre a miséria e a solidão, essa gente sofrida leva a vida de arrasto em meio à selva e ao esquecimento, fruto de um antigo sonho de ocupação dos extremos territoriais amazônicos. Os que a antecederam chegaram na esteira de promessas renovadas ao longo de muitos governos desde a demarcação definitiva das fronteiras do Norte, no início do século passado pelo Barão do Rio Branco. Para alguns poucos essas promessas vingaram, não para a maioria. Em contrapartida, as cidades ao longo dos 7 mil quilômetros da fronteira que vai de Chuí a Corumbá são bastante povoadas e parte dessas pessoas circula diariamente entre um país e outro sem qualquer controle policial. Foi por esse ambiente de contrastes entre Sul e Norte que circulamos durante três meses para documentar o tráfico de crianças e adolescentes para fins de exploração sexual comercial. Ao todo, visitamos 64 pontos de prostituição e exploração sexual e conversamos com 72 fontes oficiais de informação, além das vítimas e as pessoas envolvidas no negócio.

Encontramos uma sequência de histórias de adolescentes brasileiras induzidas à exploração sexual em Buenos Aires por redes bem-montadas, e casos de jovens levadas pela miséria às ruas e boates de Puerto Suarez e Guayaramerín (Bolívia), de Santa Helena de Uairen (Venezuela), de Pedro Juan Caballero (Paraguai) ou a um punhado de pequenas cidades paraguaias nos costados do Brasil. As fronteiras permeáveis à migração ilegal favorecem ainda a servidão sexual de jovens argentinas em São Borja e Uruguaiana, ou de uruguaias em Chuí e Santa Vitória do Palmar, todas elas no Rio Grande do Sul. Muitas dessas situações ocorrem sob a conivência policial, ou ainda por causa da vigilância frouxa sobre esse tipo de crime, uma vez que a prioridade é o combate ao contrabando e ao tráfico de armas e drogas.

Os relatos não são de todo desconhecidos das autoridades. O relatório da CPI Mista da Exploração Sexual, cuja versão final foi divulgada pela Câmara Federal em outubro de 2005, dedica um capítulo às fronteiras. Lista 12 acordos internacionais que preveem a proteção à infância, cujos preceitos não estariam sendo observados. E recomenda que, para cumprir esses tratados, o Congresso aprove a transferência dos crimes contra direitos humanos – incluindo a exploração sexual de crianças e adolescentes – da alçada estadual para a federal.

CAPÍTULO 6

Quantas são as cidades que abrigam exploradores não se sabe. Estudo de 2004 do governo federal detectou exploração sexual infanto-juvenil em 937 municípios brasileiros. A maior parte dos casos está no Nordeste (32%), seguida pelo Sudeste (26%), pela região Sul (17%), Centro-Oeste (13%) e Norte (12%). A pouca participação porcentual da região Norte se deve ao isolamento imposto pela floresta amazônica, mas isso não significa que os casos não estejam entre os mais graves. É justamente desse vazio urbano que tiram proveito não só as redes de exploração sexual, mas também os cartéis do narcotráfico.

6.1. O PREÇO DA INOCÊNCIA

Todos nós temos nosso conjunto próprio de valores inegociáveis, aqueles aos quais não estabelecemos qualquer tipo de preço por não estarmos dispostos a comercializá-los. Os valores atribuídos a determinados objetos ou serviços são diferentes dos valores associados a diversos aspectos de nossa vida, aquilo que para os primeiros estoicos deveria ser objeto de preferência ou de escolha moral. "Qualquer contribuição para uma vida segundo a razão", no dizer de Diógenes. O preço, ao contrário, uma vez estabelecido propõe uma relação de troca, torna qualquer coisa negociável.

Nas ocasiões em que valor e preço se cruzam, criando assim as relações comerciais, o primeiro é sempre maior do que o segundo, nunca o inverso. Para um casal, o valor sentimental de uma aliança de noivado, por exemplo, é muito diferente daquele atribuído por quem a vê como um objeto vendável apenas. Por razões semelhantes um jovem se dispõe a pagar um alto preço por um tênis por enxergar nele um valor intrínseco, que vai inseri-lo no grupo dos que possuem esse tênis e colocá-lo em um nível à frente dos que não o têm.

Esse é um dos jogos sutis do capitalismo, que põe preço em tudo, mesmo em valores a priori inegociáveis, como a infância. A exploração sexual de crianças e adolescentes virgens é um dos aspectos mais notórios do comércio sexual desde a era vitoriana.

"Não há como negar que estas crianças sofriam um enorme abuso, mas mais uma vez deve ser apontado que as crianças da classe trabalhadora eram exploradas em todos os sentidos: esta era uma época em que as crianças eram enviadas para trabalhar, tanto na cidade quanto no campo, sob as condições mais terríveis."[7]

No período da era industrial, em meados do século XIX, crianças a partir dos 8 anos de idade trabalhavam no comércio têxtil, muitas delas morrendo antes de chegar aos 14. O atestado de óbito trazia apenas a causa da morte, geralmente por "esgotamento", seguida do nome e da idade. Assim era a luta cotidiana pela sobrevivência, sem muita diferença dos dias atuais nos países pobres ou em desenvolvimento. Hoje, elas estão nas ruas, nas carvoarias, nos sisais, nas pedreiras, na prostituição. Esses crimes não são recentes, mas tardaram a ganhar notoriedade pelo fato de a própria infância ter sido ignorada ao longo de séculos.

Estudo iconográfico de Philippe Ariès revela que a descoberta da infância só acontece no século XIII, e a evolução pode ser acompanhada na história da arte nos séculos seguintes. Gravuras de crianças sozinhas eram comuns no século XVII, época em que o retrato de família passou a se organizar em torno da criança, tornando-se ela o centro da composição. Antes, a infância era considerada apenas uma fase sem importância, que não fazia sentido fixar na lembrança, e "quando morta não se considerava que essa coisinha desaparecida tão cedo fosse digna de lembrança". As pessoas não podiam se apegar muito a algo considerado uma perda eventual.

Nessa época, faziam-se muitas crianças para preservar apenas algumas poucas. Foi só no século XVIII, com o surgimento do malthusianismo e a extensão das práticas contraceptivas, que a ideia de desperdício desnecessário desapareceu. Ariès suscita uma desconfiança: "Será que simplesmente as crianças mortas muito cedo eram enterradas em qualquer lugar, como hoje se enterra um animal doméstico, um gato ou um cachorro? A criança era tão insignificante,

---

[7] NICKIE, Roberts. *As Prostitutas na História*, p. 237.

tão mal entrada na vida, que não se temia que após a morte ela voltasse para importunar os vivos". A cristianização dos costumes ajudou a aumentar a importância dada à personalidade da criança. Ela passou a ter valor, além do prelo que sempre lhe imputaram.

Mas qual é o preço da infância? Ao longo das fronteiras brasileiras, ela se tornou objeto de escambo. No mercado do sexo proibido, um programa sexual com uma criança pode custar um par de sapatos em São Borja (RS), um quilo de farinha em Ponta Porã (MS), um pirulito em Foz do Iguaçu (PR), um pastel em Ciudad del Este (Paraguai), um prato de comida em Corumbá (MS), alguns trocados em Tabatinga (AM) e Oiapoque (AP). São valores estabelecidos não sob a lei econômica da oferta e da procura, mas no território da exploração sexual. Ao longo de 16 mil quilômetros da fronteira com Uruguai, Argentina, Paraguai, Bolívia, Colômbia, Peru, Venezuela e Guiana Francesa a falta de repressão policial e controle migratório tornou esse um negócio rentável que ignora a idade, o sexo e a nacionalidade das vítimas.

A história da brasileira Aline e da paraguaia Serena expõe os contrastes da exploração sexual em cidades muito próximas. Aline, 16 anos, e Serena, 12, viviam em países diferentes, a dez quilômetros uma da outra, mas foram igualmente vítimas da violência sexual. A brasileira teve sua virgindade leiloada por 500 dólares em uma boate de Foz do Iguaçu. Serena vinha sendo explorada sexualmente nas ruas de Ciudad del Este. Como pagamento, recebia abrigo em um barraco e pastéis para se alimentar. Aline tomou rumo ignorado após o fechamento da boate, Serena foi resgatada das ruas e levada para um abrigo.

Aline era explorada em uma boate, fechada em junho de 2004 graças à persistência do Conselho Tutelar, que passou 6 meses juntando provas contra a proprietária Carol Arveni de Vargas. Conseguiu documentos sobre a boate e o envolvimento de taxistas, que faziam a divulgação da casa e transportavam clientes e as garotas de programa. Na noite do flagrante, três adolescentes de 16 anos e uma de 17 estavam no local. Carol respondeu na prisão pelos crimes de favorecimento à prostituição e exploração sexual.

Apenas convidados e velhos conhecidos cruzavam os portões do casarão no bairro Beverly Falls Park, onde ela recebia seus clientes. Um homem que acompanhou o leilão de Aline descreveu a cena. Era tudo muito discreto. A menina foi apresentada aos clientes, um por um. Naquela noite tinha muita gente importante. Enquanto a música tocava, eles faziam sinais para a mulher que comandava o leilão. "No final, a menina ficou com o cara que pagou mais... uns 500 dólares", relatou o homem.

Carol desempenhava nos dias atuais o papel de Mrs. Elisabeth Wisebourn no século XVIII com seu animado comércio de virgens. Ela tinha a fama de ser muito religiosa e, agarrada à Bíblia, todas as manhãs percorria estalagens e tavernas para pegar as garotas recém-chegadas do campo, corria as prisões de Londres e subornava os carcereiros para soltar as mais belas, examinava as crianças à venda do lado de fora da igreja de St Martin in the Fields. As compradas por ela eram lavadas, maquiladas, bem vestidas e alugadas a altíssimos preços.

No livro *As prostitutas na história*, Nickie Roberts conta que a moralidade burguesa, com a insistência em que suas mulheres fossem sexualmente "puras", canalizaram a fantasia masculina para a defloração. Associado ao medo de doença venérea, isso tornava a "prostituta virgem" o produto mais procurado do mercado do sexo. A demanda era tal que, no final da década de 1880, o preço de uma virgem em um importante bordel de Londres podia variar em torno de cinco e vinte e cinco libras, quantia alta para os padrões da época.

Com tal valorização, somada à vulnerabilidade das crianças, era inevitável que elas fossem vendidas a cafetões ou a bordéis por seus pais, ou atraídas, seduzidas e coagidas pelos proxenetas para serem estupradas por homens ricos. A demanda era tanta que nunca haveria o bastante delas, não importasse quantas meninas pobres estivessem disponíveis. O comércio de virgens era estimulado por jovens espertas que conheciam muitas maneiras de simular a ruptura de um hímen, como usar saquinhos de sangue estrategicamente escondidos, enrijecer a vagina ou fazer sexo durante o período menstrual. Assim conseguiam enganar a maior parte dos fregueses.

Quando as realmente virgens eram entregues à oferta mais alta, sua virgindade era restaurada tantas vezes quantas fossem necessárias. Essas técnicas eram tão difundidas que o preço de uma virgem caiu de 50 para 5 libras no século XVIII. A prática migrou com os colonizadores para o Novo Mundo. Nos bordéis sofisticados dos Estados Unidos do século XIX, a prostituição de menores de idade e a venda de virgindade eram os artigos mais caros.

Algumas madames especializavam-se na venda de virgens, caso de Mary Thompson, que usava uma tabacaria como fachada e cobrava entre 200 e 500 dólares para cada suposta virgem. A cafetina "Spanish Agnes" Herricck usava uma agência de empregos para encobrir o comércio de adolescentes. Processada, recorria a clientes poderosos. Elas alimentavam, naquela época, uma fraude que vigora ainda hoje: a falsa ideia de que crianças e adolescentes são mais seguras para o sexo. Isso, na verdade, só faz aumentar o risco de disseminação de doenças sexualmente transmissíveis nas regiões onde há exploração infanto-juvenil.

Muitos homens pensam que estão protegidos ao ter relações sexuais com pessoas mais jovens porque é provável que tenham tido menos parceiros sexuais e estejam sãs. Uma ideia equivocada. Devido a sua vulnerabilidade e debilidade, as crianças prostituídas são forçadas desde muito cedo a ter relações com mais clientes do que poderia aceitar um adulto, e têm geralmente menos poder para pedir ao cliente que use preservativo. Situações assim tornam as populações de fronteira mais vulneráveis à transmissão de doenças como a Aids, sobretudo por estarem próximas das redes de prostituição e do tráfico de drogas.

Seduzida por um caminhoneiro de passagem por Uruguaiana (RS), Ana Paula foi contaminada pelo HIV aos 15 anos. O mesmo homem transmitiu o vírus para uma mulher de 40 anos, que morreu deixando um filho de 4. A mãe de Ana Paula tentou levá-lo à prisão, sem sucesso. Fez uma ocorrência policial, informando até o número do celular do acusado. Nem assim ele foi encontrado. O problema é que as fronteiras são apenas geográficas. As pessoas transitam livremente de um país para outro. Muitas vezes, para garantir a impunidade basta atravessar uma rua.

Leilões como o de Aline já não são comuns nas fronteiras do Brasil. O comércio de crianças se dá de outras formas. Em São Borja (RS), um par de sapatos foi o preço da virgindade de Luzia, vendida aos 11 anos pela mãe a um homem de 40 que passou a sustentar a família em troca de favores sexuais da menina. Nessa rotina de dois anos, era espancada quando voltava de mãos vazias. "Muitas vezes ela passava a noite na rua para não apanhar", relatou a conselheira tutelar Cláudia Maurer. Sob o risco de perder a guarda da filha, resgatada pelo Conselho Tutelar, a mãe, analfabeta e abandonada pelo marido, questionou a autoridade do juiz da Vara de Infância. Via no ato de explorar a filha um meio natural de sobrevivência. Histórias como a de Luzia se repetem com mais frequência do que se imagina nas fronteiras.

Não são poucos os lugares nos extremos do Brasil em que a miséria leva mães a trocar os filhos por comida. "Aqui, pode ser por um quilo de farinha ou de arroz", disse a diretora do abrigo municipal de Ponta Porã (MS), Anatália Steil. Choca, mas faz parte da realidade. A cidade vê seus problemas duplicarem porque recebe todos os dias um grande número de moradores de rua vindos da vizinha Pedro Juan Caballero, no Paraguai, à qual está unida de forma umbilical por uma avenida. Essa proximidade, que amplifica os problemas sociais, ocorre também com a Bolívia. De Corumbá a Puerto Suarez bastam cinco minutos de carro, por uma avenida sem controle fiscal ou policial. Ao cruzar a fronteira, a mato-grossense Fernanda, 16 anos, esperava uma vida diferente daquela que encontrou. Cooptada por um agenciador brasileiro, passou a ser explorada em um prostíbulo de Puerto Suarez. Seu único pagamento era um prato de comida. Fugiu e passou a viver nas ruas de Corumbá.

Na fronteira mais movimentada do Brasil vivem 700 mil pessoas em cidades praticamente conturbadas, apesar de pertencerem a três países diferentes. Foz do Iguaçu está vinculada de forma indissolúvel a Ciudad del Este, no Paraguai, e a Puerto Iguazú, na

Argentina. As pontes da Amizade e Tancredo Neves são motivo de preocupação devido ao livre trânsito de pessoas e contrabando. A Organização Internacional do Trabalho calcula que 3.500 crianças sejam exploradas nas ruas, em prostíbulos, discotecas, saunas e boates nas três cidades.

Mas a exploração sexual se dá também nos cantos mais remotos do país. Nunca desde a demarcação definitiva de suas fronteiras a Amazônia esteve tão vigiada como agora. A ameaça de um inimigo invisível, que estaria pondo em risco a soberania nacional, fez dobrar na última década o efetivo militar na região, passando para 25 mil os homens na vizinhança com seis países. Mas tamanho cuidado com a integralidade territorial não se estende necessariamente à população. A fronteira Norte do Brasil é a mais porosa e vulnerável ao tráfico e livre circulação de pessoas, entre elas crianças e adolescentes brasileiras usadas pelas redes de exploração sexual em outros países.

Nessa zona cinzenta, a moral é tão volátil quanto o controle oficial do Estado. Por elas passam um incontável número de brasileiras em direção aos prostíbulos nos países vizinhos. As cidades de Cáceres, Guajará-Mirim, Brasileia, Tabatinga, Pacaraima e Oiapoque, na fronteira com seis países, revelam a dimensão do problema. As rotas da exploração conduzem a mundos diferentes em oportunidades, mas igualmente perigosos. Venezuela, Suriname e Guiana Francesa fazem a ponte para a Europa, enquanto os caminhos rumo à Bolívia levam a uma vida de maiores privações.

Nem nos recônditos amazônicos a infância está a salvo da exploração. No meio da mata, presenciamos a comemoração do aniversário de 15 anos de Cássia, dia 17 de agosto de 2005. A festa foi na boate Encanto dos Mistérios, em Tabatinga, cidade de 40 mil habitantes isolada na imensidão verde da Amazônia, na fronteira com a Colômbia. Ao lado, duas amigas de 16. Misto de padrinho e anfitrião, José de Oliveira circulava alegre pelo lugar. Divertido e festeiro, era o rei das noites quentes de Tabatinga. Todo colombiano da cidade de Letícia que busca diversão sem limites sabe o endereço da velha casa de madeira apodrecida no final da Rua Coronel Berguer.

Quando a noite fervia, José se transformava em Zé Gay, dono de uma cobiçada agenda com o telefone de um grande número de garotas de programa. Esse tipo de festa normalmente é imprópria para menores de idade, mas na casa de Zé Gay eram justamente as adolescentes o grande atrativo. Trajando um vestido preto com rendas e ostentando uma toalha na cabeça como se fosse um turbante, o agenciador Zé Gay dava o tom da festa. Na noite da festa de Cássia estava cansado, mas excepcionalmente feliz. Durante toda a tarde fora acompanhado em sua boate por uma dupla de norte-americanos – pai e filho – que gastou os tubos em cerveja. Em poucas horas, faturou para a semana. Ficou melhor quando clientes bancaram o bolo da aniversariante.

Cássia não foi a primeira debutante do Encanto dos Mistérios, e provavelmente não seria a última. Conhecido e prestigiado no submundo da prostituição, Zé Gay gozava da proteção de políticos e policiais, com o único compromisso de preservar a identidade de quem o sustentava. Esse apadrinhamento lhe conferia um salvo-conduto para iniciar meninas cada vez mais cedo nos negócios do sexo. Zé Gay sabia do poder que tinha, e fazia bom uso dele. De dia ou à noite, dependendo da vontade da clientela, bastava um toque no celular de alguma adolescente para tirá-la da sala de aula. "A necessidade do cliente não tem hora", justificava.

Na noite da festa de aniversário da colega Cássia, outra garota, Ana, de 16 anos, foi tirada às pressas da escola para atender a um cliente brasileiro. Em Tabatinga não há cinema nem praça, nem qualquer outra área de lazer. A diversão ocorre à noite, nos barzinhos e boates. Zé Gay percebeu essa carência e se dava bem. O que importava para ele é ter meninas disponíveis, e isso parecia não faltar. Para ali migravam jovens de localidades vizinhas como Benjamin Constant, São Paulo de Olivença, Amaturá e Santo Antônio do Içá, atraídas pelo dinheiro vindo de Letícia, cidade gêmea de Tabatinga.

A quem dava atenção, Zé Gay contava seus contratempos, mostrava as marcas das muitas agressões. Cicatrizes tomavam conta do pescoço, dos braços e das pernas, resultado do tempo em que trabalhou na prostituição em Manaus. Sua condição e seu jeito de trabalhar na noite fronteiriça revelam muito desse lugar atípico, forjado por um conjunto de práticas sujeitas aos efeitos da proximidade com Letícia, cidade colombiana usada pelos cartéis de Cali e Medelín para despejar cocaína no Brasil através do rio Amazonas e seus afluentes.

Não é só isso que faz desta uma região singular. Tefé, a cidade mais próxima, fica a 800 quilômetros e dois dias de barco pelo rio Amazonas; Manaus, a 1.700 quilômetros e quatro dias de viagem. A falta de meios da região agrava problemas típicos das fronteiras e forja absurdos. A cidade tem uma frota de mil carros e oito mil motocicletas, mas nenhum posto de combustível. A gasolina que move isso tudo vem de contrabando da Colômbia. A necessidade de trazer mercadorias do país vizinho gera nas autoridades uma atitude de tolerância ao pequeno contrabando, que acaba por encobrir crimes mais graves, como o tráfico de drogas e de pessoas.

Nesse clarão urbano no meio da floresta amazônica, Brasil, Colômbia e Peru se unem por um enredo de crimes e contravenções, um lugar imerso na imensidão verde entrecortada por rios sinuosos onde a população desses países encontra meios peculiares de sobrevivência, muitos à revelia da lei. Nesse ambiente de tolerância aos negócios ilícitos, Letícia, capital do departamento da Amazônia colombiana, se sustenta graças ao tráfico de cocaína e ao contrabando de gasolina e comida para o Brasil, cabendo ao vilarejo peruano de Santa Rosa o papel secundário, mas não menos importante, de entreposto de drogas e combustível.

A gasolina vendida por qualquer pessoa em qualquer esquina em garrafas pet move praticamente tudo o que anda sobre rodas em Tabatinga e Benjamin Constant. Nessas cidades, de 40 mil e 20 mil habitantes, não há um só posto de combustível. Apenas Polícia Federal, Exército e algumas repartições públicas usam produto oficial levado de Manaus, a um custo bem alto por causa do transporte pelo rio Amazonas.

Grande parte do que ali se come também é fruto do descaminho. A falta de estradas, somada à carestia do transporte aéreo, deixa a população local refém dos barcos de cargas e passageiros, os recreios, que toda semana vencem os 1.700 quilômetros do rio Amazonas entre Manaus e o extremo oeste do estado para abastecê-la de leite, ovos, azeite, cerveja, gás de cozinha. Mas o comércio legal é insuficiente. O pão é feito da farinha que os colombianos compram nos Estados Unidos e infiltram via contrabando em um punhado de cidadezinhas e vilarejos isolados às margens do rio. Batata e cebola vêm do Peru.

O isolamento na vastidão verde da Amazônia forjou nessas cidades características únicas, sujeitas à influência política, econômica e cultural dos vizinhos. Tabatinga tem uma situação singular. Com um pé na criminalidade colombiana e outro na indulgência brasileira, vive sob os efeitos de um pacto de tolerância entre guerrilheiros, militares, policiais e traficantes em sua cidade-espelho, à qual se une por uma avenida. Letícia está tão isolada da capital Bogotá, quanto Tabatinga de Manaus. Ali só se chega de avião ou de barco pelo Rio Putumayo, que corta uma região sob o controle das Forças Armadas Revolucionárias da Colômbia, as Farc. Pelo acordo de cavalheiros, ninguém incomoda ninguém. Letícia tornou-se assim uma ilha de paz em um país que há seis décadas vive sob o fogo cruzado de uma guerra civil. Unidas pela Avenida da Amizade, as duas cidades são xifópagas também nos negócios ilícitos. Faz algum tempo que os acertos de conta do crime organizado colombiano são transferidos para o lado de cá da fronteira, onde há nada menos do que 100 pontos de venda de drogas, de acordo com a Polícia Federal.

A manauara Dora, que encontramos vivendo da prostituição em uma boate da cidade de Guayaramerín, na fronteira da Bolívia com Rondônia, disse ter visto de perto a atuação dos traficantes em Tabatinga. Dois anos antes, ela e cinco colegas tinham sido contratadas para levar drogas até Manaus, pelo rio Amazonas. Fomos seis, voltaram três. Os corpos cravados por tiros ficaram estirados em uma rua da periferia de Tabatinga e as autoridades nem se importaram de ir atrás dos assassinos. O convívio diário com os negócios ilícitos, entre eles o tráfico de drogas e a exploração sexual de crianças e adolescentes, faz parte da rotina desse lugar esquecido nos recônditos da Amazônia.

6.2. Os maus caminhos da fronteira

Na floresta amazônica, que em maior ou menor proporção cobre sete estados da região Norte do Brasil, muitas vezes é a geografia que determina as rotas internas e internacionais de exploração sexual de crianças e adolescentes. O Rio Amazonas tornou-se um marco divisor. Para quem vive abaixo do Amazonas, fica mais demorada, cara e perigosa uma investida aos países acima da linha do Equador. Daí sujeitar-se à opção mais rápida e barata das fronteiras com a Bolívia, onde se ganha menos dinheiro e as privações são bem maiores. Em ambos os casos, porém, a comunicação entre as regiões emissora e receptora de vítimas desse tipo de exploração é feita, na maioria das vezes, via terrestre. Em menor escala, existe também o deslocamento via fluvial. O transporte aéreo é para poucos, devido ao alto custo.

A rodovia federal que liga os estados de Mato Grosso, Rondônia e Acre sai de Cuiabá como BR-070 e chega à capital Rio Branco como BR-364, após mudar para BR-174 no meio do caminho. Essa é a única rodovia disponível às redes de exploração sexual para chegar à Bolívia. Em Rondônia, usam vias secundárias como a BR-425 para acessar Guajará–Mirim e a cidade-espelho Guayaramerín, no outro lado do rio Madeira. No Acre, valem-se da BR-317 para chegar a Brasileia e Cobija, capital do estado boliviano de Pando. Nesses lugares raramente se encontra mulher ou adolescente de regiões acima da calha do rio Amazonas.

Já para chegar à Venezuela, a única via terrestre é a BR-174, que se estende por 1.300 quilômetros de Manaus a Pacaraima, passando pela capital Boa Vista. Dali a Santa Helena de Uairén bastam dez minutos de carro, cruzando postos da Polícia Federal e da Receita Federal, que se restringem a carimbar passaportes e a controlar a entrada e a saída de mercadorias. A presença policial resume-se a vistoria de documentos. No estado vizinho, o Amapá, a BR-156 é o principal corredor da prostituição na região Norte. Seiscentos quilômetros separam Macapá de Oiapoque, a última cidade do extremo-Norte do Brasil. Para chegar a Oiapoque, garotas de outros estados têm de vencer antes uma viagem de 24 horas de barco saindo de Belém. À capital do Pará chega-se pela BR-010 e pela BR-222 saindo do sul do estado, ou pela BR-316, vindo do Maranhão.

Na mão contrária das rotas que conduzem brasileiras à Bolívia, duas capitais no meio do caminho são locais estratégicos para o tráfico de pessoas. Uma dessas rotas inversas sai de Rio Branco (AC) para Porto Velho (RO), de onde chegam a Cuiabá e Manaus. Dessa última, adolescentes chegam com facilidade à Venezuela, muitas vezes pelas mãos de caminhoneiros que levam cargas de Manaus para Boa Vista. Eles usam artimanhas para driblar a fiscalização da Polícia Rodoviária Federal. Uma delas é deixar a menina pouco antes do posto fiscal e aguardá-la mais à frente, depois de ela ter contornado o posto pelo meio do mato.

Rio Branco tem registrado uma tendência cada vez maior de violência sexual contra crianças e adolescentes. Na capital de 300 mil habitantes existem 19 áreas de prostituição de menores de idade. As mais vulneráveis, nos bairros Papouco, Preventório e Triângulo Velho. Em Porto Velho, a área crítica situa-se nos arredores do Porto Cai N'Água, de onde saem barcos de cargas e passageiros para Manaus, às terças e sextas-feiras. Logo ali, na Rua Madeira-Mamoré, leito da antiga estrada de ferro homônima, contamos 25 prostíbulos em três quarteirões, com uma média de quatro mulheres cada. Entrar na área, só com a intervenção de um missionário junto ao dono do pedaço, um traficante mal encarado que responde pelo nome de Davi. Uma incursão pelo lugar, mesmo com restrição de circulação, revela que mais da metade das garotas de programa tem menos de 18 anos.

Crianças e adolescentes passam os dias e as noites entre os prostíbulos e o Porto Cai N'Água, lugar repleto de sujeira onde perambulam em busca de programas sexuais ou de alguém que se disponha a pagar por uma companhia na viagem até Manaus. O movimento costuma crescer nos dias da partida de barcos, o meio usado pela maioria das pessoas da região Norte para se locomover. De Porto Velho a Manaus são quase dois mil quilômetros e cinco dias de viagem pelo rio Madeira.

As redes de exploração sexual usam, ainda, uma rota aérea para levar mulheres e adolescentes para fora do país. Elas saem nos dois voos semanais da Surinan Airways de Belém a Paramaribo, capital do Suriname, de onde são despachadas para Holanda, Espanha, Alemanha, Itália. Conforme estimativas da Polícia Federal, pelo menos mil brasileiras vivem em regime de servidão sexual no Suriname e na Guiana Francesa, quase sempre usadas no transporte de drogas quando enviadas para a Europa. Esta associação de crimes – o tráfico de drogas e a exploração sexual – ocorre também em outras regiões de fronteira.

Aos 17 anos, Rosemeri levaria um pacote de cocaína de Ponta Porã, no Mato Grosso do Sul, para Goiânia (GO), mas foi flagrada pela Polícia Federal em um posto fronteiriço. A preocupação da polícia era com o tráfico de armas, mas acabaram encontrando a droga com a adolescente. A trajetória de riscos de Rosemeri começara bem antes, na época em que morava em Cuiabá (MT) e foi aliciada por uma cafetina para trabalhar em uma boate em Pedro Juan Caballero, cidade paraguaia na fronteira com o Brasil.

A história da jovem é esclarecedora no estudo de dois crimes que se cruzam nas fronteiras do país: o tráfico de drogas e a exploração sexual de adolescentes. Essa relação é favorecida pelo ambiente da fronteira, onde o controle migratório é precário e as autoridades não se dão conta do problema. Muitas redes de exploração estão associadas ao tráfico de drogas e buscam agir em lugares onde há pouca capacidade ou má vontade para se aplicar a lei. Os números oficiais revelam que o combate à exploração sexual infanto-juvenil não está entre as prioridades da polícia de fronteira.

O caso de Ponta Porã é particularmente elucidativo. Em dez meses apenas, de janeiro a outubro de 2004, cinco adolescentes entre 15 e 17 anos foram apreendidas com drogas na BR-463, principal via de acesso à cidade. Aliciadas em Cuiabá e Dourados para trabalhar como garotas de programa, elas acabaram se tornando "mulas" do tráfico. A Polícia Federal sequer cogitava a hipótese de a exploração sexual estar de alguma forma vinculada ao narcotráfico. O delegado federal em Ponta Porã só percebeu e admitiu essa relação depois de ouvir e conferir nossas apurações.

Um pouco mais ao Sul, ainda na fronteira com o Paraguai, um dos maiores produtores de maconha da América do Sul, a cidade de Foz do Iguaçu é o epicentro de outra região onde o narcotráfico está associado à exploração de crianças e adolescentes. A droga entra no Brasil pela BR-277, cruzando a Ponte da Amizade ou portos clandestinos às margens do Lago de Itaipu, resultando em uma média de dez toneladas apreendidas por ano. E onde há drogas há violência. Foz registra a cada ano uma taxa de 90 homicídios para cada 100 mil habitantes, quatro vezes superior à média nacional. A maioria dos homicídios é causada por desavenças e rixas entre traficantes, usuários de drogas e contrabandistas. Em áreas assim, a infância está em permanente situação de risco.

O problema ultrapassa a cabeceira da Ponte da Amizade. Jovens brasileiras com idade entre 15 e 25 anos estão presentes na maioria das casas de prostituição espalhadas em várias pequenas cidades e lugarejos paraguaios perto da fronteira. A exploração sexual acontece com mais frequência em lugares onde é mais significativa a presença de imigrantes, que há décadas trocaram o Brasil pela agricultura no país vizinho. As próprias vítimas revelam a existência de redes de exploradores, que se encarregam de fazer rodízios periódicos para renovar o quadro de prostitutas nos bordéis. Muitas são recrutadas na própria região, onde vivem entre famílias de imigrantes. Estão presentes nos quilombos (como são chamados os bordéis) de Hernandárias, San Cristóbal, Naranjal, Santa Rita, Santa Rosa del Monday, Tuparenda e diversas outras pequenas localidades. São lugares insalubres, carentes de todo tipo de cuidados higiênicos. Os programas são feitos em quartos nos fundos e os donos ficam com a metade do valor pago pelos clientes.

Outros destinos das crianças e adolescentes aliciados na tríplice fronteira são Buenos Aires, Córdoba, na região central da Argentina, e cidades da província de Santa Fé. A constatação é do Conselho Nacional de Infância, Adolescência e Família do país vizinho. As áreas com maior índice de tráfico infanto-juvenil são as fronteiras das províncias de Misiones e Corrientes, com o Brasil, e de Formosa, com o Paraguai. As redes de exploração buscam crianças que vivem nas ruas, muitas delas dependentes de drogas e sem acesso à educação.

Já nas estradas, mais de 15% dos 72 mil quilômetros de rodovias federais brasileiras têm focos de exploração sexual infanto-juvenil, conforme constatação de quem vive na estrada. A conclusão baseia-se na experiência diária e nos relatos de policiais rodoviários a partir das ocorrências envolvendo crianças. São muitos os trechos em que caminhoneiros transportam e fazem programa com crianças e adolescentes. Há ainda prostíbulos às margens das rodovias que exploram meninas menores de 18 anos de idade e quadrilhas que se utilizam das estradas para aliciá-las.

As rodovias estaduais e federais de acesso a Cáceres, Guajará-Mirim e Brasileia são corredores para diferentes cidades da Bolívia, onde crianças e adolescentes vivem em estado de miséria nas boates de San Matias, Guayaramerín e Cobija. Em San Matias, vilarejo de 5 mil habitantes a 95 quilômetros de Cáceres (MT), agenciadores cercam os visitantes ainda nas ruas poeirentas para oferecer "menininhas". Era uma terça-feira e tão logo chegamos, dois rapazes nos abordaram na rua ao verem Albari com a máquina fotográfica. Embriagado, o motorista torna-se inconveniente de tanto se esforçar para oferecer todo tipo de serviço: sexo, drogas, diversão. Fomos a um dos lugares por ele indicados para os programas sexuais. Chama-se La Curricha, uma piscina distante da cidade formada pelo represamento de um córrego que separa Brasil e Bolívia. Mas este não é o único negócio obscuro por ali, como pudemos observar em nossa curta estada em San Matias.

Bastaram 15 minutos na cidade para desvendar alguns de seus segredos, não tão protegidos assim. A economia local deixa de ser uma incógnita na voz do dono de um hotel, que se acerca de nós enquanto descansamos sob a sombra da frondosa árvore na praça central. "A cidade é movida a gado e pó de coca", resumiu. Satisfeita nossa curiosidade, minutos depois, ao descobrir nossa nacionalidade, ele nos faria uma proposta de R$50 mil por um caminhão segurado. Desta forma, explicou, teríamos o dinheiro dele e da seguradora. O pagamento do golpe poderia ser tanto em dinheiro quanto em droga.

A situação não difere em outras duas cidades da fronteira com a Bolívia, o segundo maior produtor de cocaína do mundo. A rota do tráfico de drogas é a mesma da exploração sexual. Embora os dois crimes estejam interligados, nem sempre o segundo tem para a polícia a mesma importância do primeiro. Um raro exemplo, fruto do acaso, aconteceu em 2003, no Acre, quando uma jovem de 16 anos foi apreendida na BR-317 com 2,5 quilos de pasta base de cocaína. Ela seguia em um ônibus de Brasileia para Rio Branco quando foi parada em Xapuri. A garota havia sido aliciada por um traficante em uma boate de Cobija. Uma ponte e uma avenida ligam Brasileia e Epitaciolândia, no Acre, a Cobija. Uma estreita ligação cultural e comercial une as três cidades. Todos os dias, brasileiros juntam-se a bolivianos em busca de sexo no outro lado da fronteira, onde predominam garotas de programa provenientes do Acre, Rondônia e Mato Grosso. "Eles preferem as brasileiras por serem mais bonitas", disse uma cuiabana da boate Pretty Woman, onde o português é língua corrente. Diante de um controle frágil das autoridades, só por acaso a polícia descobre adolescentes cruzando a fronteira em situação irregular. Ou quando recebe denúncia, coisa rara. Um desses raros eventos ocorreu quando a mãe de uma adolescente de Xapuri descobriu na Bolívia a filha que dias antes havia fugido de casa. Ela avisou o Conselho Tutelar e a polícia. Resultado: outras quatro garotas com idade entre 14 e 17 anos foram resgatadas de um prostíbulo em Cobija. Isso deixou as autoridades em alerta por um tempo. Três meses depois, três adolescentes de Rio Branco foram barradas na ponte ao tentarem cruzar a fronteira. Findado o frêmito causado pelo sucesso nas investidas, não tardou para a fiscalização afrouxar novamente.

De todas as regiões por nós visitadas, talvez nenhuma outra retrate tão bem a miséria e exploração a que as mulheres são submetidas como a fronteira de Guajará-Mirim e Guayaramerín. "Vender o corpo é humilhante, mas não é crime", argumentou Rosa, veterana brasileira que rodou muito antes de cair em um dos prostíbulos do outro lado do Rio Madeira. Humilhação maior, dizia, é ter de brigar com as colegas para ganhar mais comida, ou implorar à cafetina por um prato cheio. Esses lugares estão espalhados pela periferia do vilarejo de 5 mil habitantes. Encontrá-los não é exatamente um problema: os mototaxistas que vivem de mostrar a cidade aos estrangeiros oferecem o serviço antes mesmo de o visitante requisitá-lo.

Já à primeira vista os prostíbulos bolivianos causam má impressão. São barracões de madeira velha ou de tijolos à mostra, com chão de terra batida, cobertura de palha ou teto crivado de buracos. Uma brasileira nos descreveu assim os riscos do lugar: "ninguém aqui pode ter inimigo, porque se acender um fósforo isso tudo acaba em menos de dez minutos". Quem vê o lugar sabe que não se trata de exagero. Ali elas se sujeitam a uma vida de insalubridade e privações. Rosa diz não importar as condições do lugar, se tiver mulher os homens aparecem. "As novinhas são para atrair clientes." Atraem mesmo, não só ali. Não fazia muito, o Consulado brasileiro havia retirado cinco adolescentes de um prostíbulo em Riberalta, vilarejo que avança 90 quilômetros para o interior do país em uma estrada de terra.

No lado brasileiro, a coisa também não vai bem. A visão policial não ajuda a mudar o cenário. Em sua interinidade frente à Delegacia Especializada em Defesa da Mulher e da Família, o delegado nos disse só ter visto casos de estupro presumido, aquele em que a violência ocorre quando a vítima é menor de 14 anos, ou tem problemas mentais e o agressor sabia disso, ou quando ela não pode oferecer resistência. No mural em frente da sala dele, o slogan do extinto programa Sentinela resumia bem a miopia sobre o assunto: "Só não vê quem não quer". Nos seis meses anteriores, o Sentinela havia atendido 37 casos de exploração sexual comercial de crianças e adolescentes.

Acima da calha do Rio Amazonas, duas rotas nortistas da prostituição destoam nesse cenário de miséria. Se por um lado as estradas de Rondônia, Acre e Mato Grosso levam às privações na Bolívia, os caminhos de Roraima e Amapá conduzem a países que, na teoria, oferecem mais oportunidades. Na fronteira livre de Pacaraima, o acesso a Santa Helena de Uairén se dá por uma estrada onde o controle da Polícia e da Receita Federal se restringe a mercadorias e despachos burocráticos. Do outro lado dos marcos fronteiriços, as brasileiras são maioria nas boates.

Embora haja pouca informação sobre sua incidência na região amazônica, o tráfico de pessoas nas fronteiras brasileiras faz parte de um negócio bilionário operado por traficantes e sindicatos do crime organizado. Estudo de 2003 da Organização Internacional das Migrações (OIM), com sede na Suíça, revela que em escala mundial há entre 15 e 30 milhões de migrantes irregulares. Baseado nesses números, o Departamento de Justiça dos Estados Unidos estima que, por ano, cerca de 700 mil mulheres e crianças são vítimas de tráfico transnacional. Não há um só país no mundo, segundo a OIM, que não esteja de alguma forma envolvido neste negócio, seja como local de origem, como ponto de passagem ou de destino.

Comprovamos em campo a constatação da OIM. A migração irregular e o tráfico de pessoas continuam sendo crimes dos quais pouco se sabe por causa de seu caráter clandestino. O tráfico expõe o migrante à exploração e à violação de seus direitos humanos fundamentais. Em geral, a vítima depende do traficante e por isso se torna muito vulnerável. Presa a uma dívida com o agenciador, com frequência ela se vê explorada em algum trabalho ou obrigada a se prostituir, geralmente sob controle de redes criminosas. Outra forma de exploração se dá com o trabalho forçado, escravidão ou ainda a retirada de órgãos.

CAPÍTULO 6

A fronteira também está na rota do tráfico interno de crianças e adolescentes exploradas em prostíbulos de Uruguaiana, São Borja, Foz do Iguaçu, Porto Murtinho, Ponta Porã, Corumbá, Tabatinga, Guajará-Mirim, Brasileia, Epitaciolândia, Pacaraima e Oiapoque. Bem organizadas, as redes têm um sistema complexo. De uma ponta a outra – entre o agenciador e o cliente – estão os recrutadores, taxistas e recepcionistas de hotéis, todos envolvidos em transações ilícitas, como suborno, falsificação de documentos, imigração ilegal. Os intermediários recrutam, sequestram ou "compram" as crianças para "vendê-las" aos cabeças da rede. Taxistas promovem os lugares entre os clientes, junto com recepcionistas de hotéis e motéis.

A desenvoltura das redes de exploração sexual infanto-juvenil nas fronteiras brasileiras e dos países vizinhos cria situações como a da paraguaia Pamela, que aos 14 anos alicia um grupo de adolescentes, entre elas Serena, de 12. O ponto da jovem cafetina fica nos arredores de Ciudad del Este, às margens da rodovia de acesso a Assunção. O local é camuflado por uma série de barracas ao longo da rua marginal, a 100 metros de um posto da Polícia Nacional. Apesar da pouca idade, Pamela é uma velha conhecida dos órgãos de proteção às vítimas. "Ela tem espírito de liderança", disse a coordenadora do Conselho Municipal dos Direitos de Meninos, Meninas e Adolescentes, Romilda Gomez Gonzalez.

No outro lado da fronteira, a paraguaia Serena seguia uma vida não muito diferente. Vivia uma rígida rotina quase militar. Tinha de estar sempre de prontidão a qualquer hora do dia ou da noite para atender a qualquer um que a procurasse e, obediente, cumpria todas as ordens que recebia. Aos 12 anos, pequena, pálida e muito magra com seus 30 quilos, Serena não tinha nada de soldado. Era submetida à exploração sexual na periferia de Ciudad del Este, cidade paraguaia unida a Foz do Iguaçu pela Ponte da Amizade.

Foi nessa condição, de prontidão, que a encontramos na madrugada de 14 de outubro de 2004. Passava das 3 horas e Serena dormia, entre um cliente e outro, nos fundos de uma barraca de madeira que vende churrasquinhos, à beira da estrada que liga Ciudad del Este a Assunção – a Barraca da Pamela, uma fachada para a exploração decorada por propagandas de cerveja entremeadas por personagens de desenhos animados, como o pokémon Pikachu. Ela chegara 10 minutos antes que nós, exausta, depois de ser seviciada por três homens. Escondida debaixo de um cobertor xadrez, pouco falava. Disse apenas que uma semana antes um grupo de cinco homens prometera abrigo em um barraco da cidade vizinha de Puerto Franco, em troca de favores sexuais. Passou alguns dias com esses "protetores". Mas voltou. Não estava disposta a romper o vínculo com Pamela, a agenciadora – na verdade outra adolescente, de 14 anos. Dizia que era melhor ficar ali, onde era alimentada com espetinhos de carne e pastéis e se sentia mais segura.

Com apoio dos jornalistas paraguaios Juan Carlos Salinas e Oscar Florentín, na tarde seguinte articulamos o resgate de Serena. Entrou em ação uma equipe, tendo à frente a coordenadora do Conselho Municipal dos Direitos dos Meninos, Meninas e Adolescentes (Codeni), Romilda Gomez Gonzalez. A operação contou ainda com a participação de dez soldados da Polícia Nacional do Paraguai, lotados em um posto sob o viaduto a menos de 100 metros de onde Serena era explorada. Assustada, a menina resistiu à abordagem, mas logo aceitou acompanhar Romilda. No abrigo municipal de Ciudad del Este, tomou banho e trocou a roupa que usava havia mais de uma semana. Depois de vários dias de jejum forçado nas ruas, a primeira refeição foi pão, salsicha, mandioca cozida e salada verde. No abrigo, recebeu tratamento médico e psicológico e foi preparada para voltar para a família. Voltaria para o mesmo barraco de favela do qual fugira para viver nas ruas. Pelas condições miseráveis, uma nova fuga era questão de dias.

As redes de exploração sexual têm um só objetivo, o ganho financeiro, mas a estrutura varia conforme a região em que atuam. Podem ser centralizadas como a de Pamela, bem organizadas como a de Elba Cordova Pizarro na rota Foz do Iguaçu-Buenos Aires, em colegiado como a dos mototaxistas na rota Corumbá-Puerto Suarez, direcionada a um grupo de clientes como a da estudante Jacilene Ortiz Barbosa em Coronel Sapucaia (MS), ou sazonal como a dos agentes de turismo em Corumbá e Porto Murtinho (MS).

A rede de Elba Cordova Pizarro foi desmantelada pela Polícia Federal com sua prisão em 2004, acusada de traficar mulheres e adolescentes do Brasil e do Paraguai para exploração sexual em Buenos Aires. Com ela foram encontradas 15 chaves dos quartos de três apartamentos na capital portenha, onde as garotas permaneciam em cárcere privado. As vítimas eram espancadas por Elba e pelo companheiro, o argentino Fabian Alberto Fernandez. A denúncia partiu de Marta da Silva e Andréia Aparecida da Silva, que fugiram do cativeiro.

Em Corumbá, mototaxistas comandam os negócios. Das 65 crianças e adolescentes de 9 a 17 anos entrevistadas em pesquisa da Universidade Federal do Mato Grosso do Sul, 40% disseram já ter feito programas sexuais em Puerto Suarez e Puerto Quijarro. Os programas eram negociados por mototaxistas, que levavam a menina ao local. O agenciamento realizado por um colegiado de mototaxistas acontecia também do lado brasileiro da fronteira.

Já em Ponta Porã, Jacilene aliciava crianças nas escolas públicas ou na periferia para satisfazer os desejos de empresários e comerciantes. Doze crianças foram exploradas durante dois meses. Jacilene passou a encontrar as meninas nas casas dos pais ou esperá-las no trajeto da escola. Também buscava garotas no outro lado da fronteira, em vilarejos e pequenas cidades paraguaias próximas de Pedro Juan Caballero. Com a prisão de Jacilene, um grupo de empresários e comerciantes passou a ser investigado pela Polícia Civil, acusados de integrar uma rede de pedofilia.

Em Corumbá, um homem continua seu trabalho de aliciamento mesmo depois de ser citado na Comissão Parlamentar de Inquérito da Câmara dos Deputados que investigou a exploração sexual de crianças e adolescentes no país. Em outubro de 2004, encontramos Valtinho em plena atividade no Bar Bagdá, contíguo ao Restaurante Almanara, no centro da cidade. Os dois locais são pontos de prostituição, onde Valtinho faz seus contatos e agencia programas sexuais com crianças e adolescentes.

6.3. O turismo sexual por "vocação"

Durante cinco dias da semana, a cidade localizada mais ao extremo-norte do Brasil é um lugar isolado, com muita poeira e pouca gente nas ruas. De dezembro a junho, o período de chuvas transforma tudo em um grande lamaçal, sem ao menos aplacar o calor que beira os 40 graus. Contudo, seja inverno ou verão, Oiapoque ganha vida nos fins de semana. É então que, por trás dessa fachada de pacata cidade interiorana, revela-se um lugar onde predomina um tipo de crime com o qual poucos ganham e muitos se calam. Esse canto do Brasil é um dos maiores entrepostos exportadores de crianças, adolescentes e mulheres para fins de exploração sexual no Suriname e na Guiana Francesa. E dali para a Europa.

Levas de homens vindos da Guiana Francesa cruzam o Rio Oiapoque em barcos a motor. O que buscam em um lugar sem nenhum atrativo turístico? Uns poucos buscam produtos têxteis ou os artigos pirateados que tanto notabilizam as fronteiras brasileiras. A maioria, no entanto, vem atrás de sexo. E ali, garotas de programa estão à disposição em boates, na praça, nos hotéis, nas ruas. No meio delas, crianças e adolescentes vindas de cidades do Maranhão, do Pará, do Amazonas e do Amapá. O mito do ouro, que já escasseou faz tempo, ainda atrai essa gente em busca de uma vida melhor.

De tudo se faz para agradar aos guianenses, até mesmo relevar sua arrogância. E há uma razão prática para isso: o euro vale quase três vezes mais do que o real. Essa relação de dependência se agrava por causa do isolamento do restante do país. Na época das chuvas, os quinze mil habitantes de Oiapoque ficam isolados de Macapá, a capital do Amapá. Buracos e poeira tomam conta de dois terços dos 600 quilômetros da BR-156, a única ligação com o resto do país. No verão, se gastam dez horas de carro para ir de uma ponta a outra. No inverno, só mesmo caminhonetes com tração nas quatro rodas conseguem vencer o lamaçal que se estende por 400 quilômetros. Uma aventura que pode chegar a 24 horas.

Tudo nessa época dobra de preço, por isso o dinheiro dos vizinhos é sempre bem-vindo. Nem que para isso a cidade tenha de se curvar ao comércio do sexo de forma tão escancarada, seja de dia ou à noite. Todos sabem o porquê da presença da maioria dos franceses e guianenses. O assédio a eles ocorre a qualquer hora, em qualquer lugar. Pode ser logo na chegada ao Brasil, no porto onde atracam os barcos, ou durante o jantar, ou mesmo em uma inocente caminhada pelas ruas. Qualquer homem com biotipo diferente dos nativos está sujeito a cantadas, mas é logo rejeitado ao se revelar brasileiro. Elas querem os estrangeiros, pois eles vêm com dinheiro valorizado e um propósito já definido.

Poucos na cidade admitem abertamente, mas a cidade adaptou-se muito bem ao turismo sexual. Com quinze mil habitantes, Oiapoque tem sessenta e cinco hotéis e pousadas, com algo em torno de mil leitos. A proporção de vagas por habitante praticamente se equivale à da hotelaria do Rio de Janeiro, o principal polo turístico brasileiro. O curioso é que nesse extremo do país nunca se explorou o turismo, embora ali existam dois dos parques nacionais mais belos e preservados, o Cabo Orange e as Montanhas do Tumucumaque.

O mercado do sexo ainda é uma das principais atividades econômicas da cidade. Até há pouco tempo, o ouro vindo de garimpos ilegais do outro lado do rio Oiapoque ajudava a alimentar o comércio do sexo no lado de cá da fronteira. Também eram tempos de muita violência. Os garimpeiros faziam ali o acerto de contas das broncas tidas nas currutelas, os vilarejos ao redor dos garimpos. A Justiça se viu obrigada a determinar o fechamento dos bares à 1 hora da madrugada. Foi por volta do início de 2003, mais ou menos na mesma época, as Forças Armadas da França e a Polícia Federal brasileira bombardearam na Guiana uma dezena de pontos de extração clandestina. O impacto foi imediato na economia de Oiapoque, mas ainda hoje o mito do ouro atrai mulheres de vários estados. A maioria delas passa pela Boate do Júnior, lugar de alta rotatividade de mulheres na cidade.

O dono da casa é um velho conhecido de todos, mas inacessível aos braços da Justiça. Grande parte das meninas levadas para o Suriname ou à Guiana Francesa faz antes um estágio na boate dele. Chegam às dezenas, talvez centenas, todos os meses. Outras duas importantes boates da cidade – a Casa da Sílvia ("Chez Silvia", no letreiro em francês na entrada, para agradar aos gringos na língua deles) e o Castelo American Drinks – não são páreo para o empresário do sexo mais bem-sucedido de Oiapoque. Os reflexos podem ser medidos nas maternidades.

Em um ano apenas, o Conselho Tutelar de Oiapoque deu assistência a dez brasileiras que brigam na Justiça para recuperar a guarda do filho tido com algum francês da vizinha Guiana Francesa. Esse é o resultado de um problema tão comum quanto preocupante nessa região. Para lá convergem mulheres e adolescentes de várias partes do país – principalmente do Pará, do Maranhão e do Amapá – em busca de um casamento com estabilidade em euros. A maioria, no entanto, cai nas mãos das redes de exploração sexual. O que as leva para tão longe é o sonho da América, ainda que em uma versão mais modesta. O território ultramarino francês está mais acessível do que os Estados Unidos e ali a moeda corrente é o euro, bem mais valorizado que o dólar. Ter um filho com um guianense representa estabilidade financeira. São muitas as vantagens: uma vez grávida, ela não pode ser deportada mesmo que esteja ilegalmente no país, ganha uma espécie de seguro-gravidez durante os nove meses de gestação e, depois, tem direito ao salário-família, algo em torno de 250 euros, até o filho completar 10 anos de idade.

Diante da crescente migração ilegal de brasileiros – tanto de mulheres quanto de homens, estes para trabalhar nos garimpos ou na construção civil –, o governo francês estendeu a exigência de visto também para Saint-Georges, a cidade vizinha a Oiapoque onde antes se dispensava a burocracia. Tamanha procura tem explicação. Em geral, os salários mais baixos oscilam entre 600 e 1.000 euros. Segundo as autoridades consulares, algo muito perto de 50 mil brasileiros clandestinos vivem na Guiana, onde a população nativa não chega a 200 mil habitantes.

O governo francês tem imposto restrições na concessão desses benefícios às brasileiras quando suspeita haver esse tipo de interesse financeiro na maternidade. Daí surgem as divergências entre os pais. Se a disputa pela guarda do filho acontecer na Guiana, geralmente o pai sai ganhando. À mulher, resta sair do país sem a criança. Em situação inversa, no Brasil, a disputa é ganha pela mãe, mas ela perde os benefícios que receberia no país vizinho. Ainda assim, os franceses brigam na Justiça brasileira pelo direito de ficar com o filho.

Outros, no entanto, usam métodos menos ortodoxos. Em maio de 2005, o francês Cristophe Leba foi preso pela Polícia Federal quando tentava cruzar o rio Oiapoque com um menino de 9 anos e uma menina de 15. Dizia se tratar de seus filhos, mas não comprovou a paternidade. Permaneceu preso por três dias até apresentar os documentos pessoais. As crianças foram levadas para um abrigo em Macapá, depois entregues à família. Nunca ficou provado se ele era mesmo o pai. Elas possivelmente seriam vítimas do desembaraço com que atuam as redes de exploração sexual nas fronteiras do Norte do Brasil, como revela a trajetória de duas meninas de 14 anos.

Sem visto nem passaporte, Lílian e Patrícia fizeram em agosto de 2005 uma arriscada incursão pela floresta amazônica para chegar a Caiena, capital da Guiana Francesa. Movidas pelas promessas de uma vida com ganhos em euro, elas caminharam por doze horas no mato, cruzaram rios a nado, enfrentaram nuvens de insetos famintos e muitas vezes tiveram de despistar a Gendarmerie, a severa polícia guianense. Seguiram o resto do caminho em um carro que presta serviço aos brasileiros clandestinos. Só na chegada descobriram o logro.

Não havia o emprego prometido. Sem saber, Lílian e Patrícia haviam sido recrutadas por uma rede de exploração sexual para trabalhar em casas noturnas de Caiena. Ficaram em um desses lugares por quatro dias, até fugir e voltar de carona em um caminhão rumo a Saint-Georges, na fronteira com Oiapoque. Essa não foi a primeira investida de Lílian a esse território governado pela França. Seis meses antes, já havia estado em Caiena por três semanas. Por vias tortas, tentava fugir de um passado de prostituição e transgressões em Oiapoque.

Velha conhecida dos conselheiros tutelares locais, Lílian passou quatro meses em um abrigo municipal de Macapá a mando da Vara de Infância e Juventude, por causa de furtos e brigas de rua. Um dia antes da audiência com o juiz, a garota desapareceu. Fez sua primeira viagem clandestina à Guiana Francesa. "Disseram que lá é muito fácil ganhar dinheiro", disse Lílian.

A proposta de dois recém-conhecidos parecia a realização de um sonho. A vida em Caiena fora pintada com a matiz de uma carreira promissora, com emprego certo e muitos euros. Às vésperas de completar 14 anos, Lílian encheu de roupa a mochila e fugiu do barraco da mãe, na periferia. Junto dos colegas, de 19 e 21 anos, cruzou de barco o rio Oiapoque até a vizinha Saint-Georges. Dali, os três seguiram em uma bicicleta. Ela na garupa e os outros se revezando entre o varão e o selim. Até alcançarem Caiena, distante dali uns 200 quilômetros, foram três dias de marcha com pernoites no mato.

Os dois rapazes eram assaltantes fugindo de problemas no Brasil, que por encomenda levaram a garota para trabalhar em boates de Caiena. Lílian não ficou ali por mais de três semanas, intervalo de tempo em que completou 14 anos, no dia 20 de fevereiro. Ao saber por telefone da morte do pai, fugiu e retornou ao Brasil. Na volta, pegou carona com um casal – ele francês, ela brasileira. Lílian entrou e saiu da Guiana de forma clandestina, sem ser abordada no caminho pela Gendarmerie. Seis meses depois surgiu nova oportunidade e, desta vez, a menina acreditou que seria diferente. Arrumou a mochila e levou Patrícia junto.

Na companhia de um homem, que fez a proposta em Oiapoque, cruzaram o rio em uma catraia (barco movido a motor). Em Saint-Georges, iniciaram a travessia de uma parte da amazônia guianense. Foram doze horas a pé na mata. Antes de chegar a Régina, cidade a meio caminho de Caiena, tiveram de enfrentar a correnteza do rio Approuage. "Ela (Lílian) me puxava pra baixo e eu quase me afoguei", contou Patrícia. Chegando a Régina, cada uma pagou a um brasileiro o equivalente a 50 euros para ir de carro até Caiena. Na capital, ficaram quatro dias nas mãos de aliciadores em boates. Conseguiram fugir e retornaram a Saint-Georges de carona com um caminhoneiro. Voltaram para o mesmo barraco na periferia de Oiapoque.

Lílian nos recebeu para uma conversa no barranco em frente do barraco, onde vive contrariada sob o mesmo teto que a mãe. Ela tem um histórico de fugas desde os 7 anos de idade, quando começou a apanhar do padrasto e da mãe, ambos analfabetos e alcoólatras. Perdeu as contas das fugas e voltas. As duas últimas foram por causa dos ciúmes da mãe. A beleza e a jovialidade de Lílian despertaram atenção do novo padrasto, o quarto em sete anos. Por mais que a menina se esquivasse das investidas, a mãe nunca acreditava nela. "O jeito foi fugir de casa, de novo."

Já no Pantanal Sul-mato-grossense, na fronteira com o Paraguai e a Bolívia, as boates que exploram a prostituição têm três datas importantes no ano: o carnaval, as festas folclóricas no mês de junho e o campeonato de pesca, que ocorre sempre na segunda semana de outubro. Mal termina essa última, começam a se esvaziar. Em novembro começa a piracema, época em que os peixes se reproduzem e a pesca é proibida. Esse ciclo é parte de uma modalidade de viagem diferente daquela que os folhetos nas agências costumam mostrar. É o turismo sexual, praticado a bordo dos barcos-hotéis paraguaios e brasileiros, que muitas vezes inclui adolescentes entre suas atrações.

A pesca nos rios do Pantanal já não é tão abundante como há uma década, mas os turistas chegam cada vez em maior número. Na alta temporada da pesca, chalanas percorrem em um vaivém frenético o trecho do Rio Paraguai que separa Porto Murtinho da Ilha Margarita, no outro lado da fronteira. Levam turistas e garotas de programa, muitas delas ainda adolescentes. "Se o cara não tiver cabeça, aqui ele se perde", contou-nos um pescador de Marechal Cândido Rondon, no Paraná, que passava as férias na região.

Há agências de turismo que exploram essa "perdição" e apresentam álbuns com fotos de acompanhantes na hora de vender os pacotes de pesca aos clientes – quase sempre homens casados que se aproveitam do desinteresse das esposas por iscas e molinetes. "Mulher não é problema, tem de todas as idades", garantiu o funcionário de um barco-hotel. A psicóloga do Ministério Público de Corumbá, Suzete dos Santos Bezerra, diz que na maioria das vezes as meninas nem conhecem os agenciadores, apenas os intermediários. Garotas de 14 a 17 anos são levadas de Goiânia, Campo Grande, Cascavel, Maringá e Londrina. Em geral, já chegam ao local com documentos falsos.

Francieli fez sua primeira viagem em um desses barcos-hotéis aos 16 anos, partindo de Porto Murtinho. Aos 19, trabalhava com a irmã de 14 no Bar da Maria, que pertence à mãe, conhecida cafetina de Ponta Porã. Francieli foi aliciada por um agente de turismo e, passados três anos, ficou velha para a atividade. Os aliciadores buscam meninas cada vez mais jovens para agradar aos clientes.

A oferta de adolescentes não existiria se não houvesse mecanismos facilitadores e uma crescente demanda. O problema se agrava pela quantidade de turistas que, aproveitando-se de sua superioridade econômica, do anonimato e da impunidade que não encontrariam em suas cidades de origem, viajam a essas regiões com o propósito de manter relações sexuais com crianças ou adolescentes.

As autoridades fazem vistas grossas, pois o turismo de pesca mantém aquecida a economia local. No período da piracema, quando a pesca é proibida, Porto Murtinho e o distrito de Albuquerque, em Corumbá, têm a atividade econômica reduzida ao mínimo. As boates também. Na alta temporada, as duas casas de prostituição de Porto Murtinho têm mais de cem garotas de programa. Dez dias antes do início da piracema, a maioria já havia ido embora. As demais estavam de malas prontas. Todas são de outras cidades ou estados e buscam novas regiões para trabalhar nos quatro meses de proibição à pesca.

Hotéis e motéis favorecem a exploração sexual infanto-juvenil ao longo das fronteiras brasileiras ao fazer vistas grossas à entrada de crianças e adolescentes junto com os hóspedes. Muitos não só facilitam o acesso como também fornecem aos clientes os contatos de aliciadores e casas de prostituição. Em Ponta Porã, não tivemos restrições para levar ao apartamento do Hotel Guarujá uma adolescente de 17 anos. Luana estava à procura de um hóspede que prometera um telefone celular em troca de favores sexuais. Acompanhamos toda a aflição da garota e como o cliente não se encontrava, simulamos a contratação de um programa para testar a fragilidade do hotel.

Mesmo sabendo tratar-se de uma adolescente, o recepcionista titubeou um pouco, mas consultou um colega ao lado e exigiu apenas o pagamento de uma diária a mais para permitir o acesso dela ao hotel, sem ao menos registrar seu nome. Durante a entrevista, Luana disse já ter frequentado com clientes outros hotéis de Ponta Porã e da cidade vizinha de Pedro Juan Caballero, no Paraguai. De origem indígena, ela faz programas para sustentar a mãe e os dois irmãos menores, que vivem na periferia da cidade.

Um dia antes, o recepcionista do hotel já havia nos fornecido os telefones de contato de cinco aliciadores e de casas de prostituição da cidade. Os cartões ficam sempre à mão, sobre um balcão da recepção. O mesmo acontece em outros hotéis, principalmente quando recepcionistas são homens. Já no lado paraguaio da fronteira, seis pequenos hotéis de alta rotatividade atendem, sem sequer fazer registro, aos clientes que se hospedam por poucas horas com crianças ou adolescentes.

Em Foz do Iguaçu, um dos principais polos turísticos do país, motéis também facilitam a exploração sexual infanto-juvenil. Um único exemplo é clássico. Na noite do dia 14 de setembro de 2004, dois conselheiros tutelares e um guarda municipal pegaram em flagrante o agente de turismo Marcos Ciavaglia, no Motel Mirage com três adolescentes, de 13, 15 e 16 anos. Esse flagrante foi uma exceção, já que na maioria dos casos a falta de registro e da exigência de documentos nesses locais favorece os exploradores com o anonimato.

Casos como esses de Oiapoque, de Porto Murtinho, de Ponta Porã e Foz do Iguaçu mancham a reputação brasileira. Dados da Embratur mostram que os visitantes estrangeiros deixam cerca de US$ 2 bilhões por ano no Brasil. Esse mercado depende de medidas que garantam a preservação não só dos recursos naturais, mas também das pessoas. Empresários do setor têm de entender que, além de negar o direito de desenvolvimento saudável, a exploração sexual de crianças e adolescentes cria uma imagem ruim do destino turístico e afasta o visitante.

BIBLIOGRAFIA

NICKIE, Roberts. *As Prostitutas na História*, Tradução Magda Lopes - Imprenta. Rio de Janeiro: Rosa dos Tempo, 1998. p. 54.

FOUCAULT, Michel. *A história da sexualidade* – a vontade de saber, Rio de Janeiro: edições Graal. p. 9.

HEROARD, Jean. Journal sur l'enfance et la jeunesse de Louis XIII. In: ARIÈS, Philippe. *História Social da Criança e da Família*, p. 126.

ARIÈS, Philippe. *História Social da Criança e da Família*, p. 125.

7

O PAPEL DOS COMITÊS DE ENFRENTAMENTO AO TRÁFICO DE PESSOAS E A POLÍTICA NACIONAL DE ENFRENTAMENTO AO TRÁFICO DE PESSOAS

JULIANA FELICIDADE ARMEDE[1]

---

[1] Advogada e Sócia do Escritório Bandeira de Mello e Nedavaska Advogados Associados, Mestre em Direitos das Relações Sociais pela PUC-SP – 2009, Doutoranda em Direito Processual Penal pela PUC-SP, Professora dos Cursos de Pós-Graduação da Escola Paulista de Direito e FMU e Coordenadora do Núcleo de Enfrentamento ao Tráfico de Pessoas do Estado de São Paulo.

CAPÍTULO 7

Para todos os que atuam no enfrentamento ao tráfico de pessoas, é importante lembrar que nem Estado ou sociedade civil, separadamente, poderão dar conta da tarefa de promover os objetivos da política nacional de enfrentamento ao tráfico de pessoas.

Mais que isso, e talvez não evidente, até mesmo aos que já conhecem as diretrizes dessa política, não há protagonismo garantido a nenhum desses atores. De fato, os papéis são distintos, as competências e atuações individualizam esses atores, mas somente com serenidade haverá cooperação e integração, tarefas difíceis em um universo onde políticas públicas estão assoberbadas de razões privadas.

Estando na coordenação do Núcleo de Enfrentamento ao Tráfico de Pessoas do Estado de São Paulo, pude vivenciar experiências, buscar compreensões e aprender com a história do Programa Estadual de Enfrentamento ao Tráfico de Pessoas. Foi da exata equação entre atores de Estado e da sociedade civil que a temática do enfrentamento ao tráfico de pessoas foi fomentada no Estado de São Paulo, bem como em mais de 12 Estados Federativos.

Desde o ano de 2007, o Governo do Estado de São Paulo, por meio da Secretaria de Estado da Justiça e da Defesa da Cidadania, em parceria com o Governo Federal, por meio do Ministério da Justiça, firmaram convênio voltado à instauração e fomento do Núcleo Estadual e dos Comitês do Estado e Regionais.

Sediada a estrutura do Programa Estadual de Enfrentamento ao Tráfico de Pessoas na Secretaria da Justiça e da Defesa da Cidadania, que desde o ano de 1997 articula e promove diálogo com as esferas de Estado de sociedade civil. Não é por outro motivo que promove os trabalhos dos Conselhos de Direitos Humanos e das Coordenações voltadas à articulação de direitos da população LGBT, Indígena, Negra, da Mulher, e da proteção de testemunhas e crianças ameaçadas de morte, além de coordenar o Fundo Estadual de Direitos Difusos do Estado de São Paulo.

Este capítulo visará evitar qualquer rigorismo técnico, típico dos artigos científicos, e que não deixam de ser um pressuposto que garante a idoneidade, inovação e a ampla possibilidade de comunicação sobre ideias. Contudo, o propósito desse trabalho é promover diálogo sobre o tema, sem pretensões conclusivas ou herméticas.

Assim, as assertivas que serão lançadas neste capítulo são oriundas, essencialmente, das experiências vividas pela Secretaria de Estado, em São Paulo, pela Rede Nacional de Núcleos e Postos de Enfrentamento ao Tráfico de Pessoas, coordenada pelo Ministério da Justiça e da análise argumentativa sobre a legislação que norteia o tema.

7.1. Diretrizes da Política Nacional de Enfrentamento ao Tráfico de Pessoas

Por meio do Decreto Presidencial n. 5.948 de 26 de outubro de 2006, foi criada, no Brasil, a Política Nacional de Enfrentamento ao Tráfico de Pessoas, com o objetivo de organizar o I Plano Nacional de Enfrentamento ao Tráfico de Pessoas, através da reunião de alguns ministérios, entre eles, os de políticas para mulheres, desenvolvimento social e justiça.

Segundo o disposto no artigo 1º do Decreto, "a Política Nacional de Enfrentamento ao Tráfico de Pessoas tem por finalidade estabelecer princípios, diretrizes e ações de prevenção e repressão ao tráfico de pessoas e de atenção às vítimas, conforme as normas e instrumentos nacionais e internacionais de direitos humanos e a legislação pátria".

O decreto, ainda, explicita conceitos, os quais terei o cuidado de reproduzir neste texto, porque entendo que a compreensão de conceitos é uma medida prudente para a compreensão de quaisquer políticas públicas:

Artigo 2º – Para os efeitos desta Política, adota-se a expressão "tráfico de pessoas" conforme o Protocolo Adicional à Convenção das Nações Unidas contra o Crime Organizado Transnacional Relativo à Prevenção, Repressão e Punição do Tráfico de Pessoas, em especial Mulheres e Crianças, que a define como o recrutamento, o transporte, a transferência, o alojamento ou o acolhimento de pessoas, recorrendo à ameaça ou uso da força ou a outras formas de coação, ao rapto, à fraude, ao engano, ao abuso de autoridade ou à situação de vulnerabilidade ou à entrega ou aceitação de pagamentos ou benefícios para obter o consentimento de uma pessoa que tenha autoridade sobre outra para fins de exploração. A exploração incluirá, no mínimo, a exploração da prostituição de outrem ou outras formas de exploração sexual, o trabalho ou serviços forçados, escravatura ou práticas similares à escravatura, a servidão ou a remoção de órgãos. O termo "crianças" descrito no caput deve ser entendido como "criança e adolescente", de acordo com a Lei no 8.069, de 13 de julho de 1990, Estatuto da Criança e do Adolescente. O termo "rapto" descrito no caput deste artigo deve ser entendido como a conduta definida no art. 148 do Decreto-Lei no 2.848, de 7 de dezembro de 1940, Código Penal Brasileiro, referente ao sequestro e cárcere privado. A expressão "escravatura ou práticas similares à escravatura" deve ser entendida como: I – a conduta definida no art. 149 do Decreto-Lei no 2.848, de 1940, referente à redução à condição análoga a de escravo; II – a prática definida no art. 1º da Convenção Suplementar sobre a Abolição da Escravatura, do Tráfico de Escravos e das Instituições e Práticas Análogas à Escravatura, como sendo o casamento servil. A intermediação, promoção ou facilitação do recrutamento, do transporte, da transferência, do alojamento ou do acolhimento de pessoas para fins de exploração também configura tráfico de pessoas. O tráfico interno de pessoas é aquele realizado dentro de um mesmo Estado-membro da Federação, ou de um Estado-membro para outro, dentro do território nacional. O tráfico internacional de pessoas é aquele realizado entre Estados distintos. O consentimento dado pela vítima é irrelevante para a configuração do tráfico de pessoas.[2]

Além dos conceitos, há outras previsões expressas sobre princípios e diretrizes gerais e específicas, que servem como

---

[2] BRASIL. Decreto n. 5.948, de 26 de outubro de 2006. Aprova a Política Nacional de Enfrentamento ao Tráfico de Pessoas e institui Grupo de Trabalho Interministerial com o objetivo de elaborar proposta do Plano Nacional de Enfrentamento ao Tráfico de Pessoas – PNETP.

pressupostos para a criação das ações e decisões ligadas a essa política, em todas as esferas brasileiras de poder e governo:

> Art. 3º São princípios norteadores da Política Nacional de Enfrentamento ao Tráfico de Pessoas: I – respeito à dignidade da pessoa humana; II – não discriminação por motivo de gênero, orientação sexual, origem étnica ou social, procedência, nacionalidade, atuação profissional, raça, religião, faixa etária, situação migratória ou outro status; III – proteção e assistência integral às vítimas diretas e indiretas, independentemente de nacionalidade e de colaboração em processos judiciais; IV – promoção e garantia da cidadania e dos direitos humanos; V – respeito a tratados e convenções internacionais de direitos humanos; VI – universalidade, indivisibilidade e interdependência dos direitos humanos; e VII – transversalidade das dimensões de gênero, orientação sexual, origem étnica ou social, procedência, raça e faixa etária nas políticas públicas. Parágrafo único. A Política Nacional de Enfrentamento ao Tráfico de Pessoas observará os princípios da proteção integral da criança e do adolescente.

> Art. 4º São diretrizes gerais da Política Nacional de Enfrentamento ao Tráfico de Pessoas: I – fortalecimento do pacto federativo, por meio da atuação conjunta e articulada de todas as esferas de governo na prevenção e repressão ao tráfico de pessoas, bem como no atendimento e reinserção social das vítimas; II – fomento à cooperação internacional bilateral ou multilateral; III – articulação com organizações não governamentais, nacionais e internacionais; IV – estruturação de rede de enfrentamento ao tráfico de pessoas, envolvendo todas as esferas de governo e organizações da sociedade civil; V – fortalecimento da atuação nas regiões de fronteira, em portos, aeroportos, rodovias, estações rodoviárias e ferroviárias, e demais áreas de incidência; VII – verificação da condição de vítima e respectiva proteção e atendimento, no exterior e em território nacional, bem como sua reinserção social; VIII – incentivo e realização de pesquisas, considerando as diversidades regionais, organização e compartilhamento de dados; IX – incentivo à formação e à capacitação de profissionais para a prevenção e repressão ao tráfico de pessoas, bem como para a verificação da condição de vítima e para o atendimento e reinserção social das vítimas; X – harmonização das legislações e procedimentos administrativos nas esferas federal, estadual e municipal relativas ao tema; XI – incentivo à participação da sociedade civil em instâncias de controle

social das políticas públicas na área de enfrentamento ao tráfico de pessoas; XII – incentivo à participação dos órgãos de classe e conselhos profissionais na discussão sobre tráfico de pessoas; e XIII – garantia de acesso amplo e adequado a informações em diferentes mídias e estabelecimento de canais de diálogo, entre o Estado, sociedade e meios de comunicação, referentes ao enfrentamento ao tráfico de pessoas.

Art. 6º São diretrizes específicas de repressão ao tráfico de pessoas e de responsabilização de seus autores: I – cooperação entre órgãos policiais nacionais e internacionais; II – cooperação jurídica internacional; III – sigilo dos procedimentos judiciais e administrativos, nos termos da lei; e IV – integração com políticas e ações de repressão e responsabilização dos autores de crimes correlatos.

Art. 7º São diretrizes específicas de atenção às vítimas do tráfico de pessoas: I – proteção e assistência jurídica, social e de saúde às vítimas diretas e indiretas de tráfico de pessoas; II – assistência consular às vítimas diretas e indiretas de tráfico de pessoas, independentemente de sua situação migratória e ocupação; III – acolhimento e abrigo provisório das vítimas de tráfico de pessoas; IV – reinserção social com a garantia de acesso à educação, cultura, formação profissional e ao trabalho às vítimas de tráfico de pessoas; V – reinserção familiar e comunitária de crianças e adolescentes vítimas de tráfico de pessoas; VI – atenção às necessidades específicas das vítimas, com especial atenção a questões de gênero, orientação sexual, origem étnica ou social, procedência, nacionalidade, raça, religião, faixa etária, situação migratória, atuação profissional ou outro status; VII – proteção da intimidade e da identidade das vítimas de tráfico de pessoas; e VIII – levantamento, mapeamento, atualização e divulgação de informações sobre instituições governamentais e não governamentais situadas no Brasil e no exterior que prestam assistência a vítimas de tráfico de pessoas.[3]

---

[3] BRASIL. Decreto n. 5.948, de 26 de outubro de 2006. Aprova a Política Nacional de Enfrentamento ao Tráfico de Pessoas e institui Grupo de Trabalho Interministerial com o objetivo de elaborar proposta do Plano Nacional de Enfrentamento ao Tráfico de Pessoas – PNETP.

A atenção da política nacional também está voltada ao desenvolvimento e à compreensão sobre a maneira pela qual as instituições que integram o sistema de poder e governo deverão exercer suas atividades:

> Art. 8º Na implementação da Política Nacional de Enfrentamento ao Tráfico de Pessoas, caberá aos órgãos e entidades públicos, no âmbito de suas respectivas competências e condições, desenvolver as seguintes ações: I – na área de Justiça e Segurança Pública: a) proporcionar atendimento inicial humanizado às vítimas de tráfico de pessoas que retornam ao País na condição de deportadas ou não admitidas nos aeroportos, portos e pontos de entrada em vias terrestres; b) elaborar proposta intergovernamental de aperfeiçoamento da legislação brasileira relativa ao enfrentamento do tráfico de pessoas e crimes correlatos; c) fomentar a cooperação entre os órgãos federais, estaduais e municipais ligados à segurança pública para atuação articulada na prevenção e repressão ao tráfico de pessoas e responsabilização de seus autores; d) propor e incentivar a adoção do tema de tráfico de pessoas e direitos humanos nos currículos de formação dos profissionais de segurança pública e operadores do Direito, federais, estaduais e municipais, para capacitação, quando do ingresso na instituição e de forma continuada, para o enfrentamento a este tipo de crime; e) fortalecer as rubricas orçamentárias existentes e criar outras voltadas para a formação dos profissionais de segurança pública e de justiça na área de enfrentamento ao tráfico de pessoas; f) incluir nas estruturas específicas de inteligência policial a investigação e repressão ao tráfico de pessoas; g) criar, nas Superintendências Regionais do Departamento de Polícia Federal e da Polícia Rodoviária Federal, estruturas específicas para o enfrentamento do tráfico de pessoas e outros crimes contra direitos humanos; h) promover a aproximação dos profissionais de segurança pública e operadores do Direito com a sociedade civil; i) celebrar acordos de cooperação com organizações da sociedade civil que atuam na prevenção ao tráfico de pessoas e no atendimento às vítimas; j) promover e incentivar, de forma permanente, cursos de atualização sobre tráfico de pessoas, para membros e servidores dos órgãos de justiça e segurança pública, preferencialmente por meio de suas instituições de formação; l) articular os diversos ramos do Ministério Público dos Estados e da União, da Magistratura Estadual e Federal e dos órgãos do sistema de justiça e segurança pública; m) organizar e integrar os bancos de dados existentes na área de enfrentamento ao tráfico de pessoas e áreas correlatas; n)

celebrar acordos de cooperação técnica com entidades públicas e privadas para subsidiar a atuação judicial e extrajudicial; o) incluir o tema de tráfico de pessoas nos cursos de combate à lavagem de dinheiro, ao tráfico de drogas e armas e a outros crimes correlatos; p) desenvolver, em âmbito nacional, mecanismos de prevenção, investigação e repressão ao tráfico de pessoas cometido com o uso da rede mundial de computadores, e consequente responsabilização de seus autores; e q) incluir a possível relação entre o desaparecimento e o tráfico de pessoas em pesquisas e investigações policiais; II – na área de Relações Exteriores: a) propor e elaborar instrumentos de cooperação internacional na área do enfrentamento ao tráfico de pessoas; b) iniciar processos de ratificação dos instrumentos internacionais referentes ao tráfico de pessoas; c) inserir no Manual de Serviço Consular e Jurídico do Ministério das Relações Exteriores um capítulo específico de assistência consular às vítimas de tráfico de pessoas; d) incluir o tema de tráfico de pessoas nos cursos de remoção oferecidos aos servidores do Ministério de Relações Exteriores; e) promover a coordenação das políticas referentes ao enfrentamento ao tráfico de pessoas em fóruns internacionais bilaterais e multilaterais; f) propor e apoiar projetos de cooperação técnica internacional na área de enfrentamento ao tráfico de pessoas; g) coordenar e facilitar a participação brasileira em eventos internacionais na área de enfrentamento ao tráfico de pessoas; e h) fortalecer os serviços consulares na defesa e proteção de vítimas de tráfico de pessoas; III – na área de Educação: a) celebrar acordos com instituições de ensino e pesquisa para o desenvolvimento de estudos e pesquisas relacionados ao tráfico de pessoas; b) incluir a questão do tráfico de pessoas nas ações e resoluções do Fundo Nacional de Desenvolvimento da Educação do Ministério da Educação (FNDE/MEC); c) apoiar a implementação de programas e projetos de prevenção ao tráfico de pessoas nas escolas; d) incluir e desenvolver o tema do enfrentamento ao tráfico de pessoas nas formações continuadas da comunidade escolar, em especial os trabalhadores da educação; e) promover programas intersetoriais de educação e prevenção ao tráfico de pessoas para todos os atores envolvidos; e f) fomentar a educação em direitos humanos com destaque ao enfrentamento ao tráfico de pessoas em todas modalidades de ensino, inclusive no ensino superior; IV – na área de Saúde: a) garantir atenção integral para as vítimas de tráfico de pessoas e potencializar os serviços existentes no âmbito do Sistema Único de Saúde; b) acompanhar e sistematizar as notificações compulsórias relativas ao tráfico de pessoas sobre suspeita ou confirmação de maus-tratos, violência e agravos por causas externas relacionadas ao trabalho; c) propor a elaboração de protocolos específicos para a padronização do atendimento às vítimas de tráfico de pessoas; e d) capacitar os profissionais de saúde na área de atendimento às vítimas de tráfico de pessoas; V – na área de Assistência Social: a) oferecer assistência integral às vítimas de tráfico de pessoas no âmbito do Sistema Único de Assistência Social; b) propiciar o acolhimento de vítimas de tráfico, em articulação com os sistemas de saúde, segurança e justiça; c) capacitar os operadores da assistência social na área de atendimento às vítimas de tráfico de pessoas; e d) apoiar a implementação de programas e projetos de atendimento específicos às vítimas de tráfico de pessoas; VI – na área de Promoção da Igualdade Racial: a) garantir a inserção da perspectiva da promoção da igualdade racial nas políticas governamentais de enfrentamento ao tráfico de pessoas; b) apoiar as experiências de promoção da igualdade racial empreendidas por Municípios, Estados e organizações da sociedade civil voltadas à prevenção ao tráfico de pessoas e atendimento às vítimas; e c) promover a realização de estudos e pesquisas sobre o perfil das vítimas de tráfico de pessoas, com ênfase na população negra e outros segmentos étnicos da população brasileira; VII – na área do Trabalho e Emprego: a) orientar os empregadores e entidades sindicais sobre aspectos ligados ao recrutamento e deslocamento de trabalhadores de uma localidade para outra; b) fiscalizar o recrutamento e o deslocamento de trabalhadores para localidade diversa do Município ou Estado de origem; c) promover articulação com entidades profissionalizantes visando capacitar e reinserir a vítima no mercado de trabalho; e d) adotar medidas com vistas a otimizar a fiscalização dos inscritos nos Cadastros de Empregadores que Tenham Mantido Trabalhadores em Condições Análogas a de Escravo; VIII – na área de Desenvolvimento Agrário: a) diminuir a vulnerabilidade do trabalhador e prevenir o recrutamento mediante políticas específicas na área de desenvolvimento rural; b) promover ações articuladas com parceiros que atuam nos Estados de origem dos trabalhadores recrutados; c) formar parcerias no que tange à assistência técnica para avançar na implementação da Política Nacional de Assistência Técnica e Extensão Rural; d) excluir da participação em certames licitatórios e restringir o acesso aos recursos do crédito rural a todas as pessoas físicas ou jurídicas que explorem o trabalho forçado ou em condição análoga a de escravo; e) promover a reinclusão de trabalhadores libertados e de resgate da cidadania, mediante criação de uma linha específica, em parceria com o Ministério da Educação, para alfabetização e formação dos trabalhadores resgatados, de modo que possam atuar como agentes multiplicadores para a erradicação do trabalho forçado ou do trabalho em condição análoga a de escravo; e f) incentivar os Estados, Municípios e demais parceiros a acolher e prestar apoio específico aos trabalhadores libertados, por meio de capacitação técnica; IX – na área dos Direitos Humanos: a) proteger vítimas, réus colaboradores e testemunhas de crimes de tráfico de pessoas; b) receber denúncias de tráfico de pessoas através do serviço de disque-denúncia nacional, dando o respectivo encaminhamento; c) incluir ações específicas sobre enfrentamento ao tráfico de pessoas e fortalecer ações existentes no âmbito de programas de prevenção à violência e garantia de direitos; d) proporcionar proteção aos profissionais que atuam no enfrentamento ao tráfico de pessoas e que, em função de suas atividades, estejam ameaçados ou se encontrem em situação de risco; e) incluir o tema do tráfico de pessoas nas capacitações dos Conselhos de Direitos da Criança e do Adolescente e Conselhos Tutelares; f) articular ações conjuntas de enfrentamento ao tráfico de crianças e adolescentes em regiões de fronteira; g) promover, em parceria com os órgãos e entidades diretamente responsáveis, a prevenção ao trabalho escravo, através da sensibilização de operadores de Direito, orientação a produtores rurais acerca dos direitos trabalhistas, educação e capacitação de trabalhadores rurais; e h) disponibilizar mecanismos de acesso a direitos, incluindo documentos básicos, preferencialmente nos Municípios identificados como focos de aliciamento de mão de obra para trabalho escravo; X – na área da Proteção e Promoção dos Direitos da Mulher: a) qualificar os profissionais da rede de atendimento à mulher em situação de violência para o atendimento à mulher traficada; b) incentivar a prestação de serviços de atendimento às mulheres traficadas nos Centros de Referência de Atendimento à Mulher em Situação de Violência; c) apoiar e incentivar programas e projetos de qualificação profissional, geração de emprego e renda que tenham como beneficiárias diretas mulheres traficadas; d) fomentar debates sobre questões estruturantes favorecedoras do tráfico de pessoas e relativas à discriminação de gênero; e) promover ações de articulação intersetoriais visando a inserção da dimensão de gênero nas políticas públicas básicas, assistenciais e especiais; f) apoiar programas, projetos e ações de educação não sexista e de promoção da diversidade no ambiente profissional e educacional; g) participar das capacitações visando garantir a temática de gênero; e h) promover, em parceria com organizações governamentais e não governamentais, debates sobre metodologias de atendimento às mulheres traficadas; XI – na área do Turismo: a) incluir o tema do tráfico de pessoas, em especial mulheres, crianças e adolescentes nas capacitações e eventos de formação dirigidos à cadeia produtiva do turismo; b) cruzar os dados dos diagnósticos feitos nos Municípios para orientar os planos de desenvolvimento turístico local através do programa de regionalização; e c) promover campanhas de sensibilização contra o turismo sexual como forma de prevenção ao tráfico de pessoas; XII – na área de Cultura: a) desenvolver projetos e ações culturais com foco na prevenção ao tráfico de pessoas; e b) fomentar e estimular atividades culturais, tais como programas regionais de rádio, peças e outros programas veiculados por radiodifusores, que possam aumentar a conscientização da população com relação ao tráfico de pessoas, trabalho escravo e exploração sexual, respeitadas as características regionais.[4]

7.2. Sobre a criação de planos de enfrentamento ao tráfico de pessoas

7.2.1. Plano Mercosul

Por meio da Portaria n. 2.167, de 7 de dezembro de 2006, pelo Ministério da Justiça, foi instituído o I Plano do Mercosul para os fins de implementação contra o tráfico de pessoas.

Os objetivos previstos no documento versam sobre ações de cooperação que deverão ser desenvolvidas pelos Estados que as integrem, sendo previstas, entre elas:

a) Campanhas, em todos os países membros, sobre a consciência para o crime e sobre a forma de denúncia;
b) Base de dados sobre o tráfico de pessoas a ser compartilhada entre os países membros;
c) Capacitação dos agentes públicos que intervenham no tema, sendo identificada a capacitação, em especial, de agentes públicos de segurança que atuem em fronteiras;
d) Assistir a vítima, identificando vítimas que não estejam documentadas e promovendo a regularização documental, bem como garantindo inclusão segura da vítima em programas de assistência.

---

[4] BRASIL. Decreto n. 5.948, de 26 de outubro de 2006. Aprova a Política Nacional de Enfrentamento ao Tráfico de Pessoas e institui Grupo de Trabalho Interministerial com o objetivo de elaborar proposta do Plano Nacional de Enfrentamento ao Tráfico de Pessoas – PNETP.

Os países latino-americanos signatários, até a edição da portaria, são: Brasil, Argentina, Paraguai, Uruguai, Bolívia, Chile, Colômbia, Equador, Peru e Venezuela.

7.2.2. PLANO NACIONAL

Por meio do Decreto Presidencial n° 6.347, de 8 de janeiro de 2008, foi publicado o conteúdo do I Plano Nacional de Enfrentamento ao Tráfico de Pessoas, como resultado da atuação do Grupo de Trabalho Interministerial, trabalhos previstos como uma das metas da Política Nacional.

O referido plano foi previsto para execução em dois anos, cabendo ao Ministério da Justiça a articulação de instituições do poder público, no âmbito das três esferas de governo e poder e, no âmbito da sociedade civil diretrizes para seu cumprimento, a avaliação e o monitoramento da execução do I Plano Nacional.

As metas do I Plano foram estruturadas pelo eixo estratégico da prevenção, da repressão e da assistência à vítima, que continham diferentes ações, e que dependiam, para sua execução, da assunção de cada uma das instituições de Estado, identificadas em cada uma das ações.

No eixo prevenção, havia a previsão da Prioridade 4, voltada à diminuição da vulnerabilidade ao tráfico de pessoas de grupos sociais específicos, por meio da disponibilização do acesso a direitos. Nessa ação, houve a previsão de criação de Comitês Interinstitucionais.

7.3. PLANO NACIONAL DE ENFRENTAMENTO AO TRÁFICO DE PESSOAS

Transcorrido o prazo de vigência do I Plano e diante dos resultados das ações, monitoradas e analisadas em um encontro nacional da rede de enfrentamento ao tráfico de pessoas, ocorrido em Belo Horizonte, foram identificadas as ações ainda pendentes para efetivação, bem como compreendido que existiriam outras demandas.

O resultado desse encontro foi a continuidade de articulação entre instituições, incluindo Comitês Interinstitucionais, para o fim de elaboração de um debate nacional sobre metas a serem revisadas e metas a serem criadas para o II Plano Nacional.

Durante um processo de audiências públicas, ao longo do segundo semestre de 2011, ocorridas nos Estados brasileiros que adotaram a execução de Programas de Enfrentamento ao Tráfico de Pessoas, entre eles o Estado de São Paulo, foram propostas estruturas para a formação de um novo documento.

Como resultado, em novembro de 2011, foi promovido o II Encontro Nacional da Rede de Enfrentamento ao Tráfico de Pessoas, na cidade de Recife, para análise das metas e dos mecanismos de execução e monitoramento das ações.

Em proposta diversa e ampliativa, o II Plano é construído por linhas operativas, entendidas como enunciados que apresentam visão integrada de ações interligadas de prevenção, repressão e assistência à vítima. A visão das chamadas linhas operativas é a de promoção de ações integradas, por esferas diversas do poder público e sociedade civil.

A exemplo dessa disposição integrativa, dentro da minuta do II Plano, existe a Linha Operativa 2 voltada à integração e ao fortalecimento das operações e sistemas das políticas públicas, redes de atendimento e organizações para uma efetiva atuação e entrega de serviços necessários ao enfrentamento do tráfico de pessoas por meio da atuação integrada dos atores governamentais de forma descentralizada, fortalecendo e regulamentando as competências e atuação de Comitês, Núcleos e Postos de Enfrentamento ao Tráfico de Pessoas, garantindo-se articulação das ações, intercâmbio de informação e experiências e paridade participativa em espaços múltiplos entre governos e sociedade civil como mecanismos participativos para maior transparência.

A meta prioritária, eleita pelos integrantes do II Encontro, prevê a integração entre "Postos, Núcleos e Comitês institucionalizados, com papéis e funções dentro do marco de atuação do pacto federativo, atuando em áreas geográficas estratégicas como aeroportos, portos, ferroviárias, rodoviárias e fronteiras com estruturas físicas e capacidade humana para atenção psicossocial que garantam sigilo, clima de acolhimento e segurança às vítimas, inclusive em seu próprio idioma nativo das vítimas, implementando programas de reinserção social e produtiva das vítimas nas comunidades onde queiram se estabelecer, em uma atuação em conjunto com outros atores sociais e em colaboração com consulados brasileiros no exterior".[5]

7.4. AS CARACTERÍSTICAS E FINALIDADES DOS COMITÊS INTERINSTITUCIONAIS DE ENFRENTAMENTO AO TRÁFICO DE PESSOAS E AS DIRETRIZES DOS PLANOS NACIONAIS DE ENFRENTAMENTO AO TRÁFICO DE PESSOAS

A partir da exposição do breve histórico normativo, voltado à construção de uma rede integrada de instituições que visam promover o enfrentamento ao tráfico de pessoas, passo a destacar o papel dos Comitês Interinstitucionais como instrumentos típicos de integração das diferentes esferas do poder público e da sociedade civil.

Analisando o sentido da palavra comitê, pude identificar que trata-se de "um grupo de pessoas destacadas de um grupo maior, geralmente com poderes deliberativos ou executivos, ou seja, com força para tomar decisões em nome dos demais e que representa os interesses da coletividade, em vez de ser entregue a um único indivíduo".[6] É um grupo de pessoas que se reúne para determinado fim.[7]

Pensar no conceito de um Comitê é construir o entendimento dos trabalhos que este grupo desenvolve, e compreender que este trabalho resulta da harmonização e integração das competências e atribuições de cada membro que o integre.

---

[5] O conteúdo disponibilizado sobre o II Plano Nacional é originário das anotações e documentos disponibilizados pelo Ministério da Justiça aos participantes do II Encontro Nacional da Rede de Enfrentamento ao Tráfico de Pessoas, ocorrido em novembro de 2011, na cidade de Recife.
[6] COMITÊ. Definição. Wikipédia. Disponível em <http://pt.wikipedia.org/wiki/Comitê>. Acesso em: 6 nov. 2012.
[7] IDICIONÁRIO AULETE. Disponível em: <http://aulete.uol.com.br/site.php?mdl=aulete_digital&op=loadVerbete&palavra=omit%EAittee, pelo fr. Comi>. Acesso em: 6 nov. 2012.

No Estado de São Paulo, através dos Decretos Estaduais n° 54.101/2009 e 56.508/2010, houve a formal instituição e consolidação de Comitês Interinstitucionais que, segundo essas normativas, auxiliarão o Estado de São Paulo nas ações do Programa Estadual de Enfrentamento ao Tráfico de Pessoas.

O referido programa é sediado e coordenado pela Secretaria da Justiça e da Defesa da Cidadania e conta com a participação de instituições do Poder Público e da Sociedade Civil.

Segundo o disposto no artigo 3° do Decreto Estadual 56.508/2010, integrarão os Comitês:

> I – 1 (um) representante de cada umas das seguintes Secretarias de Estado: a) da Justiça e da Defesa da Cidadania, que o presidirá e coordenará suas atividades; b) Estadual de Assistência e Desenvolvimento Social; c) do Emprego e Relações do Trabalho; d) da Educação; e) da Saúde;
>
> II – 2 (dois) representantes da Secretaria da Segurança Pública, sendo 1 (um) da Polícia Civil e 1 (um) da Polícia Militar do Estado de São Paulo;
>
> III – mediante convite, 1 (um) representante de cada um dos seguintes órgãos: a) da Magistratura: 1. Federal; 2. Do Trabalho; 3. Estadual; b) Do Ministério Público: 1. Federal; 2. Do Trabalho; 3. Estadual; c) Da Defensoria Pública: 1. Da União; 2. Do Estado; d) Do Ministério da Justiça: 1. Do Departamento de Polícia Federal; 2. Do Departamento de Polícia Rodoviária Federal; e) Ministério do Trabalho e Emprego: 1. Da Secretaria de Inspeção do Trabalho; 2. Do Conselho Nacional de Imigração – CNIg; 3. Da Superintendência Regional do Trabalho e Emprego em São Paulo;
>
> IV – mediante convite, representantes de outras entidades da administração pública ou privada, nacionais ou internacionais, voltadas às atividades de prevenção e enfrentamento ao tráfico de pessoas.

Ainda segundo o disposto no artigo 6°, parágrafo único, do Decreto, serão parte integrante do Programa Estadual: "Comitês Regionais Interinstitucionais de Prevenção e Enfrentamento ao Tráfico de Pessoas no Estado de São Paulo serão definidos e instalados, mediante resolução, a critério do Secretário de Justiça e de Defesa da Cidadania, observada a composição prescrita nos incisos I, II e III do artigo 3º deste decreto e atuarão de forma integrada e articulada com o Comitê Estadual Interinstitucional de Prevenção e Enfrentamento ao Tráfico de Pessoas".

Ao longo de dois anos, em razão das metas assumidas entre o Governo Estadual e o Federal – oriundas do Convênio com o Ministério da Justiça –, foram promovidos diálogos em 12 regiões do Estado de São Paulo, o que se deu com a participação das mais diferentes instâncias de atuação social, pública e privada, a fim de garantir compreensão sobre o fenômeno do tráfico de pessoas.

Por meio de reuniões, capacitações, debates e campanhas de prevenção, esses grupos buscam replicar e conscientizar a sociedade sobre como promover o enfrentamento ao tráfico de pessoas.

É importante ressaltar que os Comitês, em especial os Regionais, permitem o desenvolvimento ampliado da temática, com a capacidade de referendar, dentro do próprio Estado, mecanismos de ação que visem garantir direitos às vítimas do tráfico de seres humanos. Isso se dá através da assunção, por cada instituição que integra o Comitê, de suas competências – deveres e possibilidades – capazes de serem transformadas em ações, nas quais estarão presentes oportunidades de cooperação entre todos os membros do Comitê.

O sentido e o papel primordial dos Comitês é, portanto, de sedimentar, na esfera da justiça, da assistência social, da saúde, da educação e do trabalho, em especial, iniciativas de prevenção, repressão e assistência, como políticas públicas a serem adotadas nas múltiplas instâncias do poder público.

Ainda, o grupo conta com atores da sociedade civil, que atuam nas políticas de retaguarda social e que desenvolvem ações de garantia aos direitos da infância e juventude, aos direitos dos migrante e imigrantes, aos direitos da população negra, aos direitos das mulheres e aos direitos da população de travestis e transexuais, aos direitos do trabalho, entre muitos outros.

A participação desses atores da sociedade civil, revelados em diferentes e pontuais temáticas, justifica-se frente à realidade identificada nacional e internacional de enfrentamento ao tráfico de pessoas, em que os trabalhos temáticos com esses grupos sociais passaram a revelar sua vulnerabilidade à situação de exploração típica do tráfico de pessoas.

No curso do processo nacional de construção do II Plano Nacional de Enfrentamento ao Tráfico de Pessoas, os Comitês do Estado de São Paulo fomentaram 140 propostas sobre metas e ações, sendo que todas as propostas subsidiaram a construção das diretrizes do documento do II Plano, e que hoje encontra-se em fase final de análise pelo Gabinete da Presidência da República.

Descrever o papel de um Comitê, portanto, é compreender a força e sua finalidade, voltadas à transformação permanente das atividades de todas as instituições que o integrem. É compreender que o sentido da união das diferentes instituições é o de promover o enfrentamento ao tráfico de pessoas dentro e fora da instituição, garantindo que essa promoção resulte em ações assumidas por cada uma das instituições.

É compreender, para além das normativas que delimitam atribuições e funções de cada instituição que o integra, que o papel dos Comitês é o de sensibilização social da complexa realidade do tráfico de pessoas em cada local onde fomente o diálogo sobre o tema.

Por fim, ressalto, como representante que integra a coordenação estadual de enfrentamento ao tráfico de pessoas no Estado de São Paulo, que o sucesso dessa política depende da cooperação, manutenção, ampliação e fortalecimento desses grupos através do compromisso e parceria que cada instituição assuma sozinha e em conjunto, na medida em que o protagonismo do trabalho é de todos nós.

BIBLIOGRAFIA

BRASIL. Decreto n. 5.948, de 26 de outubro de 2006. Aprova a Política Nacional de Enfrentamento ao Tráfico de Pessoas e institui Grupo de Trabalho Interministerial com o objetivo de elaborar proposta do Plano Nacional de Enfrentamento ao Tráfico de Pessoas – PNETP.

COMITÊ. Definição. Wikipédia. Disponível em <http://pt.wikipedia.org/wiki/Comitê>. Acesso em: 6 nov. 2012.

IDICIONÁRIO AULETE. Disponível em:<http://aulete.uol.com.br/site.php?mdl=aulete_digital&op=loadVerbete&palavra=omit%EAittee, pelo fr. Comi>. Acesso em: 6 nov. 2012.

8

O ENFRENTAMENTO AO TRÁFICO DE PESSOAS NA AGENDA BRASILEIRA DE DIREITOS HUMANOS:

O QUE ESPERAR DURANTE O CUMPRIMENTO DO II PNETP?

INÊS VIRGÍNIA PRADO SOARES[1]

---

[1] Mestre e Doutora em Direito pela PUC-SP, pós-doutora pelo Núcleo de Estudos da Violência da USP (NEV/USP). Procuradora Regional da República. No Ministério Público Federal, trabalhou diretamente com o tema de Enfrentamento ao Tráfico de Pessoas de 2007 a 2012. Foi representante do MPF junto ao Comitê Interinstitucional de Prevenção e Enfrentamento ao Tráfico de Pessoas do Estado de São Paulo desde 2007, embora a inauguração oficial do Comitê tenha sido em 2009, com a criação, no Estado de São Paulo, do Programa Estadual de Prevenção e Enfrentamento ao Tráfico de Pessoas, instituído pelo Decreto Estadual 54.101/2009. É vice-presidente do Instituto de Estudos Direito e Cidadania (IEDC).

8.1. Introdução

O presente capítulo tem por finalidade abordar os desafios atuais para implementação da política brasileira para o Enfrentamento ao Tráfico de Pessoas.

O Tráfico de Pessoas é um fenômeno global, multifacetado, que mistura interesses socioeconômicos e práticas criminosas em redes (locais e internacionais). Esse tema foi abordado na *'Convenção das Nações Unidas contra o Crime Organizado Transnacional'*, realizada em 1999 na Itália, ganhando profundidade e sistematização no Protocolo de Palermo, elaborado em 2000, em Nova Iorque (oficialmente denominado Protocolo Adicional à Convenção das Nações Unidas contra o Crime Organizado Transnacional Relativo à Prevenção, Repressão e Punição do Tráfico de Pessoas, em Especial Mulheres e Crianças).

O Protocolo de Palermo entrou em vigor internacional em 2003 e em vigor para o Brasil em 2004, logo após o Governo brasileiro ter depositado o instrumento de ratificação junto à Secretaria-geral da ONU. Portanto, desde 2004, o Estado brasileiro assumiu o enfrentamento ao tráfico de pessoas como um tema merecedor de especial atenção em sua agenda de direitos humanos e tem procurado combater esse tipo de crime e essa nefasta violação aos direitos humanos com o desempenho das tarefas de prevenção, repressão e responsabilização.

Mas foi somente em 2006 que nosso país passou a ter uma Política Nacional de Enfrentamento ao Tráfico de Pessoas, estruturante do tratamento do tema. Nesse documento, ficaram estabelecidos princípios, diretrizes e ações para lidar com o tema no âmbito local, além de ter-se criado um Grupo de Trabalho Interministerial, que desempenhou a tarefa de formular propostas para o I Plano Nacional de Enfrentamento ao Tráfico de Pessoas, que vigorou de 2008 a 2010.

O II Plano Nacional de Enfrentamento ao Tráfico de Pessoas (doravante II PNETP), que deve ser implementado de 2013 a 2016, é um legado dos primeiros anos de vivência da Política

Nacional, com todos os seus erros e acertos. É um documento que porta as experiências internacional e local colhidas na última década; além disso, incorpora princípios comuns à proteção dos direitos humanos: da equidade e da inclusão; da *accountability* (acerto/prestação de contas/responsabilização); da participação e transparência; do fortalecimento (*empowerment*) de grupos vulneráveis (ou de vítimas); e da cooperação internacional.

Como se verá na breve análise das linhas operativas do II PNETP, há uma minuciosa descrição de atividades, as quais, de tão diversas e abrangentes, remetem-nos às linhas típicas de uma política pública de Estado que olha para o futuro e que está estreitamente comprometida com o fortalecimento e a garantia dos direitos humanos dos que residem em nosso país. Mas o texto escrito comporta tudo, ou quase tudo. Por isso, o objetivo deste capítulo é abordar os pontos mais relevantes da política brasileira para o Enfrentamento ao Tráfico de Pessoas, com a finalidade de apontar as melhores possibilidades de avanço no tratamento a partir do II PNETP.

Para isso, no próximo tópico abordarei a definição de tráfico de pessoas que foi abraçada no cenário brasileiro. Depois, tratarei das linhas gerais do Enfrentamento ao Tráfico de Pessoas no Brasil. Por fim, farei uma análise dos desafios e das potencialidades para enfrentar esse nefasto crime no plano local. O último tópico extrai a importância da participação da parceria Estado-sociedade como eixo estruturante no Enfrentamento ao Tráfico de Pessoas.

8.2. O QUE É TRÁFICO DE PESSOAS NO CENÁRIO BRASILEIRO?

O conceito base de Tráfico de Pessoas é o Protocolo de Palermo (ONU, 2000). A partir dessa definição, que tem adesão de cerca de quase 200 países, os manuais sobre o tema fazem referência ao Tráfico de Pessoas (doravante TP) como um processo composto por etapas, em que são desenvolvidas/sofridas ações específicas. Em quaisquer das etapas, no entanto, para se caracterizar o TP devem ser identificadas algumas das ações mencionadas no conceito acima.

Sistematicamente, do conceito são extraídas as etapas referentes à forma, aos meios e à finalidade do tráfico humano. As ações que integram cada fase, quanto à *forma* como se trafica gente: recrutamento, o transporte, a transferência, o alojamento ou o acolhimento de pessoas); aos *meios* usados para traficar: ameaça ou uso da força ou outras formas de coação, rapto, fraude, engano, abuso de autoridade ou situação de vulnerabilidade ou entrega ou aceitação de pagamentos ou benefícios para obter o consentimento de uma pessoa que tenha autoridade sobre outra); e à *finalidade* do tráfico: exploração de pessoas como recursos rentáveis financeiramente.

Um grande avanço no Protocolo é o afastamento do consentimento da vítima para caracterização do crime de TP. Quando da discussão e consolidação do conceito de TP, nos fins dos anos 90, os casos concretos já demonstravam a fragilidade das pessoas em situação de tráfico e a abertura para impunidade quando se analisavam as condições do crime a partir da vontade, colaboração, adesão ou silêncio da pessoa explorada e traficada. Notou-se que havia muitos casos de TP em que havia consentimento (livre e informado) e conhecimento (amplo ou mesmo parcial) acerca da exploração. Nesse esteio, Daniela Scacchetti destaca que:

> Em relação ao recrutamento, um dos pontos de maior discussão na definição do tráfico de pessoas está relacionado ao consentimento da vítima. É essencial notar que as organizações criminosas se valem de um certo grau de "colaboração da vítima" para a execução das fases do delito, principalmente para o aliciamento. No entanto, conforme o texto do Protocolo de Palermo, o consentimento da vítima é irrelevante para a caracterização do fato como tráfico de pessoas, desde que o perpetrador se utilize de ameaça, força, coação, rapto, fraude, engano, abuso de autoridade, pagamentos, benefícios ou se aproveite da situação de vulnerabilidade da vítima.[2]

O entendimento que norteou a definição de TP no Protocolo foi o de absoluta desproporcionalidade entre os perpetradores e a pessoa traficada. Assim, mesmo em uma situação

---
[2] SCACCHETTI, Daniela. O tráfico de pessoas e o Protocolo de Palermo sob a ótica de direitos humanos. Revista Internacional de Direito e Cidadania, n. 11, p. 25-38, out. 2011.

de consentimento da vítima no momento do recrutamento, a presunção é que este consentimento não seria legítimo, por atingir a autonomia e a dignidade inerentes a todo ser humano, e, principalmente, porque a compreensão da violência que viria a seguir, especialmente no cativeiro, seria sempre distorcida, minimizada.

Passados quase 15 anos da edição do Protocolo, a desimportância do consentimento para repressão ao TP é ainda muitíssimo atual e útil, já que as pesquisas continuam a demonstrar que as vítimas desse tipo de crime nem sempre conseguem reconhecer a condição de vítimas ou de exploradas. Passada a violência, para os que conseguem se libertar do esquema criminoso, a pessoa busca seguir sua vida, guardando segredo sobre o que passou, por se considerar, de certa maneira, culpada. Há também casos em que as pessoas em situação de tráfico estão tão envolvidas com os aliciadores que nem percebem a atuação da rede de tráfico.[3]

Outra questão muitíssimo relevante para o cenário brasileiro é a atenção ao estrangeiro em situação de tráfico. O Brasil não é somente "exportador" de vítimas, mas também "importador". E essa forma de exploração/violência não pode ser ignorada na construção da política pública de ETP. Nesse sentido, muito foi discutido nas rodadas de elaboração do II PNETP e a indicação dos especialistas era que há necessidade de um esforço de padronização no sentido de que o tráfico humano seja gênero e o tráfico de pessoas e o contrabando de migrantes sejam espécies de violação contra os direitos humanos:

> A abrangência da expressão "tráfico de pessoas" e sua correta e compreensível aplicação demanda um esforço de padronização, de modo a incluir não somente o tráfico de pessoas em sentido estrito, em que a vítima é submetida a uma situação de violência ou fraude, mas também o contrabando de migrantes, na medida em que as diferentes situações de risco a que pessoa se acha exposta

---

[3] MINISTÉRIO DA JUSTIÇA. Jornadas Transatlânticas: uma pesquisa exploratória sobre tráfico de seres humanos do Brasil para Itália e Portugal. Disponível em: <portal.mj.gov.br/services/.../FileDownload.EZTSvc.asp?>. Acesso em: 22 out. 2012.

aumentam as possibilidades da exploração ilegal ou da prática de alguma atividade ilícita. A exploração ilegal e a atividade ilícita são os fins aos quais se destinam tanto o tráfico de pessoas como o contrabando de migrantes, ainda que as pessoas que trafiquem ou contrabandeiem não sejam as mesmas que aqueles que exploram ilegalmente. Essa assertiva é justificada pelos seguintes fatores: 1º) o fato de que a vítima de tráfico, por violência ou fraude, quando no território de outro país, ali se encontra, na grande maioria das vezes, em situação ilegal; 2º) muitas hipóteses de tráfico de pessoas estão dissimuladas em comportamentos que se caracterizam como mero contrabando de migrantes; 3º) a exploração ilegal ou a atividade ilícita a que se acha exposta a vítima, como a exploração sexual, o trabalho forçado, a extração ilegal de órgãos, dentre outros, têm como objeto não somente a vítima que é traficada no sentido estrito, mas também aquele que imigra ilegalmente; 4º) o bem jurídico tutelado tanto no tráfico de pessoas em sentido estrito, como no contrabando de migrantes, é a mesma dignidade humana, traduzida na preservação da vida e da integridade física e psíquica, no exercício de direitos básicos, como saúde e educação.[4]

Essa assertiva guarda toda a lógica sob a ótica das medidas protetivas e garantidoras da dignidade e a integridade do ser humano. Especialmente nas modalidades exploração sexual e trabalho escravo, o TP guarda estreita relação com movimentos/fluxos migratórios, apesar da distinção existente entre TP e contrabando de migrantes. Em ambos os casos, a situação de vulnerabilidade das vítimas, que ingressam em um país estranho e ficam totalmente sujeitas à rede criminosa, é potencializada. Por isso, mesmo que, em determinada situação, a tônica seja problema de migração ou de ordem pública ou, ainda, de desmantelamento da organização criminosa, o tratamento deve ser sempre integrado e sob a perspectiva dos direitos humanos e mesmo do direito humanitário.

Certamente, não se defende a inexistência de regras e condições impostas pelo Estado em que a pessoa se encontra, mas sim o acolhimento de quem esteja em situação de tráfico, seja estrangeiro ou nacional, seja migrante ilegal ou legal, já que esta é

---

[4] RIBEIRO, Anália Belisa; BECHARA, Fábio. In: ENCONTRO NACIONAL, II. PLANO NACIONAL DE ENFRENTAMENTO AO TRÁFICO DE PESSOAS: Busca pelo Marco Legal, *Revista Internacional de Direito e Cidadania*, n. 13, p. 197-200, jun. 2012.

uma situação especial, anormal e de alta vulnerabilidade. Nota-se que a construção doutrinária dos países em que há normas mais severas para migração (Europa central e Estados Unidos) é no sentido de distinguir o contrabando de migrantes do tráfico de pessoas, com afastamento da presunção de violência para o caso da pessoa contrabandeada. O argumento é que: a) o migrante contrabandeado tem conhecimento do ato criminoso e consente com o mesmo. b) que sua exploração cessa com a chegada ao destino; e c) que o contrabando é um crime transnacional. Mas essa interpretação, apesar de correta, não deixa de ser estranha, já que, na prática, as vítimas do tráfico humano tendem a ser afetadas mais severamente. E ainda: a irregularidade/ilegalidade na documentação da pessoa contrabandeada a torna uma presa fácil de grupos criminosos, inclusive para ser escravizada e passar à categoria de vítima do tráfico de pessoas.

No plano internacional, a nova Diretiva do Parlamento Europeu e do Conselho relativa à prevenção e luta contra o tráfico de seres humanos e à proteção das vítimas (Directiva 2011/36/UE) busca uma ampliação dos casos em que a pessoa pode ser considerada vítima, em uma aproximação velada entre todos que se encontram em situação de tráfico humano (aqui vale destacar, no entanto, que não se pode afirmar que a intenção da normativa é abranger os imigrantes ilegais, contrabandeados voluntariamente). Nesse documento, a presunção de vulnerabilidade da vítima é acentuada pela inclusão de novas formas de exploração como a mendicância forçada, a adoção ilegal, o casamento forçado e a exploração para atividades criminosas (pequenos furtos ou roubos, tráfico de drogas etc.).

Em outras palavras, a diferenciação de tratamento entre categorias de tráfico humano pode, em diversas situações, ir na contramão da adoção de medidas de prevenção ao TP, afrontando o Protocolo de Palermo e outros documentos do plano internacional bem como o PNETP, que têm a prevenção como uma de suas diretrizes. Sobre as ações preventivas indicadas no Protocolo de Palermo, Daniela Scacchetti descreve:

> O Protocolo de Palermo define em seu Capítulo III medidas de prevenção, cooperação e segurança. No tocante às ações de prevenção, o artigo 9 elenca: "pesquisas, campanhas de informação e de difusão através de órgãos de comunicação, bem como iniciativas sociais e econômicas", incluindo planos e programas com a cooperação com organizações não governamentais, outras organizações relevantes e outros elementos da sociedade civil. Além disso, o tratado prevê medidas para a redução dos fatores de vulnerabilidade das pessoas ao tráfico, especialmente mulheres e crianças, através do combate à pobreza, ao subdesenvolvimento e à desigualdade de oportunidades, incentivando a cooperação bilateral ou multilateral entre os Estados-partes. Também são mencionadas medidas legislativas, educacionais, sociais e culturais, com o objetivo de desencorajar o aliciamento para a exploração de pessoas.
>
> Assim, para que sejam evitados novos casos de tráfico de pessoas, não apenas as potenciais vítimas, mas também as pessoas que podem vir a se tornar criminosas, devem receber informações, esclarecimentos e oportunidades, tendo garantidos de forma plena seus direitos civis, econômicos e sociais.

O que se quer alertar é que em todo processo de tráfico humano, além da violação da dignidade e liberdade das pessoas traficadas, há um padrão de violência que combina a restrição ou supressão da liberdade da vítima com o afastamento ou a vulnerabilidade dos "portos seguros" dessa vítima (por exemplo: núcleo familiar ou de amigos, espaço físico de referência, residência, local de trabalho etc.). Por isso, no TP há o deslocamento (consentido ou não) para outro local em que a vítima será alojada e explorada por outrem.[5]

A percepção predominante da absorção/vivência do conceito de tráfico de pessoas do Protocolo de Palermo pelo Brasil refletiu a necessidade de se tratar o fenômeno com princípios e ferramentas próprias, sob a ótica das vítimas e o protagonismo do Estado, cabendo a este envolver a sociedade civil nas ações de enfrentamento.

Esse é o assunto do próximo tópico.

---

[5] NAÇÕES UNIDAS. Escritório sobre Drogas e Crime. Programa de Combate ao Tráfico de Seres Humanos. Disponível em: <http://www.unodc.org/brazil/pt/programasglobais_tsh_inicial.html.>

8.3. A POLÍTICA BRASILEIRA DE ENFRENTAMENTO AO TRÁFICO DE PESSOAS

8.3.1. LINHAS GERAIS DO ENFRENTAMENTO AO TRÁFICO DE PESSOAS NO CENÁRIO BRASILEIRO

O estabelecimento de traços direcionadores das políticas públicas com foco no tráfico de pessoas surge no Brasil em 2004, quando o Governo brasileiro depositou o instrumento de ratificação junto à Secretaria-geral da ONU e publicou o Decreto 5.015 (de 12 de março de 2004) no qual formalizava os compromissos assumidos.

Para cumprir as obrigações previstas no Protocolo de Palermo (ONU, 2000), o Estado brasileiro tem construído, em sintonia com sua agenda de direitos humanos, sua política pública para o Enfrentamento ao Tráfico de Pessoas (ETP). Essa política conjuga medidas penais – aptas à repressão e responsabilização do tráfico de pessoas – com medidas preventivas, educativas (e de capacitação) e ações de acolhimento às vítimas.

O fio condutor do ETP é a oferta de condições básicas para que cada pessoa (em situação de tráfico ou vulnerável para essa situação) possa ter uma vida dentro de um padrão digno, com seus direitos básicos assegurados. Além disso, a abordagem sob a ótica dos direitos humanos indica que as ações de prevenção, responsabilização, acolhimento e parcerias estão vinculadas à possibilidade dos residentes em nosso país, nacionais ou estrangeiros, exercerem suas liberdades fundamentais, sob um patamar mínimo de democracia, inclusive por meio do acompanhamento da execução das políticas públicas que contemplam essas demandas.

No Brasil, um dos grandes desafios, é transformar esse fio condutor do ETP em ações integrantes de uma política pública de Estado, que tenha continuidade independentemente da visão política do governante. A mudança de paradigma no ETP começa pela importância da prevenção – de se atingir e proteger as vítimas em potencial, as pessoas que em tese estejam mais vulneráveis às violações praticadas no TP – e do acolhimento da vítima que já sofreu os atos nefastos. Nesse caso, o ETP tem como prioridade a oferta de suporte para (re)construir um futuro dessas vítimas pautado em valores ligados à equilibrada distribuição dos bens essenciais para usufruir uma vida digna e com liberdade.

A Política Nacional de Enfrentamento ao Tráfico de Pessoas, de 2006, traz, dentre suas diretrizes, as específicas para a proteção das vítimas, que são: proteção e assistência jurídica, social e de saúde às vítimas diretas e indiretas de tráfico de pessoas; assistência consular às vítimas diretas e indiretas de tráfico de pessoas, independentemente de sua situação migratória e ocupação; acolhimento é abrigo provisório das vítimas de tráfico de pessoas; reinserção social com a garantia de acesso à educação, cultura, formação profissional e ao trabalho às vítimas de tráfico de pessoas; reinserção familiar e comunitária de crianças e adolescentes vítimas de tráfico de pessoas; atenção às necessidades específicas das vítimas, com especial atenção a questões de gênero, orientação sexual, origem étnica ou social, procedência, nacionalidade, raça, religião, faixa etária, situação migratória, atuação profissional ou outro status; proteção da intimidade e da identidade das vítimas de tráfico de pessoas; e levantamento, mapeamento, atualização e divulgação de informações sobre instituições governamentais e não governamentais situadas no Brasil e no exterior que prestam assistência a vítimas de tráfico de pessoas.

No âmbito legislativo, como em outros países, no Brasil tem-se discutido o tema, mas ainda não se deu uma resposta efetiva no que toca à responsabilização criminal para os perpetradores dessa grave agressão. A peculiaridade e a complexidade do crime de tráfico de pessoas exigem uma reforma legislativa que contemple as características do crime organizado (sua natureza empresarial e transnacional) e tipifique as condutas dos integrantes dessas redes criminosas. Além disso, é necessário um aperfeiçoamento do processo penal na matéria, com o olhar atento para a vítima (vulnerável e que precisa, em muitas situações, ser incluída em um sistema de proteção à testemunha), à coleta de provas, ao bloqueio dos bens dos integrantes das redes criminosas, estejam estes bens no Brasil ou no exterior, dentre outras questões.[6]

O governo brasileiro, tanto pelo poder Legislativo como pelos poderes executivo e judiciário, está atento ao tema, e a expectativa é que as reformas/aperfeiçoamentos venham em um prazo relativamente exíguo. Pelo foco da pesquisa exposta neste texto, não há como adentrar na seara da responsabilização criminal, em que pese sua importância para o ETP, especialmente porque o processamento penal dos participantes de esquemas criminosos complexos, com o desmonte e a desestabilização das quadrilhas, é uma resposta efetiva à impunidade e uma forma relevante de prevenção (e de inibição) dessa nefasta violação à integridade do ser humano.

Como se verá no próximo tópico, essas medidas foram replicadas, de modo detalhado, nos Planos Nacionais de ETP, com destaque para o previsto no II PNETP, que se aproveita da experiência do Plano anterior e das inúmeras ações, bem ou mal-sucedidas, realizadas nos primeiros anos de tratamento do tema como política pública no país.

8.4. O II PNETP E SUAS POTENCIALIDADES

A Política Nacional de Enfrentamento ao Tráfico de Pessoas, estruturante do tratamento do tema no plano local, foi promulgada em 2006, com a finalidade de estabelecer princípios, diretrizes e ações de prevenção e repressão ao tráfico de pessoas e de atendimento às vítimas.[7] A partir desse documento, que criou um Grupo de Trabalho Interministerial sob coordenação

---

[6] FREITAS JÚNIOR, Antônio Rodrigues. Tráfico de Pessoas e Repressão ao Crime Organizado. Revista Internacional de Direito e Cidadania, n. 3, p. 12, 2009, p.12.
[7] BRASIL. Decreto n. 5.948, de 26 de outubro de 2006. Aprova a Política Nacional de Enfrentamento ao Tráfico de Pessoas e institui Grupo de Trabalho Interministerial com o objetivo de elaborar proposta do Plano Nacional de Enfrentamento ao Tráfico de Pessoas (PNETP).

do Ministério da Justiça, foi possível a discussão e formulação de proposta para o I Plano Nacional de Enfrentamento ao Tráfico de Pessoas, que vigorou de 2008 a 2010.

Os princípios direcionadores dessa Política Nacional de Enfrentamento ao Tráfico de Pessoas são:[8] respeito à dignidade da pessoa humana; não discriminação por motivo de gênero, orientação sexual, origem étnica ou social, procedência, nacionalidade, atuação profissional, raça, religião, faixa etária, situação migratória ou outro status; proteção e assistência integral às vítimas diretas e indiretas, independentemente de nacionalidade e de colaboração em processos judiciais; promoção e garantia da cidadania e dos direitos humanos; respeito a tratados e convenções internacionais de direitos humanos; universalidade, indivisibilidade e interdependência dos direitos humanos; e transversalidade das dimensões de gênero, orientação sexual, origem étnica ou social, procedência, raça e faixa etária nas políticas públicas. A Política também estabelece as diretrizes gerais para o ETP, bem como diretrizes específicas de acordo com cada eixo de atuação: prevenção, repressão e acolhimento às vítimas.

Em janeiro de 2008, foi aprovado o I Plano Nacional de Enfrentamento ao Tráfico de Pessoas (PNETP),[9] cujo prazo de implementação terminou em 2010. Logo após a edição desse I PNETP, as iniciativas do governo brasileiro foram consideradas eficientes em avaliação da UNODC (sigla em inglês para Escritório da ONU sobre Drogas e Crimes). Conforme Relatório Global da UNODC, de fevereiro de 2009, em uma pesquisa realizada em 155 países, o Brasil está entre os países que apresentaram avanços efetivos nas ações e na legislação para o enfrentamento ao tráfico de pessoas. O documento da ONU citou a instituição da Política (2006) e do Plano (2008) de Enfrentamento ao Tráfico de Pessoas, conduzidas pelo Ministério da Justiça, via Secretaria Nacional de Justiça – SNJ/MJ, como medidas eficientes do

---

[8] *Ibidem.* No termos do art. 3°, incisos I a VII, do Anexo, do Decreto n° 5.948/2006.
[9] BRASIL. Decreto n. 6.347, de 8 de janeiro de 2008. Aprova o Plano Nacional de Enfrentamento ao Tráfico de Pessoas – PNETP e institui Grupo Assessor de Avaliação e Disseminação do referido Plano.

governo brasileiro.[10] No mesmo relatório, há menção também à modificação na legislação penal (pela Lei n. 11.106/2005), com a tipificação de conduta como tráfico de pessoas.

No entanto, essa modificação legislativa foi muito tímida e não atendia à repressão necessária para esse tipo de crime. Desde a edição do dispositivo penal, os juristas e pessoas que atuam no ETP consideram que o tipo penal era restrito e só alcançava conduta praticada contra vítimas do gênero feminino e adultas, traficadas internacionalmente para fins de exploração sexual.

O I PNETP visava dar uma resposta ao problema em três grandes eixos de atuação, mencionados no Protocolo de Palermo como estratégicos para um enfrentamento efetivo: a) prevenção ao tráfico de pessoas; b) repressão ao crime e responsabilização de seus autores; e c) atenção às vítimas. A percepção do Estado brasileiro, desde a implementação do I Plano, foi de que o tratamento da temática de enfrentamento ao tráfico de pessoas deveria ser feito de acordo com a perspectiva de direitos humanos, a qual exigiria não somente uma rigorosa ação repressiva estatal mas também o compartilhamento de algumas tarefas com a sociedade. Dentre outras, pode-se mencionar como tarefas essa natureza colaborativa Estado-sociedade: levantamento de dados e acúmulo de conhecimento; capacitação de atores para o ETP; aperfeiçoamento da legislação brasileira, com a abertura da discussão com a sociedade; padronização de troca de informações entre órgãos, inclusive via cooperação internacional.

Assim, ao lado de medidas repressivas, típicas do Estado, notou-se o envolvimento de ONGs e órgãos públicos do executivo federal e estadual e também instituições como o Ministério Público, Defensorias Públicas, dentre outros, para cumprimento

---

[10] UNITED NATIONS OFFICE ON DRUGS AND CRIME – UNODOC. Relatório Global sobre Tráfico de Pessoas. Disponível em: <www.unodc.org/pdf/brazil/relatorio_tip/SumarioExecutivo_TIP.doc>. Acesso em: 22 jul. 2012. No Brasil, a SNJ trabalha em conjunto com a UNODC desde 2000 em ações para conscientizar governos, empresas e comunidade.

de tarefas que contribuíssem para o fortalecimento da vítima (inclusive a vítima em potencial – grupos vulneráveis) e para a prevenção desse tipo de crime, em uma perspectiva de direitos humanos.

Durante os anos de execução do I PNETP, o Estado brasileiro buscou desenvolver atividades para cumprimento dos três eixos/metas: prevenção, responsabilização e acolhimento às vítimas. No âmbito da prevenção, o esclarecimento do que é e significa a expressão Tráfico de Pessoas é um dos avanços mais notáveis alcançados pelo Governo brasileiro. Nesse eixo, notou-se uma conjugação de esforços entre o Estado e a sociedade para o êxito da Política Nacional de Enfrentamento ao Tráfico de Pessoas.[11]

A concepção da necessidade de um trabalho em rede e de forma pulverizada e descentralizada foi refletida em ações práticas como o incentivo para criação dos Núcleos e Escritórios de Prevenção e Enfrentamento ao Tráfico de Pessoas pelos governos estaduais e também para implantação de Comitês Estaduais, de composição mista, com a participação de representantes de órgãos públicos, do executivo e do Judiciário, e da sociedade civil organizada, de ONGs e movimentos sociais. Todo esse ambiente participativo e de envolvimento de atores diversos no trabalho em rede permitiu a construção de um II Plano Nacional de Enfrentamento ao Tráfico de Pessoas muito mais rico, detalhado e baseado na realidade brasileira. O II PNETP (2013-2016) foi aprovado pela Portaria Interministerial[12] n. 634, publicada no DOU de 26 de fevereiro de 2013. Antes da divulgação do teor deste II PNETP pela referida Portaria, foi promulgado o Decreto n. 7.901/2013, que instituiu a Coordenação Tripartite da

---

[11] No âmbito da prevenção, entre 2007 e 2010 foram realizadas campanhas nacionais para o Enfrentamento ao Tráfico de Pessoas, de iniciativa do governo federal, via Ministério da Justiça, em parceria com Estados e Municípios, sobretudo com aqueles Estados que já contavam com Núcleos de Enfrentamento ao Tráfico de Pessoas (NETP) ou com escritórios especializados no enfrentamento ao TP. Estas campanhas englobaram a distribuição de materiais de divulgação, como cartazes e folderes explicativos, em pontos considerados estratégicos (aeroportos, rodoviárias, postos e núcleos de apoio). Muitas dessas campanhas tiveram apoio da sociedade civil organizada, que trabalhou juntamente com os órgãos públicos com a finalidade de dar visibilidade ao tema. ONGs e Movimentos Sociais também incluíram o enfrentamento ao TP em sua agenda e criaram programas educativos e esclarecedores.

[12] Os Ministérios que publicam a referida Portaria são: Ministério da Justiça, da Secretaria de Políticas para as Mulheres da Presidência da República e da Secretaria dos Direitos Humanos da Presidência da República.

Política Nacional de Enfrentamento ao Tráfico de Pessoas e o Comitê Nacional de Enfrentamento ao Tráfico de Pessoas – CONATRAP. Foi este Comitê o responsável pelo lançamento do II PNETP.

Aqui cabe um parêntese para um destaque que talvez seja necessário na etapa de monitoramento da implementação do II Plano: embora o mencionado Decreto de 2013 tenha alterado por completo a forma de organização do governo brasileiro para lidar com implementação e monitoramento do II PNETP, principalmente a partir da criação de um Comitê Federal para tratar do tema, o anexo do Decreto de 2006, que estabelece as diretrizes da Política Nacional de ETP, ainda está em vigor e é o texto que permite que os Planos Plurianuais de Enfrentamento ao Tráfico de Pessoas incorporem e ampliem ações e metas para o ETP.

Nota-se que este II Plano traz a experiência do anterior e delimita seus objetivos (art. 2º da referida Portaria) em ações que deem visibilidade ao tema, com a sensibilização e mobilização da sociedade, e proporcionem um conhecimento mais sofisticado, atento e difuso das situações de tráfico humano e das formas de enfrentamento. As finalidades desse II PNETP, no entanto, não são diferentes das anteriores, mas sim mais focadas na importância da informação e em seu alcance pelo público em geral e especialmente pelos envolvidos no ETP.

Nesse sentido, os objetivos do Plano vão da ampliação e aperfeiçoamento de órgãos envolvidos no enfrentamento ao tráfico de pessoas ao fomento, inclusive com capacitação dos profissionais, e fortalecimento da cooperação entre órgãos públicos, organizações da sociedade civil e organismos internacionais no Brasil e no exterior, passando pela produção e disseminação de informações sobre o tráfico de pessoas e as ações para seu enfrentamento.

Uma boa nova do II PNETP é a criação do Grupo Interministerial de Monitoramento e Avaliação do II Plano (art. 3º), que funcionará no âmbito do Ministério da Justiça. Dentre suas atribuições, além das esperadas para monitoramento e avaliação, é interessante a previsão de que o Grupo estabeleça metodologia de monitoramento e avaliação do II PNETP (inciso I). Esse dispositivo é um legado do aprendizado na execução da política pública de enfrentamento no Brasil e uma clara indicação do avanço no tratamento do tema no âmbito local. A prática da última década no cenário brasileiro, demonstrou as dificuldades de atuação no Enfrentamento ao Tráfico humano sem dados sistematizados.

O II PNETP prevê 5 linhas operativas: 1 – Aperfeiçoamento do marco regulatório para fortalecer o ETP; 2 – Integração e fortalecimento das políticas públicas, redes de atendimento, organizações para prestação de serviços necessários ao ETP; 3 – Capacitação para o enfrentamento ao tráfico de pessoas; 4 – Produção, gestão e disseminação de informação e conhecimento sobre tráfico de pessoas; 5 – Campanhas e mobilização para o ETP. Cada linha operativa descreve uma série de atividades e metas para os próximos quatro anos.

O II Plano abraça a ideia também presente na doutrina de direitos humanos no sentido que a construção de alicerces para o ETP precisa de valores e mecanismos democráticos, bem como de um Estado comprometido com o respeito e a promoção de tais valores, mas principalmente atento para "impedir que os economicamente mais fracos não sejam esmagados pelos economicamente mais fortes *ou que estes causem danos irreparáveis a bens de interesse comum*".[13] Muitas das atividades previstas em cada uma das linhas operativas do II PNETP iluminam as necessidades dos vulneráveis, dos excluídos e dos discriminados, possibilitando que as políticas públicas sejam pensadas e desenhadas, de modo participativo, para atender aos que ainda não se beneficiaram das medidas para minimização da vulnerabilidade de certos grupos. É um Plano voltado aos direitos humanos.

A concepção contemporânea é de que os direitos humanos integram uma unidade indivisível, interdependente e inter-relacionada, com traços que permitem a conciliação entre catálogos de direitos civis e políticos e de direitos sociais, econômicos e culturais e precisam

---

[13] COUTO E SILVA, Almiro do. Os indivíduos e o Estado na realização de tarefas públicas. In: MELLO, Celso A. Bandeira de (org.). *Estudos em Homenagem a Geraldo Ataliba* – Direito Administrativo e Constitucional. p. 74-110.

de um patamar mínimo de democracia.[14] Como os direitos humanos são tema que abriga uma diversidade de direitos, há um esforço contínuo nos âmbitos local,[15] regional e internacional para estabelecer instrumentos próprios[16] dedicados às temáticas específicas de acordo com as violações praticadas e com os direitos humanos ameaçados ou violados. O viés de plano que integra a agenda de direitos humanos, já presente no I PNETP, é fortalecido no II PNETP.

A abordagem do ETP como medida protetiva e garantidora dos direitos humanos remete à concepção de que as ações que enfrentem o tráfico humano não estão apenas ligadas a demandas sociais, econômicas e humanitárias, mas sim ao resguardo de direitos que, por sua natureza de direito indivisível, interdependente e inter-relacionado, pressupõem uma conciliação entre os catálogos de direitos civis e políticos e de direitos sociais, econômicos e culturais. Por isso, o fio condutor do II PNETP é a oferta de condições básicas para que cada pessoa tenha capacidade econômica para fruir uma vida saudável, longeva, com educação e dentro de um padrão digno.[17] Além disso, a abordagem de direitos humanos indica a possibilidade dos povos e dos indivíduos exercerem suas liberdades fundamentais, sob um patamar mínimo de democracia,[18] inclusive com a formulação de suas necessidades e com mobilidade espacial, se quiserem.

---

[14] STEINER, Henry J.; ALSTON, Philip. *International Human Rights in Context*. New York: Oxford University Press, 2000.
[15] ABREGÚ, Martín; COURTIS, Christian. *La aplicación de los tratados sobre derechos humanos por los tribunales locales*. Buenos Aires: Editores del Puerto, 2004.
[16] Sobre a justiciabilidade dos direitos sociais ver:
   TRINDADE, Antônio Augusto Cançado. La justiciabilidad de los derechos económicos, sociales y culturales en el plano internacional. In: *Lecciones y Ensayos*. Buenos Aires: Universidad de Buenos Aires, Facultad de Derecho.
   PERROT, Abeledo, 1998. ABRAMOVICH, Víctor; COURTIS, Christian. Apuntes sobre la exigibilidad judicial de los Derechos Sociales. In: ABRAMOVICH, Víctor, AÑON, María José; COURTIS, Christian. *Derechos Sociales*. Instrucciones de uso. Buenos Aires: Distribuciones Fontamarra, 2003. ABRAMOVICH, Víctor; COURTIS, Christian. Los derechos sociales como derechos exigibles. 2.ed. Madrid: Trotta, 2004.
[17] O programa de desenvolvimento das Nações Unidas (UNDP - sigla em inglês) define o desenvolvimento humano como: "a process of enlarging people's choices. The most critical ones are to lead a long and healthy life, to be educated, and to enjoy a decent standard of living. Additional choices include political freedom, guaranteed human rights and self-respect." UNITED NATIONS DEVELOPMENT PROGRAMME – UNDP. Human Development Report. New York: UNDP, 1990, p. 10.
[18] STEINER, Henry J.; ALSTON, Philip. *International Human Rights in Context*. New York: Oxford University Press, 2000.

Apenas para exemplificar com algumas atividades, na linha operativa n. 2, que versa sobre políticas públicas para ETP, há previsão de: criação e implementação de Protocolo nacional para atendimento à vítima; dotação orçamentária para custear o retorno das vítimas às comunidades em que desejam regressar; disque 100 e Ligue 180 ampliados, internacionalizados e divulgados; estratégia para a incorporação do tema do tráfico de pessoas ao atendimento do Sistema Único de Saúde – SUS; inventário nacional de serviços de acolhimento temporário que atendem ou podem atender vítimas de tráfico de pessoas; Campo que contemple as vítimas de tráfico de pessoas incluído no Cadastro Único para Programas Sociais – CadÚnico; e também "ações de inclusão produtiva e de enfrentamento à evasão escolar de populações vulneráveis ao tráfico de pessoas realizadas, em particular, lésbicas, gays, bissexuais, travestis e transexuais".

8.5. O EIXO DA PARCERIA NO ETP: CONHECIDA E/OU ANTIGA NOVIDADE?

A parceria com a sociedade para o ETP não é um fenômeno da democracia brasileira, mas um padrão seguido pelos Estados que querem ter maior êxito no combate ao crime de TP. Pela gravidade, complexidade e violência do crime de tráfico de pessoas, o envolvimento da sociedade deve ser expressivo e, na medida do possível, capacitado para compreender, identificar e combater as situações de tráfico humano. A participação de atores não estatais com foco nessa temática não se destina somente a colaborar com o Poder Público na realização das tarefas estabelecidas no ETP, mas principalmente a ocupar um espaço de repercussão pública no cenário sociopolítico. Por isso, a parceria com a sociedade passou a ser um eixo de atuação no ETP em Estados Democráticos de Direito.

Até a primeira década deste século, a comunidade internacional falava em três eixos: prevenção, repressão e acolhimento/atendimento às vítimas. No entanto, nos últimos relatórios produzidos por organismos internacionais e por Estados-parte do Protocolo, com especial destaque para o Relatório dos

EUA, de 2010[19], foi acrescentada a parceria como eixo. E assim atualmente o ETP tem quatro eixos (os "quatro Ps" na sigla em inglês), com a valorização da parceria entre governo e outros órgãos públicos e privados envolvidos com o tema. O que, no cenário brasileiro, tratamos como Rede.

A parceria é um eixo do ETP, um elemento essencial para o êxito no desenvolvimento dos três outros eixos: repressão, prevenção e acolhimento, mas também é um eixo autônomo, que merece análise apartada, para melhor compreensão de seu significado e alcance na execução da política pública de Enfrentamento ao Tráfico de Pessoas e, mais especificamente, no execução e monitoramento do II Plano Nacional de Enfrentamento ao Tráfico de Pessoas.

É interessante notar que as linhas operativas 3, 4 e 5 do II PNETP (3 – Capacitação para o enfrentamento ao tráfico de pessoas; 4 – Produção, gestão e disseminação de informação e conhecimento sobre tráfico de pessoas; 5 – Campanhas e mobilização para o ETP) são construídas com a expectativa de envolvimento real da sociedade civil. Da leitura das medidas em cada uma das linhas, não se afasta o protagonismo do Estado, mas a correta percepção de que o Plano funcionará e terá maior chance de êxito com a participação da sociedade, é a mais adequada para o cenário brasileiro, pautado em valores democráticos e com uma democracia participativa em andamento.

Aliás, durante o I PNETP a sociedade já buscou seu lugar na implementação do Plano e o resultado foi um trabalho em rede, desorganizado e de certo modo aleatório, que contribuiu para o aprofundamento das discussões do II PNETP. A construção de uma rede mais organizada ganhou contornos com o I Encontro Nacional da Rede de Enfrentamento ao Tráfico de Pessoas, realizado em 2010, em Belo Horizonte. Naquele momento, o I PNETP estava em seus últimos meses e já havia forte sentimento, dos diversos profissionais envolvidos, tanto do setor público como das ONGs e Movimentos Sociais, de que a Política de ETP precisava continuar e não podia "esquecer" todo o aprendizado dos primeiros anos.

---

[19] DEPARTMENT OF STATE OF UNITED STATES OF AMERICA. Trafficking in Persons Report, 2010.

8.6. Conclusão

Pelo que vem sendo discutido e estabelecido em diversos documentos, nos âmbitos local e internacional, sobre o enfrentamento ao tráfico de pessoas, nota-se que ainda há muitos obstáculos a serem ultrapassados até se chegar a um desenho razoável, com mecanismos que possibilitem um equilíbrio, uma segurança mínima às vítimas (potenciais e efetivas) e um patamar razoável de justiça, com a responsabilização dos agentes que integram as redes criminosas especializadas na exploração de seres humanos para fins de tráfico de pessoas.

O Estado brasileiro tem assumido uma postura de não compactuação com a violência ao promover a responsabilização criminal individual nesse tipo de conduta criminosa e ao buscar meios para prevenir e reprimir o crime. A atenção às vítimas também tem sido objeto de medidas. No entanto, em todos os eixos do ETP, há evidentes fragilidades no plano normativo (ausência de tipificação penal de algumas condutas, por exemplo) e no âmbito político-administrativo (ausência de programas educacionais/preventivos capitalizados, de dados sobre o TP no país- -rota, vítimas, causas etc. – e de proteção efetiva aos estrangeiros traficados, dentre outros).

As fragilidades se refletem nas dificuldades de superação dos inúmeros desafios presentes no enfrentamento ao tráfico. E a conclusão mais precisa é a de que a abordagem do tráfico de pessoas deve ser holística e interdisciplinar, focalizada na proteção integral das vítimas, na defesa dos direitos humanos e na identificação e responsabilização dos violadores e no desmonte de sua quadrilha. Essa atuação, sob protagonismo do Estado, dependente de vários atores da rede de enfrentamento. As dificuldades e lacunas, legais e administrativas, no entanto, não são intransponíveis; e edição do II PNETP dá novos ares aos velhos e conhecidos desafios.

O II PNETP está pronto para ser testado, implementado e aperfeiçoado. É um documento que ampara uma gama enorme de ações e medidas, que dependem da vontade política dos governantes, mas também da melhor estruturação e oferta de uma série de serviços. Nesse ponto, a participação da sociedade, atenta e vigilante, é fundamental

Da leitura das atividades previstas em cada linha operativa, nota-se que o êxito do II Plano vem da integração entre órgãos, da capacitação de todos e do respeito incondicional à integridade do ser humano. No II Plano, assim como na Política Nacional de Enfrentamento, de 2006, há uma visão da necessidade de se criar e consolidar uma cultura de Educação para o Enfrentamento ao Tráfico de Pessoas. Há também uma valorização da transparência e acesso fácil às informações sobre o TP, como forma de prevenção e também de responsabilização dos perpetradores.

Nesse quadro, tornam-se ainda mais relevantes o compartilhamento das práticas exitosas e a construção de uma base teórica e legislativa que forneça subsídios consistentes para prevenir, enfrentar e superar esse crime. Embora o II PNETP não tenha o condão de tornar esse mosaico tão diverso mais fácil de ser trabalhado (como nenhum documento ou mesmo legislação o teria!), há no II Plano desenhos que podem ilustrar as ações concretas e possibilitar avanços no embate cotidiano com os tristes e nefastos acontecimentos decorrentes do tratamento do ser humano como mercadoria que pode ser vendida e traficada.

BIBLIOGRAFIA

ABRAMOVICH, Víctor; COURTIS, Christian. *Apuntes sobre la exigibilidad judicial de los Derechos Sociales*. In: ABRAMOVICH, Víctor, AÑON, María José; COURTIS, Christian. *Derechos Sociales: Instrucciones de uso*. Buenos Aires: Distribuciones Fontamarra, 2003.

ABRAMOVICH, Víctor; COURTIS, Christian. *Los derechos sociales como derechos exigibles*. 2 ed. Madrid: Trotta, 2004.

ABREGÚ, Martín; COURTIS, Christian. *La aplicación de los tratados sobre derechos humanos por los tribunales locales.* Buenos Aires: Editores del Puerto, 2004.

BRASIL. Decreto n. 5.948, de 26 de outubro de 2006. Aprova a Política Nacional de Enfrentamento ao Tráfico de Pessoas e institui Grupo de Trabalho Interministerial com o objetivo de elaborar proposta do Plano Nacional de Enfrentamento ao Tráfico de Pessoas – PNETP.

_____. Decreto n. 6.347, de 8 de janeiro de 2008. Aprova o Plano Nacional de Enfrentamento ao Tráfico de Pessoas – PNETP e institui Grupo Assessor de Avaliação e Disseminação do referido Plano.

COUTO E SILVA, Almiro do. Os indivíduos e o Estado na realização de tarefas públicas. In: MELLO, Celso A. Bandeira de (org.). *Estudos em Homenagem a Geraldo Ataliba* – Direito Administrativo e Constitucional. p. 74-110.

DEPARTMENT OF STATE OF UNITED STATES OF AMERICA. *Trafficking in Persons Report*, 2010.

FREITAS JÚNIOR, Antônio Rodrigues. *Tráfico de Pessoas e Repressão ao Crime Organizado.* Revista Internacional de Direito e Cidadania, n. 3, p. 12, 2009, p. 12.

MINISTÉRIO DA JUSTIÇA. *Jornadas Transatlânticas:* uma pesquisa exploratória sobre tráfico de seres humanos do Brasil para Itália e Portugal. Disponível em: <portal.mj.gov.br/services/.../FileDownload.EZTSvc.asp?>. Acesso em: 22 out. 2012.

NAÇÕES UNIDAS. Escritório sobre Drogas e Crime. Programa de Combate ao Tráfico de Seres Humanos. Disponível em: <http://www.unodc.org/brazil/pt/programasglobais_tsh_inicial.html.>

PERROT, Abeledo, 1998.

RIBEIRO, Anália Belisa; BECHARA, Fábio. In: *Encontro Nacional, II. Plano Nacional de Enfrentamento ao Tráfico de Pessoas*. Busca pelo Marco Legal, Revista Internacional de Direito e Cidadania, n. 13, p. 197-200, jun. 2012.

SCACCHETTI, Daniela. O tráfico de pessoas e o protocolo de palermo sob a ótica de direitos humanos. *Revista Internacional de Direito e Cidadania*, n. 11, p. 25-38, out. 2011.

STEINER, Henry J.; ALSTON, Philip. *International Human Rights in Context*. New York: Oxford University Press, 2000.

TRINDADE, Antônio Augusto Cançado. La justiciabilidad de los derechos económicos, sociales y *culturales* en el plano internacional. In: *Lecciones y Ensayos*. Buenos Aires: Universidad de Buenos Aires, Facultad de Derecho.

UNITED NATIONS DEVELOPMENT PROGRAMME – UNDP. *Human Development Report*. New York: UNDP, 1990, p. 10.

UNITED NATIONS OFFICE ON DRUGS AND CRIME – UNODOC. Relatório Global sobre Tráfico de Pessoas. Disponível em: <www.unodc.org/pdf/brazil/relatorio_tip/SumarioExecutivo_TIP.doc>. Acesso em: 22 jul. 2012.

9

O TRÁFICO DE PESSOAS PARA FINS DE EXPLORAÇÃO SEXUAL E TRABALHO ESCRAVO

UMA PROPOSTA DE PESQUISA

Maria Quinteiro[1]

---

[1] Maria Quinteiro é Socióloga, coordenadora do grupo de estudos Gênero, Mulheres e Temas Transnacionais (GEMTTRA) do Núcleo de pesquisa em relações internacionais (NUPRI), da Universidade de São Paulo. Autora de *Viver a dois em Tempos de Incerteza* – razão e emoção na união conjugal. Funchal. Nova Delphi, 2012, e Rio Paraíso: o paraíso conquistado. In: Martins, SJ (org) *Travessias*: a vivência da reforma agrária nos assentamentos. UFGRS, Porto Alegre (RS), 2003 pp 159-202.

9.1. Apresentação

O tráfico de pessoas é crime e violação grave aos direitos humanos fundamentais. A Secretaria Nacional de Justiça e a Secretaria da Justiça e Defesa da Cidadania do estado de São Paulo e as demais secretarias dos outros estados da federação combatem esse crime nos eixos da repressão, prevenção e responsabilização, assistência material e psicológica às vítimas do tráfico, seja para a exploração sexual, seja para o trabalho escravo e para a remoção de órgãos, de homens, mulheres, adolescentes, crianças, transexuais e travestis.

O marco inicial do governo brasileiro no combate ao tráfico de pessoas foi o ano de 2000, quando lançou o Programa Global de combate e enfrentamento ao tráfico de seres humanos e assinou a Convenção das Nações Unidas contra o crime organizado transnacional, em Palermo. Desde então, os programas, planos, políticas de enfrentamento ao tráfico de pessoas, disseminaram-se, ampliaram-se e fortaleceram-se com as parcerias, com os organismos das Nações Unidas, como a OIT e UNODC,[2] e com inúmeras ONGs, em nível federal e estadual, nos eixos da repressão, prevenção e assistência material e psicológica às vítimas. Também, na área do conhecimento e divulgação junto à sociedade em geral, as parcerias entre os governos estaduais, municipais e federais, ONGs, igrejas, universidade, fundações e outras, realizam estudos e pesquisas, seminários; promovem cursos de capacitação técnica e psicológica para os agentes governamentais e não governamentais que atuam diretamente no enfrentamento ao tráfico, além de campanhas publicitárias, de modo que o fenômeno do tráfico seja eficazmente prevenido e combatido.

---

[2] ORGANIZAÇÃO INTERNACIONAL DO TRABALHO; UNODC – Programa das Nações Unidas para o Combate às drogas e ao Crime.

A principal ferramenta elaborada pelas Nações Unidas, em 2000, foi o Protocolo de Palermo[3] e, a partir dele, foi possível aos estados nacionais a criação de um piso normativo comum de entendimento, de modo que fosse viabilizada a cooperação transnacional quanto às medidas repressivas e preventivas e assistência às vítimas. O Protocolo de Palermo consiste no que segue:

a) por "tráfico de pessoas" entende-se o recrutamento, o transporte, a transferência, o alojamento ou acolhimento de pessoas, recorrendo à ameaça ou uso da força ou outras formas de coação, ao rapto, à fraude, ao engano, ao abuso de autoridade ante a situação de vulnerabilidade da vítima, ou à entrega ou aceitação de pagamentos ou benefícios para obter o consentimento de uma pessoa que tenha autoridade sobre outra para fins de exploração. A exploração incluirá, no mínimo, a exploração da prostituição de outrem ou outras formas de exploração sexual, o trabalho ou serviços forçados, escravatura ou práticas similares à escravatura, a servidão ou a remoção de órgãos;
b) o consentimento dado pela vítima de tráfico de pessoas, tendo em vista qualquer tipo de exploração descrito na alínea "a" do presente artigo, será considerado irrelevante se tiver sido utilizado qualquer um dos meios referidos na mesma alínea;
c) o recrutamento, o transporte, a transferência, o alojamento ou o acolhimento de uma criança para fins de exploração serão considerados "tráfico de pessoas" mesmo que não envolvam nenhum dos meios referidos da alínea "a" do presente artigo;
d) o termo "criança" significa qualquer pessoa com idade inferior a dezoito anos. Já no Estatuto da Criança e do Adolescente, criança tem até 12 anos incompletos. De 12 a18 anos, período da adolescência. Acima dos 18 anos, fase adulta.

---

[3] Convenção das Nações Unidas contra Crime organizado, Transnacional e seu Protocolo para Punir, Suprimir e Punir o Tráfico de Pessoas, Especialmente Mulheres e Crianças – Protocolo de Palermo.

O tráfico de pessoas, crime altamente lucrativo, considerado a terceira maior fonte de renda, depois do crime do tráfico de drogas e de armas, em nível mundial, apresenta baixo custo, fácil reposição do estoque de mercadoria humana e baixo risco de punição. Qual a rede criminosa que não lançaria mão desses expedientes?

As estimativas apontam para dois milhões de pessoas traficadas anualmente no mundo. Destes, 80% seria tráfico para a exploração sexual e 20% para trabalho escravo. 50% das pessoas traficadas são menores de 18 anos. Cada pessoa traficada fornece o lucro de 30 mil dólares anuais para a rede criminosa.[4] O Brasil participa com 15% dos dois milhões anuais que engrossam o tráfico de pessoas internacional.

Os condicionantes geralmente apontados pelos estudos e pesquisas sobre o tráfico de pessoas, no que diz respeito às vítimas, referem-se às desigualdades sociais, econômicas e regionais, características de contextos marcados pela alta vulnerabilidade das pessoas aí residentes. As quais podem ser traduzidas nas precárias condições de vida: moradias insalubres, ausência de saneamento básico, baixa escolaridade, baixo grau de inserção no mercado de trabalho, famílias pouco estruturadas, pessoas que do ponto de vista emocional portam baixa autoestima. Apesar dessas condições adversas, há pessoas que buscam sair dessa vida de pobreza, porém as chances de mudança para um melhor patamar social são restritas, dados os níveis de escolaridade, social e econômico.

Essa situação de pobreza é chamariz para os aliciadores recrutarem suas vítimas: os adultos, as crianças e os adolescentes que engrossam o Tráfico de Pessoas, na modalidade exploração sexual ou na do trabalho escravo, municipal, intermunicipal, interestadual e internacional. E também na modalidade de tráfico de órgãos.

---

[4] Conforme UNODC e OIT.

9.2. Trabalho Escravizado

Conforme a conceituação da Organização Internacional do Trabalho (OIT), toda forma de trabalho escravo é degradante, porém nem todo trabalho degradante é trabalho escravo. O que diferencia um do outro é a LIBERDADE. A ausência de liberdade é resultado da associação destes fatores: apreensão dos documentos; dívidas das vítimas ilegalmente impostas pelos aliciadores; impedimento de ir e vir livremente; ameaças e coações contra a vítima e/ou seus familiares.

O trabalho exercido pelas vítimas na situação de tráfico de pessoas, seja para exploração sexual ou para trabalho escravo, no âmbito deste projeto, será considerado trabalho escravizado em ambas as modalidades de exploração, porque as pessoas traficadas não desfrutam de liberdade e de autonomia individuais para regerem suas decisões, suas escolhas, para pensar e agir. Essas ausências violam os direitos humanos e a Constituição brasileira.

A liberdade e autonomia individuais negadas, somadas ao desenraizamento social e cultural, e ambas associadas ao isolamento vivido no contexto de chegada, na situação de vítima, isto por si só já é crime de cárcere privado, além do trabalho em demasia a que as vítimas são submetidas, confirmam a torpe escravização contemporânea. Não ter raízes significa, do ponto de vista sociológico e humano, não ter no mundo um lugar reconhecido e garantido pelos outros. Não ter assento social, portanto, a vítima é um ser descartável, supérfluo, significa não pertencer ao mundo de pessoa alguma. "... o desenraizamento desagrega a vida privada e destrói as ramificações sociais."[5]

O trabalho escravizado é a antítese do TRABALHO DECENTE, já que a liberdade, entre outras condições apontadas pelo Protocolo de Palermo, é a mais essencial.

Segundo a OIT, o Trabalho Decente pressupõe o exercício de um trabalho produtivo, adequadamente remunerado e em condi-

---

[5] LÁFER, Celso – "a política e a condição humana". In: HANNAH, Arendt. *A Condição Humana*. Rio de Janeiro: Forense Universitária, 1987. Sobre as Origens do Isolamento e Desenraizamento, p. VII.

ções de liberdade, equidade e segurança. A forma contemporânea de escravização do trabalho se diferencia da escravidão negra, porque esta vinha amparada na lei e no costume. Porém, não se diferenciam quanto à ausência de liberdade,[6] e à indignidade implícita.

O trabalho realizado pelas vítimas, no Tráfico de Pessoas, dada as condições e formas de seu exercício, é trabalho escravizado, pois carece de dignidade, de liberdade e de criatividade, não condiz com o ser humano, e quem o exerce o faz como se fosse um *animal laborans,* o que contrasta fundamentalmente com as atividades exercidas com criatividade, liberdade e autonomia do *homo faber*[7], condições básicas para a dignidade do trabalho e do ser humano.

Da perspectiva dos Direitos Humanos, a relação social predominante entre vítimas e seus algozes na situação de tráfico é consubstanciada nesta concepção: "NÃO TER DIREITO A TER DIREITOS", antítese da concepção do "DIREITO A TER DIREITOS",[8] que é uma das normas das sociedades democráticas contemporâneas, diretamente voltadas para a garantia da convivência social, pois todas as pessoas têm de ser respeitadas em seus direitos fundamentais. "O DIREITO A TER DIREITOS" contradiz as relações estabelecidas no mundo do crime do tráfico de pessoas.

9.3. OBJETO DE ESTUDO: OS PROTAGONISTAS DO TRABALHO ESCRAVIZADO – AS VÍTIMAS

Algumas considerações. Algumas hipóteses.

A pessoa escravizada antes de ser identificada como vítima pelos órgãos governamentais e não governamentais é submetida ao desajuste entre a lei internacional, o Protocolo de Palermo e o Código Penal brasileiro. Processo moroso que pode revitimizar a vítima ao confundi-la com seus algozes.[9] Após a

---

[6] MARTINS, José de Souza. *Fronteira* – A Degradação do Outro nos Confins do Humano. São Paulo: Contexto, 2009.
[7] LÁFER, Celso 1987 – a distinção entre labor-contínuo no repetitivo ciclo vital da espécie, e trabalho, que é criativo e partilhado com os outros homens p. V.
[8] Truísmo de Hannah Arendt – A cidadania concebida como o "direito a ter direitos", todos os direitos não são dados, são construídos socialmente.
[9] Vários estudos sobre a identificação das vítimas, entre eles: "Tráfico de pessoas, critérios e fatores

identificação, as vítimas serão abrigadas nos locais de acolhimento fornecidos pelo Estado, para futuramente serem encaminhadas para seus locais de origem.

Esse projeto tem por objeto de estudo as vítimas do tráfico de pessoas, o trabalho escravizado, seja na exploração sexual, seja no trabalho escravo propriamente. As informações sobre as pessoas vitimadas parecem ser suficientes devido às muitas pesquisas desenvolvidas no país e no mundo, porém ainda é necessário aprofundar esse conhecimento, uma vez que, na "Declaração de Salvador", a estratégia 29 conclama os estados membros da ONU a adotarem uma "abordagem centrada na vítima e com total respeito aos direitos humanos" em todas as ações de enfrentamento ao tráfico.[10]

A vítima é presa fácil diante das possibilidades apresentadas pelos aliciadores, na medida em que anseia a obtenção de melhores e maiores oportunidades para encontrar novas formas de vida.

Os procedimentos comumente utilizados pelo tráfico de pessoas começam com o deslocamento da vítima do lugar de origem para outro. Esse deslocamento poder-se-ia caracterizar como migração, porém uma migração que em nada se parece com a convencional. Tradicionalmente, a migração sempre foi um dos escapes que a população socialmente precarizada buscou na tentativa de construir uma vida melhor. A migração convencional é baseada nas redes de ajuda, entre familiares, conhecidos e amigos, desde o local de origem aos locais de destino. Essas ajudas em rede seriam apoio fundamental para os primeiros passos na terra desconhecida, seja no próprio país, seja em outro. Na situação do Tráfico de Pessoas a vítima carece dessas redes de ajuda, restando-lhe a do aliciador que lhe

---

de identificação de supostas vítimas, série boas práticas. United Nations Office on Drugs and Crime – UNODC / Secretaria Nacional de Justiça; PISCITELLI, A. Brasileiras na Indústria Transnacional do Sexo. Migração, Direitos Humanos e Antropologia. Nuevo Mundo. Mundos Nuevos, 7, 2007. Disponível em: <http://www.nuevomundo.revues.org>.
[10] CONGRESSO DAS NAÇÕES UNIDAS SOBRE PREVENÇÃO AO CRIME E JUSTIÇA CRIMINAL, XII. Salvador, Abril, 2010.

oferece transporte, alojamento, "emprego" e até documentos no caso do tráfico internacional. Nessas circunstâncias, a vítima, e muitas vezes seus familiares, não percebem o engodo, que fatalmente vai eliminar os anseios de uma vida digna, com trabalho e com liberdade da pessoa vitimada.

Quando as carências por necessidades vitais e a insatisfação com a vida e com o que se encontra a seu redor atingem o máximo do suportável, as pessoas ou sucumbem, ou aproveitam brechas que, muitas vezes, apontam uma saída do círculo vicioso da vulnerabilidade e da pobreza.[11]

No caso das vítimas, a adesão ao Tráfico de Pessoas poderia ser o resultado da procura por caminhos, para escaparem da vida insuportável, ou será que sucumbir ao insuportável as levaria ao tráfico? De qualquer maneira, em uma ou em outra possibilidade, a vítima, em geral, procede de contextos de vulnerabilidade social em que vige o férreo ciclo cumulativo da pobreza.

O tráfico de pessoas representado pelos aliciadores atua vorazmente nesses contextos, na arregimentação de mão de obra para o trabalho escravizado, exploração sexual e/ou trabalho escravo propriamente.

O limite para vivenciar o insuportável, assim como o que diz respeito às aspirações, às necessidades materiais e afetivas e à visão de mundo das pessoas, são idiossincráticos, portanto variam de pessoa para pessoa.

Nesse sentido, a diversidade humana é o pano de fundo que preside as valorizações das pessoas daquilo que aceitam, do que abandonam ou do que recusam, em relação às escolhas de tipos de vida e à busca de objetivos.

Hipótese primeira: assim, conforme essa argumentação, as idiossincrasias, as divergências interpessoais teriam peso fundamental para a adesão ou não ao tráfico? Em circunstâncias de vida semelhantes, em um determinado contexto social, por que uns e umas são assediados/as pelos traficantes e outros/as não?

---

[11] HELLER, Agnes. *Theory of Needs Revisited*. São Paulo: PUC, 1992, [mímeo].

E por que uns e umas aceitam o assédio? Condições de vida semelhantes podem ser entendidas como a igualdade em alguns aspectos, mas seria essa igualdade em todos os aspectos desse contexto? Em que essa igualdade contextual se refletiria também na igualdade entre as pessoas vítimas do tráfico? Em quê? Igualdade de quê? Se a diversidade pessoal é constituinte do ser humano? Como se deu a adesão ao tráfico?

A entrada no tráfico através dos aliciadores, muitas vezes, para as famílias da vítima traz certo alívio e conforto naquela circunstância de vulnerabilidades. Os aliciadores, principalmente para o recrutamento do trabalho em áreas rurais, fazem adiantamentos em dinheiro às famílias da vítima, e isto imprime ao negócio confiança e credibilidade e transforma a família em partícipe e responsável por esta transação.[12]

O recrutamento, sobretudo para os fins de exploração sexual, muitas vezes, é realizado por familiares e conhecidos, que colaboram com os aliciadores, e estes introduzem a vítima nas redes, digamos amadoras, e também nas redes profissionais e internacionais. Nesses casos também a vítima recebe uma ajuda de custo para vestuário e alimentação. Desde o início de seu aliciamento contrai uma dívida com seus aliciadores, por vezes impagável, uma justificativa, mas não só, da perda da liberdade e da autonomia das vítimas.

O tornar-se refém do tráfico constitui a garantia e a sobrevivência do crime, com dívidas ou não por parte das vítimas e/ ou de suas famílias.

O tráfico de pessoas geralmente é individual, não familiar, porém, diz respeito aos interesses da família porque a saída de um de seus membros para melhorar de vida, pois, tanto a vítima quanto os familiares assim acreditam, gera a expectativa do benefício através dos rendimentos que serão auferidos pelas pessoas traficadas.

Hipótese segunda: a família é o *locus* fundamental para o desenvolvimento das crianças, em que se dão as primeiras aprendizagens dos conceitos para a vida, dos valores, do bem e do mal,

---

[12] MARTINS, José S. *Fronteira – a degradação do Outro nos confins do Humano.* São Paulo: Contexto, 2009.

das responsabilidades e dos direitos e deveres familiares e sociais. Em contato com os adultos referenciais, as crianças são socializadas e têm na família a segurança emocional e material, em tese.

Seria a família responsável pela entrada da vítima no tráfico de pessoas? A família saberia para onde seriam encaminhados seus filhos e filhas?

No tráfico para o trabalho escravo, sobretudo na região norte, nas áreas rurais, por exemplo, os aliciadores fazem a mediação entre o demandante de trabalho e a família da vítima. Esta, geralmente aliciada em estados do nordeste. O "gato", o intermediário, também recruta mulheres e adolescentes, para abastecer a prostituição nos locais de destino desse trabalho escravo.[13]

O tráfico para o trabalho escravo em atividades urbanas geralmente é formado por trabalhadores, muitas vezes, famílias inteiras, vindos dos países da América do Sul, principalmente Bolívia e Peru, que engrossam, sobretudo, o ramo de trabalhadores na confecção de roupas em São Paulo. O Brasil também exporta trabalhadores para o trabalho escravo, principalmente para países europeus e asiáticos, constituído, na maioria, por homens casados, de baixa escolaridade e maiores de trinta anos.[14]

Hipótese terceira: Para a modalidade de tráfico com fins de exploração sexual, as vítimas majoritariamente são mulheres afrodescendentes, de dezoito a trinta anos, de baixa escolaridade, com histórico de violência doméstica e são enviadas principalmente para a Espanha, e também para Holanda, Venezuela, Itália, Portugal, Paraguai, Suíça, USA, Alemanha e Suriname.[15]

---

[13] MARTINS, José S. *Fronteira* – a degradação do Outro nos confins do Humano. São Paulo: Contexto, 2009.
[14] COLARES, Marcos. Aliciamento para o fim de emigração. Relatório de pesquisa de inquéritos e processos judiciais instaurados em São Paulo. PROCURADORIA REGIONAL DOS DIREITOS DO CIDADÃO em São Paulo, 2005.
[15] CENTRO DE REFERÊNCIA, ESTUDOS E AÇÕES SOBRE CRIANÇAS E ADOLESCENTES – CECRIA. Pesquisa sobre Tráfico de Mulheres, Crianças e Adolescentes para fins de Exploração Sexual Comercial no Brasil (Pestraf). Disponível em: <www.cecria.org.br>; SEMINÁRIO NACIONAL SOBRE ENFRENTAMENTO AO TRÁFICO DE PESSOAS – CNBB, Brasília, 2008; ORGANIZAÇÃO INTERNACIONAL DO TRABALHO – OIT/ UNITED NATIONS OFFICE ON DRUGS AND CRIME – UNODC. A Trinacional Study about Traffickng, in Women from Brazil and Dominican Republic to Suriname, Sodireitos/Global Alliance against traffic in Women. Global Alliance Against Traffic in Women – GAATW, 2008.

Para o tráfico de pessoas dentro do Brasil, as meninas, os meninos e os adolescentes são usados para tráfico intermunicipal e interestadual, cujas idades oscilam de doze a dezoito anos, a maioria afrodescendentes, oriundos das regiões de pobreza e de vulnerabilidades sociais.[16]

Do ponto de vista das relações sociais de gênero pode-se dizer que há a feminização do tráfico para fins de exploração sexual, isto é, quando um fenômeno social incide majoritariamente sobre as mulheres, como, por exemplo, a pobreza, a violência doméstica e demais discriminações de gênero.

A feminização do tráfico para fins de exploração sexual é mais um ingrediente no imenso receituário das "naturalizações" das discriminações sofridas pelas mulheres e de seus corolários associados às vulnerabilidades materiais e emocionais das mulheres.

Na sociedade brasileira, apesar dos avanços nas políticas de "empoderamento" das mulheres, ainda vigem concepções de que as desigualdades entre homens e mulheres não são construções sociais, mas algo natural. E quanto mais pobre, negra e índia, maior é a aceitação por parte dos outros, dessa "naturalização" das discriminações. A sujeição ao tráfico também pode ser explicada pela vertente da "naturalização" das discriminações sofridas, por isso, parece que as mulheres submetem-se e não oferecem resistência à situação de escravização. Ou, será que se rebelam?

E os homens heterossexuais, travestis e transexuais escravizados, aceitam como "natural" a situação de traficados, ou se rebelam?

A verificação dessa hipótese, assim como a das anteriores, contemplará o trabalho escravizado para exploração sexual e para o trabalho escravo.

---

[16] FUNDAÇÃO WINROCK. Tráfico de Crianças e Adolescentes para fins de Exploração Sexual no estado da Bahia, 2008.

9.4. OBJETIVOS

Os estudos e relatórios sobre o tráfico de pessoas para fins de exploração sexual e trabalho escravo levantaram características pessoais e socioeconômicas, tanto das vítimas, como dos algozes. Por exemplo, os perfis socioeconômicos, as rotas dentro do Brasil e as do mercado internacional para a América Latina, União Europeia e Ásia. Além das Nações Unidas, inúmeras ONGs, secretarias estaduais e federais se envolvem com os três eixos de enfretamento do tráfico: repressão, prevenção, responsabilização e acolhimento às vítimas, além de seminários, workshops, propaganda em torno do tema, disque-denúncia etc. Ressaltam a "invisibilidade do fenômeno". Apesar de todo envolvimento de ONGs e órgãos governamentais nos trabalhos de enfrentamento ao tráfico em nível nacional e internacional, e de inúmeras informações e rotas já conhecidas, poder-se-ia fazer a pergunta: por que essa "invisibilidade do fenômeno"?

No âmbito da sociologia, uma interpretação, entre outras, ajudará a elucidar a questão: a invisibilidade existe, porém não se trata da invisibilidade real, concreta, mas da invisibilidade simbólica. Essa modalidade de invisibilidade impede que o outro, e este outro é o lado mais frágil dos polos de poder, seja considerado um *não* outro, um humano pela *metade*.[17] É a *não* aceitação do outro que faz com que essa "invisibilidade" simbólica pareça real. Há exemplos de semelhante invisibilidade em muitos grupos sociais, sobretudo os mais frágeis no gradiente social de uma sociedade. Por exemplo, os trabalhadores em atividades que não requerem qualificação, ou a das pessoas simples, ou ainda a dos moradores de rua etc.[18]

As vítimas em questão, desenraizadas das sociabilidades tecidas entre seus familiares, vizinhanças e amigos, destituídas da

---

[17] MARTINS, José S. *Fronteira* – a degradação do Outro nos confins do Humano. São Paulo: Contexto, 2009.
[18] Ver o trabalho sobre a 'invisibilidade' de trabalhadores. BRAGA, Costa Fernando. *Homens Invisíveis*: Relatos de uma Humilhação Social – Como as pessoas São Transformadas em Objetos. Rio de Janeiro: Globo, 2004.

liberdade de ação e de autonomia para exercerem vontades e desejos, com suas vidas pessoais desagregadas e sem ramificações sociais, tornam-se seres descartáveis, portanto. Invisíveis porque o mundo não lhes pertence, porque não têm assento nele.

O primeiro objetivo do projeto é saber quem é essa vítima? Como foi e é a sua vida, antes, durante e após o tráfico?

As respostas a essas indagações requerem primeiramente o desvelamento das redes de sociabilidades com as quais as vítimas conviveram e convivem. Portanto, para entendermos e conhecermos os sujeitos do tráfico de pessoas, os mesmos serão situados sociológica e historicamente:

a) no contexto social de origem;
b) no contexto de trabalho escravizado (exploração sexual e trabalho escravo);
c) no contexto atual pós-tráfico.

As vítimas serão as abrigadas ou ex-abrigadas nos abrigos das Secretarias de Justiça, e também aquelas que conquistaram autonomia e decisão para escapar ou desistir da situação de tráfico de pessoas.

Um segundo objetivo irá verificar as sequelas e indícios de transtornos e traumas psicológicos e os associados às identidades das vítimas do tráfico de pessoas, uma vez que estas, na maioria, como vimos, procedem de contextos sociais com grandes déficits de condições satisfatórias de vida e de trabalho, e na situação de tráfico, transformam-se em seres humanos pela metade, seres supérfluos e descartáveis. Além dessa indignidade, a vítima é subjugada, de modo que sua vontade passa a ser reconfigurada e redirecionada conforme as necessidades dos traficantes. As vítimas, como todo ser humano, tendem a se adaptar aos contextos adversos, e defesas psicológicas são criadas para viverem na nova situação.

Os abusos físicos e mentais como a coação, isolamento, incerteza e insegurança, entre outros, condições impostas à vítima, induzem-na à aceitação da violência como algo natural e banal dessa situação.[19] A vítima coloca-se no lugar do traficante e passa a pensar como ele; e ou quando a vítima fica tão identificada com seu algoz acaba abandonando suas emoções e seus sentimentos e desliga-se de sua personalidade.[20]

Geralmente, as vítimas passam a acreditar que precisam manter tal situação a qualquer custo, pois temem que qualquer ação venha a colocar em risco sua própria vida e a de seus familiares.

9.5. METODOLOGIA

Do ponto de vista sociológico, os sujeitos do tráfico de pessoas, como vimos, são simbolicamente "supérfluos e descartáveis", pois, após deixarem de render anualmente milhares de dólares conforme OIT, serão atirados para a lixeira.

São também simbolicamente "invisíveis" na medida em que são produtos das desigualdades e das carências cumulativas e "naturalizadas" no mundo da pobreza, e constituem a matéria-prima do tráfico de pessoas nas cenas nacional e internacional.

Os sujeitos são também simbolicamente *animal laborans* porque são privados das possibilidades que o "trabalho decente" acarreta: liberdade, autonomia e gestão da própria vida.

Os sujeitos do tráfico são também simbolicamente "mercadoria" de uma transação comercial baseada na escravização contemporânea do trabalho e da exploração sexual.

Na realidade, quem são esses sujeitos capturados pelo tráfico de pessoas? Como vimos, há inúmeras informações sobre eles, demográficas, perfis socioeconômicos, rotas do tráfico etc.

Vamos conhecê-los através de seus relatos sobre suas vidas, das maneiras como vivenciaram suas sociabilidades: nos espaços familiares, no trabalho, no lazer, antes, durante e após a situação de traficados.

---

[19] VENTURA, Margarida. *O stress traumático e suas sequelas nos adolescentes do sul de Angola*. Luanda: Nzila, 2003.
[20] *Organização Internacional do Trabalho*, 2006.

Como vivenciaram as situações de:

a) cooperação, reciprocidade, competição, conflito, resignação e rebeldia;
b) liberdade e de oportunidades para alterar sua situação na direção de uma vida digna.

Esse projeto vem justificando hipóteses e objetivos. Vai também abordar mais dimensões, agora utilizando o enfoque das "capacidades",[21] para que cada vítima do tráfico possa ser compreendida em suas sociabilidades em relação direta com outrem. Porque na abordagem das "capacidades" o foco está na pessoa como parte ativa nas ações que realiza. Assim, cada ser humano "é um fim em si", cada qual traz consigo sua família, seu lugar de origem, o mundo onde conviveu e convive, onde tece e teceu suas sociabilidades. As diferenças interpessoais e sociais conduzem as pessoas a variações na liberdade de ação, na valorização de objetivos, escolhas e decisões.

Os sujeitos (as vítimas) são na maioria procedentes de contextos sociais de predominância de condições precárias de vida. Nesse cenário, o enfoque das "capacidades" será o pano de fundo metodológico que vai orientar as questões específicas quanto às sociabilidades que vivenciaram nos contextos de origem, durante e após a situação de tráfico

Nesse enfoque, o que importa é a capacidade da pessoa ter condições de converter os recursos, como rendas e oportunidades em prol de seu bem-estar para gerar mais condições, mais capacidade para obter mais recursos, para melhorar a própria vida e a de seus familiares.

A abordagem das "capacidades" mede a maior ou menor liberdade das pessoas em vários contextos. Avalia a desigualdade, a pobreza, padrões de vida, justiça, oportunidades etc., e demais aspectos do viver humano a partir da liberdade substantiva para

---

[21] Sobre a abordagem das "capacidades" ver AMARTYA, Sen. *Desigualdade Reexaminada*. Rio de Janeiro/São Paulo: Record, 2001; NUSSBAUM, Martha. *Las Mujeres y El Desarollo Humano*. Barcelona: Herder, 2000.

escolher e decidir de acordo com o que valorizam e querem para viver a vida que escolheram. As capacidades também variam, de acordo com as características pessoais facilitadoras, ou não, da superação da situação de vítima do tráfico.

9.6. Trabalho de campo

O trabalho de coleta de informações sobre as vivências das vítimas será desenvolvido por meio dos relatos orais, entrevistas semidirigidas. Esses, serão realizados com vítimas que viveram a situação do tráfico. No momento da entrevista poderão se encontrar, ou não, sob o abrigo da Justiça, ou ainda, aquelas que nunca estiveram sob tal proteção. Como as vítimas do tráfico são também crianças e adolescentes, serão acrescentadas técnicas, além dos relatos orais, para abordá-las, como o desenho, minibiografias, interpretações dos mesmos etc.

A técnica para a arguição das vítimas será a entrevista dirigida pelo profissional gabaritado para esse fim. Os relatos orais serão orientados pelas questões sugeridas pelas hipóteses e objetivos do projeto. Serão apresentadas de maneira descontraída e de fácil compreensão pelas vítimas, de modo a estimular a interação dialógica nessa situação de entrevista, entre os sujeitos e entrevistador/a. As vítimas em um clima de confiança poderão manifestar mais livremente suas opiniões e interpretações acerca das realidades vividas. Mesmo porque, no processo do relato oral, as lembranças e a memória emergem e podem trazer à tona dimensões já esquecidas. As pausas e os silêncios, na fala das vítimas, devem ser explorados, pois "o não dito" também tem significados.[22]

---

[22] Sobre a técnica qualitativa dos relatos orais, ver QUEIRÓS, Maria Isaura P. O pesquisador, o problema da pesquisa, a escolha e técnicas; algumas reflexões. In: *Textos Ceru*, 3. Centro de Estudos Rurais e Urbanos. Universidade de São Paulo – USP, 1992; FERNANDES, Maria E. A história de vida, como instrumento de captação da realidade social. In: *Cadernos Ceru*, 6. Centro de Estudos Rurais e Urbanos. Universidade de São Paulo – USP, 1995; BERTAUX, Daniel. *L'appproche biographique sa validité methodologique, ses potencialités*. Cahiers internationaux de sociologie. V. LXIX, Paris, 1980 entre outros.

9.7. Adolescentes e crianças

A percepção dos adolescentes e das crianças será captada com a mesma técnica e questões referidas anteriormente. Primeiramente, a relação entre o/a entrevistador/a e as crianças e jovens deverá estimular a confiança, firmeza, amabilidade e veracidade da interação.

Caberá também ao entrevistador/a fazer os necessários ajustes de linguagem, de compreensão dos códigos, das gírias e concepções próprias referidas aos três contextos de suas vivências. Aliás, procedimento semelhante deve ser dispensado nas entrevistas com as vítimas adultas.

Serão acrescentadas algumas questões sobre os significados: o que é ser criança? O que é ser adolescente? Como deveria ser uma criança? Como deveria ser um adolescente? Se na situação de tráfico tiveram amigos? O que é ser adulto? O que é amizade? O que quer ser quando crescer? Quando fica alegre e quando fica triste? O que é a liberdade? O que é a família? E outras sugeridas no decorrer da entrevista.

Também lhes serão pedidos depoimentos escritos sobre suas vidas e respectivos comentários. Serão também pedidos desenhos e comentários sobre o que desenharam.[23]

Dentre as vítimas para as modalidades de exploração sexual e trabalho escravo, pretendemos entrevistar pelo menos uma pessoa, de acordo com a divisão: adulto, criança e adolescente, dos gêneros masculino e feminino. Também pretendemos entrevistar um transgênero, um travesti e um transexual.

---

[23] Sobre as técnicas qualitativas usadas com crianças ver: KOMINSKY, V. Ethel. Procedimentos metodológicos e técnicos na pesquisa com crianças "assistidas". In: *Cadernos Ceru*, 3. Centro e estudo Rurais e Urbanos. Universidade de São Paulo – USP, 1992; MARTINS, José S. *Fronteira* – a degradação do Outro nos confins do Humano. São Paulo: Contexto, 2009; FERNANDES, Florestan. *As trocinhas do Bom Retiro*. Revista do Arquivo Municipal, São Paulo, mar/abr. 1947.

9.8. Documentário

Como complemento, utilizaremos recurso audiovisual para a análise e subsídio à propaganda social e elaboração de políticas públicas voltadas para prevenção e acolhimento às vítimas do trabalho escravizado pelo tráfico de pessoas para fins de exploração sexual e trabalho escravo. O documentário será feito em nível nacional, e em alguma localidade dentro do estado de São Paulo.

O documentário será contextualizado socialmente nos locais de origem e destino das vítimas de tráfico, maneira de contribuir para a redução da incerteza sobre a veracidade do fenômeno de tráfico de pessoas e, também, para a elaboração de políticas sociais para sua prevenção e combate.

Vimos que o contexto social de origem das vítimas do tráfico é celeiro da matéria-prima que abastece o tráfico de pessoas nacional e internacionalmente. Assim, tendo esse pressuposto como válido, para a realização do documentário, em vez de eleger o sujeito do trabalho escravizado, que é o objeto de estudo desse projeto, vamos eleger o contexto originário das vítimas, famílias das vítimas, outras famílias e moradores em geral, para sabermos:

a) o que se fala sobre o tráfico de pessoas;
b) se nesta localidade ele existe ou não;
c) como é realizado;
d) se o tráfico é visível;
e) se sabem quem foi aliciado para tráfico;
f) se sabem se foi uma decisão voluntária;
g) como vivem as famílias das pessoas escravizadas: se melhoraram de vida ou não;
h) se sabem o que é e como é o trabalho escravizado pelo tráfico de pessoas;
i) se sabem como prevenir esse crime;
j) se sabem como combatê-lo.

9.9. A LOCALIZAÇÃO DOS SUJEITOS DO TRABALHO ESCRAVIZADO

O contato com as vítimas, inicialmente, será com aquelas resgatadas pelos órgãos governamentais e ONGs e acolhidas em abrigos especializados. Além dessas, outras que já se encontram levando uma vida, digamos "normal", fora de abrigos de acolhimento.

Quanto às ex-vítimas que não foram resgatadas pelos órgãos oficiais, serão encontradas com apoio de ONGs e de redes sociais de apoio às vítimas, além dos contatos pessoais que se desenvolverão no decorrer do processo de pesquisa.

A localização de crianças e adolescentes seguirá os mesmos procedimentos.

A escolha dos contextos em que será realizado o documentário será baseada naqueles já apontados pelos estudos como fornecedores de pessoas para o tráfico e, de preferência, será uma escolha regional, isto é, uma localidade para cada região do Brasil – norte, nordeste, centro oeste, sudeste e sul –, de modo que esteja representada a diversidade regional do Brasil.

No estado de São Paulo o documentário será desenvolvido em dois níveis de contextos sociais: a) um de recepção de vítimas, concentração de trabalho escravo no campo e na área urbana, e também de exploração sexual; b) e outro de oferta de seres humanos para o tráfico de pessoas, em geral.

9.10. BANCO DE DADOS

Com as informações colhidas, nos vários estudos existentes e na pesquisa aqui proposta, será organizado um banco de dados para o projeto que permita a feitura do geoprocessamento das informações sobre as localidades de oferta e de demanda de pessoas para o trabalho escravizado, tanto para a exploração sexual como para a exploração do trabalho escravo. Primeiramente para o Estado de São Paulo, depois para os demais estados do Brasil e para as rotas internacionais.

BIBLIOGRAFIA

A TRINACIONAL Study about Traffickng, in Women from Brazil and Dominican Republic to Suriname, Sodireitos/Global Alliance against traffic in Women-GAATW, 2008. Disponível em: < www.pair.ledes.net/índex.php?to>.

AMARTYA, Sen. *Desigualdade Reexaminada*. Rio de Janeiro/São Paulo: Record, 2001.

AZEVEDO, Flávio A. G. *A presença do trabalho forçado urbano na cidade de São Paulo:* Brasil/Bolívia. Dissertação de mestrado apresentada ao Programa de pós-graduação para a América Latina-Prolam/USP. Universidade de São Paulo, 2007.

BERTAUX, Daniel. *L'appproche biographique sa validité methodologique, ses potencialités*. Cahiers internationaux de socilogie. V. LXIX, Paris, 1980.

BRAGA, Costa Fernando. *Homens Invisíveis*. Relatos de uma Humilhação Social – Como as pessoas são transformadas em objetos. Rio de Janeiro: Globo, 2004.

CASTELLS, Manuel. *O poder da identidade*. Rio de Janeiro: Paz e Terra, 2000.

CENTRO DE REFERÊNCIA, ETUDOS E AÇÕES SOBRE CRIANÇAS E ADOLESCENTES – CECRIA. Pesquisa sobre Tráfico de Mulheres, Crianças e Adolescentes para fins de Exploração Sexual Comercial no Brasil (Pestraf). Disponível em: <www.cecria.org.br>.

CIDADANIA. *Direitos humanos e tráfico de pessoas:* manual para promotoras legais populares. *Sistema de Gestão PAIR*. Disponível em: <www.pair.ledes.net/índex.php?to>.

CIDADANIA. *Direitos humanos e tráfico de pessoas:* manual para promotoras legais populares. Disponível em: < www.pair.ledes.net/índex.php?to>.

COLARES, Marcos. Aliciamento para o fim de emigração. Relatório de pesquisa de inquéritos e processos judiciais instaurados em São Paulo. Procuradoria Regional dos Direitos do Cidadão em São Paulo, 2005.

CONGRESSO DAS NAÇÕES UNIDAS SOBRE PREVENÇÃO AO CRIME E JUSTIÇA CRIMINAL, XII. Salvador, abril, 2010.

COOPERAÇÃO e coordenação policial para o Mercosul e Chile: informações básicas. *Sistema de Gestão PAIR.* Disponível em: <www.pair.ledes.net/índex.php?

COOPERAÇÃO e coordenação policial para o Mercosul e Chile: informações básicas. Disponível em: < www.pair.ledes.net/índex.php?to>.

DÉCIMO SEGUNDO CONGRESSO DAS NAÇÕES UNIDAS SOBRE PREVENÇÃO AO CRIME E JUSTIÇA CRIMINAL, Salvador, abril, 2010.

DIAGNÓSTICO sobre tráfico de seres humanos, I: São Paulo, Rio de janeiro, Goiás, Ceará. *Sistema de Gestão PAIR.* Disponível em: <www.pair.ledes.net/índex.php?to>.

DIAGNÓSTICO sobre tráfico de seres humanos, I: São Paulo, Rio de janeiro, Goiás, Ceará. Disponível em: < www.pair.ledes.net/índex.php?to>.

EXPLORAÇÃO sexual comercial de crianças e adolescentes e tráfico para os mesmos fins: contribuições para o enfrentamento a partir de experiências em Corumbá-MS. *Sistema de Gestão PAIR.* Disponível em: <www.pair.ledes.net/índex.php?to>.

EXPLORAÇÃO sexual comercial de crianças e adolescentes e tráfico para os mesmos fins: contribuições para o enfrentamento a partir de experiências em Corumbá-MS. Disponível em: < www.pair.ledes.net/índex.php?to>.

FERNANDES, Florestan. *As trocinhas do Bom Retiro.* Revista do Arquivo Municipal, São Paulo, mar/abr. 1947.

FERNANDES, Maria E. A história de vida, como instrumento de captação da realidade social. In: *Cadernos Ceru,* 6. Centro de Estudos Rurais e Urbanos. Universidade de São Paulo – USP, 1995.

FUNDAÇÃO WINROCK. Tráfico de Crianças e Adolescentes para fins de Exploração Sexual no estado da Bahia, 2008.

FUNDAÇÃO WINROCK. Tráfico de Crianças e Adolescentes para fins de Exploração Sexual no estado da Bahia. Fundação Winrock, 2008.

GALLEGOS, Miguel Gonzales. *El arte de hacer sufrir* – uma análise Del delito de Trata de personas em torno AL estabelecimiento de La violência y de sus relaciones de poder. Infante, Cochabamba, Bolívia 2010.

HELLER, Agnes. *Theory of Needs Revisited.* São Paulo: PUC, 1992, [mímeo].

INDÍCIOS de tráfico no universo de deportadas/os e não admitidos/as que regressaram ao Brasil pelo aeroporto internacional de São Paulo. *Sistema de Gestão PAIR.* Disponível em: <www.pair.ledes.net/índex.php?to>.

INDÍCIOS de tráfico no universo de deportadas/os e não admitidos/as que regressaram ao Brasil pelo aeroporto internacional de São Paulo. Disponível em: < www.pair.ledes.net/índex.php?to>.

KOMINSKY, V. Ethel. Procedimentos metodológicos e técnicos na pesquisa com crianças "assistidas". In: *Cadernos Ceru,* 3. Centro e estudo Rurais e Urbanos. Universidade de São Paulo - USP, 1992.

LÁFER, Celso. A Política e a *Condição Humana.* In: ARENDT,Hannah. *A Condição Humana.* Rio de Janeiro: Forense Universitária, 1987. p I-XII.

LEWIS, Oscar. Five families (Mexican Studies in the Culture of Poverty). New York: Basic books Inc., 1959.

MANUAL de capacitação sobre enfrentamento ao tráfico de pessoas *Sistema de Gestão PAIR.* Disponível em: <www.pair.ledes.net/índex.php?to>.

MANUAL de capacitação sobre enfrentamento ao tráfico de pessoas. Disponível em: < www.pair.ledes.net/índex.php?to>.

MARTINS, José de Souza. *Fronteira* – A Degradação do Outro nos Confins do Humano. São Paulo: Contexto, 2009.

MATALON, B. G. *Rodolph. Les enquêtes sociologiques* – Theorie et Pratique. Paris: Armand Colin, 1985.

MUCCHIELLI, Alex. *Les Méthodes Qualitatives.* Paris: Presses Universitaires de France, 1991.

NUSSBAUM, Martha. *Las Mujeres y El Desarollo Humano.* Barcelona: Herder, 2000.

PASSAPORTE para a liberdade – Um guia para brasileiros no exterior. Disponível em: < www.pair.ledes.net/índex.php?to>.

PEREIRA, R. C. Júlio. *Análise de dados qualitativos.* São Paulo: Edusp/Fapesp, 1999.

PISCITELLI, A. *Brasileiras na Indústria Transnacional do Sexo.* Migração, Direitos Humanos e Antropologia. *Nuevo Mundo.* Mundos Nuevos, 7, 2007. Disponível em: <http://www.nuevomundo.revues.org.

PLANO Nacional de Enfrentamento ao Tráfico de Pessoas. Disponível em: < www.pair.ledes.net/índex.php?to>.

POLÍTICA Nacional de Enfrentamento ao Tráfico de Pessoas. Disponível em: <www.pair.ledes.net/índex.php?to>.

POUPART, Jean et al. *A Pesquisa Qualitativa* – enfoques epistemológicos e metodológicos. Petrópolis: Vozes, 2008.

QUEIRÓS, Maria Isaura P. O pesquisador, o problema da pesquisa, a escolha e técnicas; algumas reflexões. In: *Textos Ceru*, 3. Centro de Estudos Rurais e Urbanos. Universidade de São Paulo – USP, 1992.

QUINTEIRO, Maria da C. Igualdade de Gênero na Família. In: *Faces de Eva 9*. Lisboa: Colíbri, 2003.

RELATÓRIOS: Organização Internacional do Trabalho. Disponível em: <www.oit.org.br>. Unitde Nations Office on Drugs and Crime – UNODC <www.unodc.org.br>.

REPÓRTER Brasil. Disponível em: < www.reporterbrazil.org.br/>.

SANTOS, Antonia de Lourdes. Angolanos em São Paulo: socialização, rede familiar e suas histórias de vida e de luta. SP: Fflch/Usp, 2005 (dissertação de mestrado apresentada ao dep. de sociologia).

SEMINÁRIO NACIONAL SOBRE ENFRENTAMENTO AO TRÁFICO DE PESSOAS – CNBB, Brasília, 2008.

SISTEMATIZAÇÃO da Experiência de Funcionamento do Posto – posto humanizado aos migrantes. *Série Boas Práticas,* UNODC/SNJ, 2009.

TERESI, Veronica Maria. *A cooperação internacional para o Enfrentamento ao tráfico de Mulheres para fins de exploração sexual:* o caso Brasil-Espanha. Dissertação de Mestrado. Universidade Católica de Santos, Faculdade de Direito, 2007.

THIOLLENT, Michel. *Metodologia da Pesquisa Ação.* São Paulo: Cortez, 2005.

TRÁFICO de Mulheres, crianças e adolescentes para fins de exploração sexual.

TRÁFICO de Mulheres, crianças e adolescentes para fins de exploração sexual. *Sistema de Gestão PAIR.* Disponível em: <www.pair.ledes.net/índex.php?to>.

TRÁFICO de pessoas, critérios e fatores de identificação de supostas vítimas, Série boas práticas, UNODC/Secretaria Nacional de Justiça.

TRÁFICO e seres humanos para fins de exploração sexual no Rio Grande do Sul. Disponível em: < www.pair.ledes.net/índex.php?to>

TRÁFICO e seres humanos para fins de exploração sexual no Rio Grande do Sul. *Sistema de Gestão PAIR.* Disponível em: <www.pair.ledes.net/índex.php?to>.

VENTURA, Margarida. *O stress traumático e suas sequelas nos adolescentes do sul de Angola.* Luanda: Nzila, 2003.

Esta obra foi composta em Sistema CTcP
Capa: Supremo 250g - Miolo: Pólen Soft 80g
Impressão e acabamento
GRÁFICA E EDITORA SANTUÁRIO